第 三 卷

1913—1916

孙中山全集

中国社会科学院近代史研究所中华民国史研究室
中 山 大 学 历 史 系 孙 中 山 研 究 室 合编
广 东 省 社 会 科 学 院 历 史 研 究 室

中 华 书 局

致 徐 谦 电

（一九一三年一月二日）

北京东太平街徐季龙：王君①返申，始知第一、第十三条②已修正，请速审查。并请连伯③电促本党议员返京，以防他党消极反对。文。冬。

据中国国民党中央委员会党史委员会编订《国父全集》
（台北一九七三年版）第三册（转录史委会藏原稿）

在上海国民党恳亲会的演说

（一九一三年一月十日）

今日兄弟躬与吾党恳亲大会，足增荣幸。斯时为民国成立之第二年，国基初定，百端待理。今后之兴衰强弱，其枢纽全在代表国民之政党。各政党集一般优秀人物组织而成，各持一定之政见，活动国内，其影响及于国家政治，至远至大。惟是政党欲保持其尊严之地位，达利国福民之目的，则所持之党纲，当应时势之需要，以合乎世界之公理。而政党自身之道德，尤当首先注重，以坚社会之信仰心。即征诸各文明国之党史，亦莫不如是。

---

① 王君：即王宠惠。
② 指《铁路总公司条例》。
③ 连伯：即吴景濂，时任参议院议长。

　　吾国民党，由革命志士合各政团组织而成，本吾民国之盛举。吾革命党人，昔为秘密团体，一言一行，虽理由充足，然以干犯专制政府之忌，不能公然宣布。只以吾党所持之民权、民族、民生三大主义，适合乎世界大势及国民心理，故一呼万应，卒达革命目的。

　　自去岁民国成立，吾党竟堂堂正正开大会于国内，研究建设民国诸问题，一言一行，均足以为轻重于现在之民国。须知此等境遇，悉由诸先烈之热血换来，吾党诚不可不珍重视之，稳健进行，有以慰诸先烈于地下。况吾党方破坏专制政府，正值建设之始，不得谓革命成功，责任已尽。盖破坏乃暂时的作用，建设乃永久的事业。例如法、美革命而后，共和告成，日谋建设，未敢曰尽臻完善。故法、美政党，尚日谋建设之法，进步尚无已时。吾中华积数千年专制国之恶习，一旦改革，千端万绪，不易整理。而今后立国大计，即首在排去专制时代之种种恶习，乃能发现文明国家之新精神，此亦国民不可不注意之事。吾国民党现在国内能占优势，固全恃乎群策群力。但政党之发展，不在乎一时势力之强弱，以为进退，全视乎党人智能道德之高下，以定结果之胜负。使政党之声势虽大，而党员之智能道德低下，内容腐败，安知不由盛而衰？若能养蓄政党应有之智能道德，即使势力薄弱，亦有发达之一日。例如前清时代，吾革命党势力甚微，同人附和清政府者最多，只以同志诸公，抱定宗旨，誓死不变，吾党主张之理论又适应乎社会之需要，故不及十年，举前清雷霆万钧之压力，一扫而去之。由是观之，党势之大小不必问，只须问吾党所主张政策及平日行动能否合乎公理，能否与时势相应。果所抱之政策正大明确，且得一般国民之赞同，虽千难百折，必可望最后之战胜。至于对于他党，除商榷政见而外，一切意气之争，匪特非所必要，且足以损政党之荣誉。

今者正式国会、正式政府成立之期不远,尤不能不细心研究,(冀产出一最良之宪法,以为立国之根本。吾国民党员果人人以当)年经营革命之精神,用温和稳健之手段,共谋建设民国之事业,则党事发展与国事之进步,必有十百倍于昔日者。今日兄弟对于党员,窃有无穷之希望焉。

据上海《民立报》一九一三年一月十二日《国民党恳亲会孙先生演说辞》

致陆文辉电

(一九一三年一月十一日)

广东都督转陆文辉鉴:A 欲派兄往南洋,会同泽如兄商办银行招股事,能即来沪一行否? 泽如现在何处? 候复。孙文。真。

据《国父全集》第三册(转录史委会藏《总理来去电文底簿》)

复袁世凯电

(一九一三年一月十五日)

北京大总统鉴:新密。寒电悉。交通银行所垫学费,已接洽汇妥,无任感谢。孙文。删。

据《国父全集》第三册(转录史委会藏《总理来去电文底簿》)

复陆文辉电

(一九一三年一月十六日)

广东胡都督转陆文辉鉴:银行事已妥,郭君请不必来。孙文复。

据《国父全集》第三册(转录史委会藏《总理来去电文底簿》)

在上海国民党茶话会的演说

(一九一三年一月十九日)

今日本党特开恳亲之会,实因本党党员各有职务,平时难得晤面之机会。弟亦事冗,无暇与诸君常常晤谈。今日得此机会,实非常欣喜!

今年为中华民国之第二年。中华民国成立以来,一切建设,尚未完备,今日实为草创时代。然有一事,吾等深可引为庆幸,实生前途绝大之希望,即政党成立是也。政党之基础巩固,则中华民国之基础自然巩固。

本党为革命党改组,当中华民国成立之初,凡我同志,皆奔走国事,无暇顾及党事。同盟会虽成立于七年以前,基础虽非常巩固,而从事于政党之生涯,乃转在他党之后。后由数党合并,始成国民党。因从前诸同志之精神材力、身家性命,皆用于革命一事。至中华民国成立以后,其他各政党次第成立,本党转毫无力量,一切经济进行皆落人后。吾等莫不以为本党日有退步,将处于失败之地位。然此次国会议员之选举,本党竟得占有过半数,吾等以为失败者,乃竟不然。足见国民尚有辨别之能力,亦可见公道自在乎人心。本党未尝以财力为选举之运动,而其结果,犹能得如此占胜利,足见本党党纲,能合民国心理。以后本党宜更并力进行,以求进步。今本党自以为处于势力较弱之地位,而其成绩已如此,则将来之进步,诚未可以限量。

然而本党既占优胜地位,须知本党所负之责任,亦必加重也。

中华民国以人民为本位，而人民之凭藉则在政党。国家必有政党，一切政治始能发达。政党之性质，非常高尚，宜重党纲，宜重党德，吾人宜注意此点，以与他党争胜。吾国政党，今始发生，一般人闻党争之说，非常畏惧，是皆不知党争之真相者也。党争必有正当之方法，尤必具高尚之理由，而后始得谓之党争。一般人以党争为非，实误以私争为党争也。一国之政治，必赖有党争始有进步。无论世界之民主立宪国、君主立宪国，固无不赖政党以成立者。本党今既得占优胜地位，第一应研究者，即为政党内阁问题。然此问题甚耐研究，此时尚不能决。本党将来担任政治事业，实行本党之党纲，其他之在野党，则处于监督地位。假使本党实施之党纲不为人民所信任，则地位必至更迭。而本党在野，亦当尽监督之责任，此政党之用意也。互相更迭，互相监督，而后政治始有进步。是以国家必有政党，政治始得进步，而党争者，绝好之事也。须知所争者，非争势力，乃争公道，可见党争实不可少。譬之亲爱之友，相对围棋，而各人必求自己胜利，此亦争也。国家欲求政治发达，争之一字，岂可忽视之乎？

　　政党出与人争，有必具之要素：一党纲，一党员之行为正当。国家之进步与否，即系于党争之正当与否。凡我党员，必注意于争，尤必注意于正当之争。本党此次并未出力与人争，而已收得佳果，此后更当以党事为己事，以国事为己事。劈头第一事，须研究一部好宪法。中华民国必有好宪法，始能使国家前途发展，否则将陷国家于危险之域。研究宪法之责任，在于政党，吾人宜非常注意。无论参议院、众议院、省议会、县议会之议员，皆须共同一致，以本党之党纲为标准，研究宪法，以求佳果。尤当知党事即为国事，国事即为己事也。前此本党党员不无散漫，团结力未能发扬，殆因预作悲观，以为必归失败也。今日之胜利，竟出意料之外，可见中华民国之国民党,将来必占最大之势力。吾人不可放弃责任,大家努力做去,将来之佳果必不止此。

中华民国乃由革命发生,本党乃由多数革命党组织而成。吾等从前既历尽艰难,造成此中华民国,今国家之基础未定,仍宜以从前革命之精神,谋巩固中华民国之道。如此则对于已死之诸同志始无愧色,亦不使一般国民失希望也。今后吾国前途一切之希望,本党宜一肩荷之。本党此次并未出种种运动手段,而获国民之同情,更宜自勉,勿负国民之希望。今欲巩固本党基础,以巩固中华民国基础,较之革命之事甚易。今日本党既能自由行动,又占优胜地位,更易为力。愿人人鼓勇向前,不可放弃责任。若有不正当之党争,与党员不正当之行为,贻误国事,即为放弃责任。今日国民责望本党之殷,即他党亦生戒备。要之,本党一切行为无不出以正当,则他党从此亦不敢再出卑劣手段。颇闻他党有以金钱运动选举等事,本党党员万不可学。

本党其先颇作悲观,今他党转归失败。本党始终以光明正大之手段出之,则他党此后亦不敢再用卑劣手段矣,如此则本党将为政党之标准。勉哉诸君,愿共肩此艰巨。

据上海《民立报》一九一三年一月二十、二十一日
《孙中山先生演说词》

致邓泽如函
（一九一三年一月二十三日）

泽如兄鉴:

弟前在粤时,曾提议办一中西合资的银行,联合欧美最有力之银行,以抵制六国银行团,而解中国财政之困难。当时以法国政府不大赞成,故巴黎之大银行家不敢发起,然一面仍尽力疏通政府。至两三月之前,已得法国政府之允许,故两月前法银行曾派两代表人到上海,商订章程,弟委人一面磋商章程,一面向各方面筹股本。时适沈万云君由南洋回沪,称已招得实业银行股本四五百万元,弟即与之磋商,将该股本并入,同办中西合资银行,以厚势力。初时彼满口应承,故电邀陆秋杰君并中华银行招股人王奕友君由星洲来沪,商量合并之法。后以实业银行发起人多不愿合并,弟遂欲另行组织一新行,为中西合资之基础。转思中华与实业两行在南洋招股,已生出冲突,若弟更发起一新行,则恐因而更甚,故不如其已,仍由中华、实业两行各行其志而矣。

弟前之赞成各银行招股者,以中国地大物博,银行愈多愈好,故实业银行、中华银行、福建银行,弟皆出名赞助,欲彼有成,初不料南洋招股皆出于一途也。兹中华银行发起人来约,愿以中华银行作弟欲办之中西银行基础,再委江少峰君来南洋招股。弟所议办之中西银行,乃联合世界上之大资本家而成者也,将来实能为中国银行之母,其势力可通贯全球,此银行一成,必能免六国之制〔掣〕我肘及救中国之穷也。有五百万现金则能成立。今中华银行既愿以该行为基础,则宜先招足中华之股本,然后与西人议订合同,从速开办也。故今日中西合办之能成与否,全靠中华招股如何耳。望足下在南洋竭力鼓吹,以达此目的,则中国实业前途之发达,可指日而待也。并望将此意转达各埠同志助力,幸甚。此致,即候

大安不一

　　　　　弟孙文谨启　　民国二年正月二十三日

据《国父全集》第三册(转录史委会藏影印原件)

致陈武烈电

（一九一三年一月二十三日）

　　星加坡陈武烈先生鉴：中华艰〔银〕行与中国实业艰〔银〕行现方协商合并，两处招股人可双方进行，于各处多招股金，将来合并与否，仍由股东公决。中华艰〔银〕行之有力股东，望请其来沪商议。孙文。

据黄季陆编《总理全集》下册（成都近芬书屋一九四四年版）

致袁世凯电

（一九一三年一月二十四日）

　　北京大总统鉴：新密。现接伦敦来电，有大势力银行家愿借款，如合意，可将条件保证数目详报云云。谨此奉闻，希为卓夺。孙文。敬。

据《国父全集》第三册（转录史委会藏《总理来去电文底簿》）

致袁世凯周学熙电

（一九一三年一月二十九日）

　　北京大总统、财政总长鉴：新密。昨得王鸿猷君函，述财政总长所议办中法银行，已经签约，惟恐参议院有异议，王君欲文发函解释，以便早日通过云云。按合办银行一事，文为极端赞成之一人。月来在沪，亦正与法国巴黎联合银行代表磋商条件，办一合资银行。本拟一俟商妥之后，即遵前电办理，合并为一，以免冲突等情。乃细绎财政总长与法人所订十一条章程，与文在此与法人所议者，权利得失，相差甚远。兹将此处所议者撮列如下：一、银行在中国注册，悉遵中国法律。二、董事局全为华人，西人居顾问局。三、总办十年内用西人，十年后可用华人。四、督理各举二人，总办执行，悉惟督理之命是听。现尚相持不下者，则四督理之决事，如遇可否各半，总办有表决权。除此点之外，华股皆略占优胜地位。文之意以为我中国现在国势不如人，财力不如人，智识不如人，故合资银行，我当得条件之保护略优，将来乃望得平等权利，否则流弊不堪设想。故磋商之际，事事争持，法代表亦多迁就，只有前一点耳，若我能让此一点，则事立成矣。两利相权取其重，况得失相反者乎？且巴黎联合银行为世界极大银行之一，与彼联络通融者，皆势力宏厚之财团，固非泛泛然欲向中国承揽一事业之权利而转售于人者可比。望大总统及财政总长再细酌夺，如能舍彼就此，则利国福民，诚非浅鲜。否则，外人永无就我范围之日，而所办之中法银行，亦不过多一华俄银行而已，恐非我当轴者之初心也。且此事一成，恐他国援以为例，用某国之资，则必遵某国之律，如此主权丧失，永无收回治外法权之望。事关国体利权，不得不质直言之，幸为亮察。孙文。艳。

据《国父全集》第三册（转录史委会藏《总理来去电文底簿》）

致袁世凯等电

（一九一三年二月四日）

北京大总统、国务总理、各部总次长钧鉴：新密。文定期本月十一日由沪起程往日本，此行欲以个人名义，联络两国感情。按以

彼国现状，此事不难办到，或更有良好结果，亦在意中。务望诸公
一致赞成，并望将我政府最近之对日、对俄方针，详为指示，幸甚。
孙文。支。

据《国父全集》第三册（转录史委会藏《总理来去电文底簿》）

致胡汉民电

（一九一三年二月四日）

广东胡都督鉴：文定本月十一日往日本，联两国交谊，往还四
星期。如有要事，请电东京。文。支。

据《国父全集》第三册（转录史委会藏《总理来去电文底簿》）

致朱启钤电

（一九一三年二月四日）

北京交通部朱总长鉴：新密。兹定本月十一日往日本，谋联络
增进两国交谊。钧部二月份垫款，请于行期前电汇来沪。三月份
垫款，若能同汇尤盼。孙文。支。

据《国父全集》第三册（转录史委会藏《总理来去电文底簿》）

复袁世凯电 *

（一九一三年二月七日）

此间人士组织欢迎国会团，只为欢迎国会议员，激发人心起

---

　　* 此件《民立报》原刊仅为摘要，所标日期为袁世凯收到时间。一九一二年十二
月底，因国会选举将竣，上海《民权报》记者尹仲材、何海鸣等发起成立欢迎国会团，主张
国会于北京以外的其他地点自行集会，以摆脱北洋军警的干涉。为此，袁世凯请孙中山
劝该团解散，以使国会能在北京顺利开会。此为孙中山的复电。

见，缘无别故。文更未加入其间，非所闻问。惟当兹国势危急，强邻进窥之际，既承嘱命，自当相机向与文相识者妥为开导，以副雅命。

据上海《民立报》一九一三年二月十三日

致袁世凯电

（一九一三年二月十日）

北京袁总统钧鉴：新密。山西阎都督与河东张观察使①及李旅长②冲突事件，报纸喧传。敝处亦屡接各处电报，皆称张、李并无反对阎督违抗中央之事。且张、李已经免职，自请归京听候审判，一切真象当不难水落石出。闻晋中一部分不明之人肆行挑拨，若不从速和平了结，对于山西内部非唯不能调和，且恐转生前途风波，其事虽小，而影响甚大。我公明允，尚望力予维持，和平解决，地方幸甚，国家幸甚。孙文。灰。

据《国父全集》第三册（转录史委会藏《总理来去电文底簿》）

在日本下关答记者问[*]

（一九一三年二月十三日）

记者问：此次来游目的？

---

① 张观察使：即张士秀。
② 李旅长：即李鸣凤。
* 孙中山二月十一日离沪赴日本考察，十三日晚五时至门司，即乘船渡下关，至山阳楼小憩，受到门司、下关二市市长及新闻记者等二十余人的欢迎。

答：图中日两国亲交，并访旧友。

据《民谊》第六号（广州一九一三年四月
十五日出版）《孙中山先生日本游记》

在日本与陪同人员的谈话[*]
（一九一三年二月十四日）

二十多年前我曾在此地山麓处居住过，究竟是现在的什么地方，如今已无从记忆了。人们常说第二故乡等等，而当时对我来说连第一故乡也丧失了。其时我被迫逃出故乡，以漂泊之身东渡日本，真所谓沦落天涯之孤客。加以所到之处必有日本警察尾随跟踪，令人颇为厌恶。遇到过于讨厌的家伙，即不禁怒喝其即速离去。

据日本《支那》第二十八卷第八期（日本东京一九三七年八月版）泽村
幸夫①著《孙文送迎私记》（《迎送孙文手记》）摘译（邹念兹译）

在日本东亚同文会欢迎会的演说
（一九一三年二月十五日）

今日之会，假有欧美之人列席，彼决不能辨别孰为中国人，孰为日本人。昔年予游檀香山、美国，曾有日本人来以日本语相问，又有中国人以中国语问日本人者。中日两国之关系，既如是其密切。余之过去二十年内，常住于日本，是日本不啻即予之第二故乡。今予赴贵会之欢迎，与诸君一堂相语，愿诸君视为家庭之叙谈

---

[*]　孙中山由下关去东京，火车临近神户时，讲了这段话。

①　泽村幸夫：时为大阪每日新闻社东亚部顾问。

可也。

现今在亚洲之独立国,即日本及中国二国,而维持现今之东亚和平,犹不能不多所望于日本。日本及中国实兄弟之国也。日本自四十年以来,输入欧美之新制度,改革国政,迩来国运发展,以成一大强国。中国之建国极古,惟因墨守旧惯,国政腐败,已达极点;至于昨年,革命乃成,今年建设方始,国基未固。革命之际,列国严守中立,实因有日本为后援,其助力甚多。土耳其变政以后,国土转致分裂,则因孤立无援之故也。但单只日本一国,亦决不能终久维持东亚之大势,当与中国扶助,携手进步。东亚同文会之设立,即本此旨,此予之所信也。

日本及中国既如兄弟,但其一为进步向上的,其一为荡废不进步的,且不听其兄弟之忠告,遂至意思疏隔。日本对中国殆以为无复属望,中国对日本亦以为不可信赖,数年以来,所生误解,不外此结果也。

今者中国已醒矣,但大睡初醒,脚力脆弱,且有他国不利中日二国之提携,且日本对于中国之觉醒,亦尚怀念,故他国每每流布中伤之谣言。中国之人亦多不研究其真相,轻易信之,而生误解。若长此不已,必伤中日两国之感情,东亚前途,颇足寒心。故为东亚之大局计,维持平和,实中日两国国民之义务。兄弟之间,宜知己知彼,互相体察,互相扶助。予来游之日虽尚浅,但深知日本对中国之好意,归国之后,必进〔尽〕说明之责,鼓吹两国民之提携。今夕承贵会招待,聊陈所怀。

据《民谊》第六号《孙中山先生日本游记》

附一:同题异文

予此次来游贵国,受沿途官民上下欢迎,既至东京,又承诸君厚意,赐以嘉宴。感谢之诚,不可言宣!

窃思文以菲才,奔走国事,流离欧美,赴贵国者且十余次,贵国人士多进而教之。是贵国者,予之第二故乡,贵国人士更予之良师友也。今者,敝国政治改革之功虽竣,而国力未充,民智民〔未〕进,所望于贵国人士之援助者实夥。昔当敝国危急之秋,首倡保全中国者,自东亚同文会始,前会长故近卫公、现会长锅岛公爵及会员诸君,皆以热诚图东亚之幸福。名之所至,实亦副之。谨代表中华民国之国民,表最诚之敬意,兼祝贵会之发达于永久。

据〔日〕品川仁三郎《孙文先生东游纪念写真帖》

(日本神户日华新报社一九一三年版)

附二:同题异文

亚细亚之西方,有土耳其国。此国最近亦起革命,告厥成功,然现今却沉沦于悲惨之境遇。虽然,中国则不至蹈土国之覆辙。何也? 亚细亚之东,中国之近邻,有日本之强国。此强国,为中国同文同种之友国。土国则无如是之强邻,即有强邻,然在亚细亚之西方,可为土国之后援之强国,固不存在也。是为中国革命与土国革命相异唯一之点。……要之,亚细亚者,为亚细亚人之亚细亚也。中日两国人民,互为亲交。不惟应当除去猜疑,而且如轻信他邦人之说，互为攻讦之弊，不可不断然排去之也。亚细亚之和平，亚细亚人应有保持之义务。然中国现在则欠乏维持之实力，故日本之责任，非常重大。余希望日本力图中国之保育，而与中国互相提携也。是不惟余一人之希望，恐亦为全中国人所热心期待者也！

亚细亚为吾人之一家，日本与中国则一家中之兄弟也。假使此双生之兄弟，有相阋之事，则亚细亚之一家，绝不能保持其平和。日本为亚细亚最强之国，中国为东方最大之国，使此两国能互为提携，则不独东洋之和平，即世界之和平亦容易维持，盖无可疑者。

据《国父全集》第二册(转录史委会藏《总理民初游日在
东亚同文会假华族会馆欢迎席上演说词之一节》抄件)

在日本邮船公司招待会的演说

(一九一三年二月十八日)

现今中华民国，政治革命已经完了，经济发达尚无头绪。故物产非不丰富，而交通不便，国内运输事业尚觉困难，经济发达，实生障碍。故余特以图民国铁道之计划建设为己任。即以航运言之，中国之招商局与贵日本邮船会社殆同时产生，而贵会社逐年发达，已可与世界之大航运公司抗衡；中国之招商局其事业仅限于国内，且不能与外国公司竞争。盖因政治未良，故一切皆难图进行。

今者，中国之政治改革已有端倪，今后不能不图实业之发达，而交通机关实为一切实业之母。日本为海国，必先求水运便利；中国为大陆国，必先务陆运，即铁道之发达，然后经济、政治、教育、军事等乃有可言。但航路与铁道有直接密切之关系，即余所任事业与贵社之事业关系最多，窃望此后东亚最强之日本与东亚最大之中国，于经济界互相提携，互相扶助。日本维新岁月较中国久，一切有所经验,吾国人希指导之日尚长也。

据《民谊》第六号《孙中山先生日本游记》

在日本大冈育造之主持的
宴会上的演说[*]
（一九一三年二月十九日）

中国日本两国有数千年亲密关系,种族、文字相同。两国之外交,不宜依随世界列国之共同行动,当恢复古来亲密之关系。中日两国宜取一致行动,以保障东亚之利益。

据《民谊》第六号《孙中山先生日本游记》

在日本铁道协会欢迎会的谈话
（一九一三年二月二十日）

【会长古市公威询问先生办铁道筹款方法】
先生答:用公司名义,由政府担保借外资。

据《民谊》第六号《孙中山先生日本游记》

在日本与新闻记者的谈话^{**}
（一九一三年二月中旬）

即使余被推选为大总统,亦将辞不就任。较之于就任总统,余更愿倾全力于创建伊始之铁路建设事业。中华全国之铁路,应以

＊　　大冈育造之当时是日本众议院议长。此件为演说的大意。

＊＊　　谈话是在由长崎赴东京旅次,即二月十一日至十五日间,具体日期不详。

粤汉为干线而使其及早开通，然后及于其他。此乃发展之程序也。

中国应首先着手者为币制改革，余对此深具信心。民国现时之年度收入大约为三亿元，如加整顿，即可达到二十倍，此事甚为明显。

据日本《支那》第二十八卷第八期泽村幸夫著

《孙文送迎私记》摘译（邹念兹译）

在东京实业家联合欢迎会的演说[*]

（一九一三年二月二十一日）

政治之改革可以短期间成就，实业之发达非有长期间不能。涩泽先生谓实业为国家成立之本，予谓实人类发达之基。中国古谚谓国以民为本，民以食为天。食者，经济也。中国物产丰富，人民众多，其实业不发达之原因，实由于政治之障害。中国向来所受之政治障害有二：其一为国内的，其一为国际的。国内的政治弊害，为法律不良，保护不周。今者革命既毕，第一障害可望逐渐除去矣。至于国际的政治障害，为中国向来与外人所订条约不良，丧失主权。在中国之外国人，不受中国法律所辖，而受其治外法权，中国人与外国人同受其害。租界以外〔内〕国人不能自由居住，故于输入外资、经营工业之事皆不能行。此事非中国人之力所能除去，故不能不望友邦之助力。

中国近日之情状，恰如富人广有物产，藏于仓库，而未能启其管钥。所谓管钥者，即经营新实业之方法是也。此方法是存于欧

＊　欢迎会于当晚在东京生命保险协会会馆举行。日本实业界重要人士百余人参加。此件及同题异文均系报刊摘要。涩泽，即涩泽荣一，时为日本三井物产公司董事长。

美、日本。苟能除去前所云二层障害,然后欧美、日本人乃能自由输入其新方法于中国,合力图大陆上实业之发达,中国乃能实行开放门户主义。政治有国界,至于经济、实业本无国界可言,此国之人可以投身于彼国之实业界,而图其发展。比邻之国,关系尤深。国际相交,一富国与贫国交易,决不如一富国与一富国交易之利,故中国将来经济及实业之发达,实为日本之利。

　　现今欧美有一般人谓,将来东亚实业之发达不利于彼者,实耳食之言也。中日两国同种同文,关系极古,深望此后两国民之结合。今日来会,皆日本实业界重要人物,尤望出其数十年之经验智识,以助中国也。

据《民谊》第六号《孙中山先生日本游记》

附:同题异文

　　予多年来为政治而奔走,现已宿愿渐遂。此次来访贵国,得与如此众多之日本实业界知名人士共聚一堂,予引为甚大光荣。诚如方才涩泽男爵所谈,实业之发展,不仅为政治进步之所必需,实亦为人道之根本。而实业之进步发展本不应为国界所限,但彼白种人尝不愿日本与中国在实业上取得进步。究其根源,无非是担心日中两国实业之进步,将使彼欧美人在亚洲失去其实业上之势力而已,然而此种想法实甚荒谬。当前日中两国贸易之所以不若日美贸易之盛者,盖以美国之富较胜于中国之故。但从长远考虑,中国经济如不发达,势必给日本招来许多不利;同时,日本实业之发达,将更有利于中华民国之发展。据此观之,日中两国之贸易关系绝非等闲问题。况且,若对将来中国实业之发展能力加以前瞻,

以全中国天赋矿产、农产品之丰饶、数亿民众劳动力之巨大，则民
国断无不富之理。所惜者，尚未掌握开发此等富源之锁钥——即
不谙实业经营之方法而已。一旦掌握此等锁钥，民国之富源将立
即得以开发。但因民国之政治、法律尚不完备，再加以条约上之束
缚，致使民国难于掌握此种锁钥。然而经过此次改革，前者可谓病
根已绝，但后者即条约上之束缚则不易排除，故亟需仰借友邦日本
之助力也。

据日本《龙门杂志》第二九八号（一九一三年
三月出版）译出（邹南星译，曲直校）

在日本日华学生团欢迎会的演说

（一九一三年二月二十二日）

　　中国之初醒，实在中日战役之后。是时鄙人始倡政治改革之
议，渐有和者。以乙未年始起革命军于广州，其时和者极寡，殆无
成就之希望。及后，庚子年团匪事后，国人大惧，乃于是留学于日
本，感于日本政治改革之效，群以为中国革命之不可缓。最盛之
时，在日留学者达二万人，其十之七八皆持革命主义者。故数年之
后，返国者极众，革命思想遂普及于全国，以收前年革命之效。中
国革命事业，实全国人心理所成。而其所以共和建国之理由，盖因
中国人数千年以来之战事，皆为少数人争皇位之战争，其最强者，
灭除其敌人，而自立为皇帝。其在欧洲，有宗教战争、政治战争、种
族战争；而在中国，则只有皇位战争。人民受苦极深，咸愿共和。
此全国人之心理如是。

　　外人有谓中华民国之政体不巩固者，实不足信也。东京学生
实为中华民国建国最有功之人，今日得于此相见一堂，敬表感谢之

意。今日来会者为中日两国青年学生，实将来最有望之人，愿各勤所学，以尽其天职。诸君之天职，为保障东亚之名誉，维持东亚之势力，不受异种人之侵害。愿诸君以此义相结合，而互担此任于双肩也。

据《民谊》第六号《孙中山先生日本游记》

在东京中国留学生欢迎会的演说

（一九一三年二月二十三日）

今日中华民国留东全体学生诸君开此大会，欢迎兄弟，兄弟实为欢喜！数年前，兄弟屡次到东京，时常蒙学生诸君热心欢迎。但今日诸君之欢迎，与从前之欢迎，其心理上大有不同之点。从前所以欢迎兄弟之心理，都是愤恨满洲政府种种压制，种种腐败，欲将身家性命置之度外，以图推翻满清腐败政府，造成革命事业，以建设完全美满之中华民国，与世界列强对峙。所抱持的纯是一种牺牲的主义，本欢迎革命之精神，推而欢迎兄弟。现在，从前诸君之志愿已经达到。此次兄弟到东，是民国成立后的第一次。兄弟从前提倡革命的时候，一般学生诸君，大半热心赞助革命。究竟革命事业能成功不能成功，那时非所料及的。彼时学生诸君，前途绝无希望。国家前途，甚为危险。未光复之先，我辈均受制于专制政府之下，非我族类，横暴不堪。处此极端压制，民权不克伸张，俯首帖耳，任人摧残，刀俎听命，鱼肉听命。从实质上观察之，我辈不过是亡国之遗民，我汉族实无国家存在于亚东大陆上。而外忧日迫，瓜分豆剖之危机，在昔不过虚言恫喝，近且见之实行。满清政府又服膺"宁赠朋友，不予家奴"之格言，对外则一味恭顺，对内则万般防遏，我辈几不免二次亡国之惨。所以大家志士，都不惜牺牲性命，以求急切之改革,而还我自由之幸福。今日满清政府既经推倒,革命事业已告成功。民国初基已粗称底定,我国之前途实大有希望。但破坏之后必须建设,恢复秩序,巩固邦基。学生诸君必要为中华民国妥筹健全之方法,担负建设的责任,以措国家于磐石之安,方不负从前革命的一种伟大志愿。盖破坏固宜急进的,建设亦宜急进的。破坏之事业并不甚难,只要持极端的牺牲主义,坚忍做去,即能收效。欲筹建设,虽无破坏时代的危险,仍必与破坏时具同一之精神。

建设事业,不仅要与破坏时代持同一之牺牲主义,并且要一绝大学问。欲求此种建设的学问,必须假以时期,或十年,或六七年之苦心研究,方能应用。不比破坏事业,只要不顾身命,冒险做去,即可以办得到的。所以从前学生之责任,与现任〔在〕诸君之责任,大有悬殊。从前诸君,是求急切的破坏的;今日诸君,是要求急切的建设的。从前因汉族沦亡,我辈憔悴虐政,无立足之余地,纵有绝大学问,无处可见之实用。即为满洲政府所罗致以供奔走,亦不过一种奴隶学问,究竟不能发抒其长。故彼时一般有志之士,均不愿专心求学,以为异族之用。一心从事于革命事业,奔走呼号,不畏斧锧,都是因为救国心的热度比较求学心的热度更高的缘故。

彼时学生诸君当初来东时之志愿,未尝不是想求大学问,但爱国爱同胞之心,人所共有,一到东京,即爱〔受〕薰陶。又感于外界之种种激刺,因国家危险之景象,日益迫切,不忍死心塌地,消磨锐气于学问上,只得将求学之心暂行抛开,专坚持铁血主义,练习冒险精神。希望将满清政府推倒之后,再求学问,以遂初心,而为建设新国家之用。故宁肯弃学问而不顾,专图革命的进行。此次革命成功,抛弃学问热心救国之学生诸君的勋劳,实居多数。

今日幸民国我〔成〕立已有二年,大概规模粗具,然政治上之设施,千头万绪,纷如乱丝。我们试想一想,成立虽将二年,内政外交,究竟有一什〔件〕可称为完备的吗? 此种原因,都成〔是〕因为缺乏人才的弊病。处此时代,急要精进学问,以图根本上之改良。诸君在东京留学,应该立定一绝大志愿,研究学问。不比从前学生有革命的事业纷扰其心志,不能专心致志于学业。诸君今日求学之机会,比较从前学生求学之机会,实优万倍。务望矢志求学,如从前学生愿牺牲性命,以做革命事业的一种坚忍心,百折不挠,将来必能求得优美专问〔门〕学问,以福祖国。这是兄弟所期望的!

中国今日之现象,如拆屋改造,旧者已经破坏,新者尚未建全,庶政繁多,动需时日。试观吾国历史,每一朝代之更替,必经三四代之设备,始得稍稍完全。破坏事业与建设事业,成就于一人之手者,实所罕见。今日民国成立已历二年,种种设施虽不甚完备,然求之历史上,已经是收效最速的了。我辈不可谓中国不可为。我辈抱如何之希望,思如何之幸福,必须矢志求之,以餍吾人之希望,以购吾人之幸福。

今日吾国工商各界,均限于艰难恐慌之现象。一般平民心理上,多谓革命党从前所说的,革命后人民有多少之幸福,不革命有如何的危险,都是一种骗人的话。今日既经革命,我们生计反一日不如一日,实不及未革命的时候,尚能得过且过。此等言论,究竟是昧于大势,将革命事业看得太容易了。

纵观古代革命的历史,成功最速者,莫如姬周。尔时不过京畿地方,归天子直辖,其余悉归诸候〔侯〕统治,整理尚自易易。然必至成王定鼎洛汭,始克底平。其后暴秦无道,陈胜、吴广之徒起而推翻之,后演成六国分立,楚汉战争之恶剧,生灵遭其涂炭者,不知凡几。历许久时间,始得统一,而内政之整顿,犹必待之文景。自是厥后，历代莫不皆然。迨至明朝，驱逐元胡，创种族革命，亦经过多年战争。建设事业，亦历数代，始具规模。即此可见革命之不易，建设之尤难。我国此次革命，不过数月即告成功，吾民之幸福，实在保全不少。惟建全〔设〕事业，历二年之久尚无头绪，实因从前未培养人才之故。

现在欲维持中华民国，必人人负建设之责任。建设事业，必须学问，实所赖于学生诸君！诸君在此留学，须要认真研究学问，不可同从前留学生一样。从前的留学生，大概分为两派：其一派鉴于祖国之危亡，异族之凭陵，废弃学业，奔走革命；其又一派，既不能与革命诸志士一致进行，又不能研究实学，只想弄一个方法，混一纸文凭，以夸耀乡里。这也难怪他们。此辈人见中国事已不可救，革命事业，自己扪心揣度，又做不来，求了学问，又无用处，无法可想，只好鬼混一辈子。将来中国不幸瓜分，横竖中国是已经亡过一次的，随便做那一国的顺民，那一国的奴隶，都是无甚紧要的，只要有一个吃饭的所在就是了。

今日诸君，不可如前日之分为二派。当此建设之始，需才孔急，量才器用，各尽其长。大才有大用，小才有小用，只要有真正学问，不愁没用处的。况且破坏事业已告成功，从前希望均已达到，将来之希望，即是建设事业。正好安心在日本留学，用数年功夫，求数年学问，以为建设之用。在此留学诸君，须要立一种决心，就是从前学生，一种牺牲性命的心。此种决心求学，将来成就正未可量。迨学成学问，为中华民国求幸福，非为一人求幸福，必须存牺牲自己个人之幸福，以求国家之幸福的心志，社会始可改良。诸君现在之地位，在中华民国四万万人之上，将来做成事业，必也要在四万万人之上，方不愧今日之地位！

学问志愿，两种并行。有学问而无志愿，不徒无益，而反有害。

诸君志愿,须求大家之利益,办大家之事业,不必计较私人之利害。究竟大家享幸福,大家得利益,则我一人之幸福之利益,自然包括其中。此之谓人道主义、社会主义。

从前学说,准物质进化之原则,阐发物竞生存之学理。野蛮时代,野兽与人类相争,弱肉强食,优胜劣败,弱者劣者,自然归于天演淘汰之例。故古来学说,只求一人之利益,不顾大家之利益。今世界日进文明,此种学理,都成野蛮时代之陈谈,不能适用于今日。今日进于社会主义,注重人道,故不重相争,而重相助,有道德始有国家,有道德始有世界。

近日社会学说虽大昌明,而国家界限尚严,国与国之间不能无争。道德家必愿世界大同,永无争战之一日。我辈亦须存此心理,感受此学说。将来世界上总有和平之望,总有大同之一日,此吾人无穷之希望,最伟大之思想。

吾中华民国为世界最伟大之国,土地、人民为诸国冠。不过因近二百年受制异族,文明进〔退〕步,国势凌夷。外国遂谓中国为野蛮,实属大谬。今日革命成功,祖国前途,大有可为。各国相待,亦异往昔。盖我中国以最短促之时间,成就最伟大之事业,为地球上亘古所来〔未〕有。而我中国国民,从前本来无国家思想,忽然发生此种事业,建设共和国家。自外人眼光观之,狠觉奇怪,究竟不晓得是真共和,是假共和。这种心理,实在是把中国数千年之文明忘记了。中国此次之革命,就是恢复数千年历史上之文明。从前中国文化,限于亚东一小部分,不能扩张。今日得一种高尚完全之政体,政体既改良,人民道德亦必随之改良,方可表示共和政体之真象。

日本对于中国亦有此种疑虑。现在思想眼光均改变了。彼见我国此次改革,是狠道德、狠文明、狠高尚的举动。人民心理,是个个赞成共和的。所以日本人之疑团，一天明白一天，现在对于中华民国，极表尊敬佩服之诚意了。

现今五洲大势，澳、非两洲均受白人之钳制。亚洲大局维持之责〔应〕任，〈应〉在我辈黄人。日本与中国唇齿之邦，同种同文，对于亚东大局维持之计划，必能辅助进行。纵有些小龃龉，亦须顾全大局，不能成一问题。日本从前对于中国，行侵略政策，亦见中国国势大不可为，假使受制欧洲，则日本以三岛海国，决难巩固，故不得已而出此。今我中华民国既已成立，亚东大局，我中国可以负维持之责任，毋庸日本担心了。

日本海陆军强盛，称雄于世界，我中国须要数十年始能办到。假使从前无日本，则东亚前途必不可问。东亚地方，得留与我辈成就革命事业，都是日本之力。中国此次革命成功，对于日本，不能不感谢。日本与中国利害相关，欲保全日本利益，不得不保全东亚利益。大凡立国，必须与利害相关之国，携手进行，方能进步。利害不相关之国，纵彼欲与我相亲，都成不可与之亲近的。从前满洲政府，对于日、俄两国，介于两大之间，与日本距离较近，尤觉可怕的狠。彼时不知道利害相关的道理，纯是远交近攻之政策，亲俄防日，以致贻今日之大患。一经亲俄，天山以西帕米尔高原一带，已非我有。延至今日，蒙古又将不见了。这就是与利害不相关的国相亲的害。

我国此次革命，原来是不要人赞成的，也不受人干涉的。日本对于我中华民国，狠想首先承认的，因与各国须取一致之行动，故未发表。俄国则对于我国，不肯承认，而对于库伦独立，独不惜首先承认。不但自己承认，并介绍于各国。因为俄国对于我国，绝无利害相关，不过持一种侵略主义。今日亲俄，怀〔坏〕了蒙古，再要亲俄，内地十八省恐怕都不稳了！日本不然，与我国利害相关，绝无侵略东亚之野心。从历史上观察之,彼为岛国,我为陆国,绝对不相侵害。纵近年来不免有侵略之举动,亦出于万不得已,非其本心,是我们最要原谅日本的。我们中日两国,最宜联合一致进行。将来能联合、能亲交与否,这种责任,都在学生诸君身上。

诸君在日本留学,日日与日本之讲师、学生相周旋,必能联络感情,互相亲爱。从前日本最看不起中国人,固为地位不同。今日民国成立,日本人羡慕我不暇,还能藐视我呜〔吗〕? 故我们对于日本人之心理,亦须要变愤恨而为亲爱。今日谋巩固中华民国,须注重外交。亲日政策,外交上之最妙着,其责任当以学生诸君负之。日本人种种对于中国之误解,可以详细解明。日本之政策方针,亦须用心研究,风土人情,亦当调查。消灭冲突,解释误会,共同谋亚东大陆之幸福,同为东亚之主人翁。

亚洲人口,占全地球三分之二,今日一部分屈伏于欧人势力范围之下。假使中日两国协力进行,则势力膨胀,不难造成一大亚洲,恢复以前光荣之历史。令世界有和平,令人类有大同,各有平等自由之权利。世界幸福,都是黄种五万万人造成的。而学生诸君,是其起点。今日学生诸君,不但须担任亚东和平之责任,并要担任世界大同之责任。这是兄弟所为诸君期望的。

据《国民杂志》第一号(一九一三年四月十五日发行,国民党
东京支部主办)刘寿朋笔述《孙中山先生演说(其一)》

在东京市长阪谷欢迎宴会上的答词

(一九一三年二月二十五日)

今日蒙市长代表东京市欢迎,与东京人士相会一堂,不胜欣幸!

文当革命出亡之际，居东京颇久，与此间人士往还甚多，情意亲密，有异国弟兄之感。最后离东京之际，在今四五年前。今复来游，见东京市街之改良，新式建筑物之增多，交通之便利，其进步之速，实堪赞美！望东京人士益复努力，使贵市成为东亚名都之模范。

至于中日两国之交谊，文更有所欲言者。按今日世界之大势，凡种族、文字、教化相同之国，莫不有特别亲密之关系，有如英美、如德奥、如俄及巴尔干列邦、如法比皆然，在国家及人民，情谊最亲。今中日二国之关系，亦复如是。其应当提携，殆不待言。贵市为日本首都，江户舆论每足以风动全国，窃望莅会诸君此后益主倡中日提携之论，以谋东亚之幸福，及世界之和平。

予此次之来，蒙贵邦朝野人士连续欢迎，不胜感谢！此足征贵国对中华民国情意良好之一斑。敬举杯祝日本帝国、东京市及阪谷市长万岁！

据《民谊》第六号《孙中山先生日本游记》

山田良政纪念碑文

（一九一三年二月二十七日）

山田良政君，弘前人也。庚子又八月，革命军起惠州，君挺身赴义，遂战死。呜呼！其人道之牺牲，兴亚之先觉也，身虽殒灭，而志不朽矣。

民国二年二月二十七日　孙文谨撰并书

据中国社会科学院近代史研究所藏原件照片

致 蔡 锷 函[*]

（一九一三年一至二月间）

松坡先生鉴：

　　奉到一月二十五日复书，示以滇路之缓急轻重，并承嘱尽先建筑滇、邕一路，自应力为筹办。惟路线之规定，尤宜通盘筹划。前经与代表罗、李两君[①]再三商榷，近规目前之利益，远企将来之发达，佥以滇邕一线，不如滇粤一线为更〔重〕要，遂定滇、桂、粤铁路。当今拟具说明书，将路线、筹款及筑成后办法三端详为说明。贵代表谅以具有报告，兹将此书抄录一份，寄请大鉴，想台端统筹全局，定能择善而从。

　　将来此路告成，较之滇、邕尤有莫大之利益。广州为南部之中点，商埠已兴，不难与世界竞胜。即于军事上，亦属重要之地。滇省货物运送外洋，由此出口，未为迂折，而输入腹地各省，则必至广州而后便于分布。至龙门一口出洋，虽觉较捷，然商埠未开，轮舶罕至，倘事经营，非有数千万之巨款不可，实非目前之力所能办。再以军事上而论，南宁逼近滇、越路线，一旦有事，易于受敌。故桂省一段，不如取道柳、庆，开自古未开之路，于铁路原理上实有重大之价值。而由柳州至南宁可建一支线，仍不失滇、邕之功用。本公司之计划如此，其详见说明书，兹不赘述。专颂

　　＊　原函未署时间。据函中所说"奉到一月二十五日复信"及"本公司之计划如此"推断，此函应在铁路总公司成立后，孙中山离沪赴日前，即一九一三年一至二月间。

　　①　罗、李两君：指云南都督派驻北京代表罗佩金、李根源。

勋祺

孙　文

附:滇桂粤铁路说明书

路线说明

筹款说明

筑成后办法说明

路线说明

此路线系现时假定,将来实测,容有变迁。

起于广东之广州府,终于云南之大理府,其经过地及里数如下:(以英里计算)

广州至肇庆五十五里

肇庆至德庆四十五里

德庆至梧州三十五里

梧州至浔州九十五里

浔州至柳州八十五里

柳州至庆远五十里

庆远至东兰州百零五里

东兰州至泗城府四十里

泗城府至西隆州四十里

西隆州至黄草坝六十五里

黄草坝至罗平三十里

罗平至曲靖七十里

曲靖至云南省城四十里

云南省城至楚雄七十五里

楚雄至大理府一百里

共计八百九十里

此路线之在广东云南界内者，皆可以无须解释。惟通过广西之路线，其所以不通过南宁，而取道柳州、庆远之理由如下：

一、若由浔州取道南宁、百色，以出西隆，较之柳、庆绕远八十英里，甚非所宜。

二、南宁逼近法疆①，遇有军事，南宁必先受敌。南宁有险，则本路为西南重要干路，一被截断，极为不便。

三、以商务言之，南宁之商务不远盛于柳州，而柳州以上各地，向来交通不便。百里荒芜，铁路一通，发达可立待。南宁、百色各处，尚有河道可通小轮，其需铁路不似庆、泗各府之急。故本公司决定此干路经过柳州，将来由柳州至南宁修支路通之。且由梧州取道柳、庆，通西隆直通过广西省之中线，将来全省修筑支路，皆极便利。苟广西人用全省之眼光而不存地方之意见观察之，必能表其同情也。

筹款说明：

以普通每英里之建造需八万元计之，此路共长八百九十英里，约需款七千二百万元。若分六年筑之，每年需款一千二百万元。以普通借债利息五厘半计之，第一年须息银六十六万元，以后逐年递加。此七千二百万元之资本，将取给于本国乎？抑取给于外国乎？向来以本国资本办路，认股最踊跃者为粤、汉铁路，乃因历年办理不善之故，收股已极困难。今当革命之后，国内之财力大蹶，而欲以最短之时间成甚长之路线，其不能专恃国内之款明矣。故本公司对于此段铁路之建筑，决定用发行债票之法。其购买此项

① 法疆：指越南，当时为法国属地。

债票者,本国人及外国人有同等之权利。发行债票以为建筑铁道之资本,中国自有铁路以来,未有用此法者也。中国向来筹款之法,曰借债筑路。其法委托外国之一商业机关(银行或银公司),募集其所需之资本,而以回扣为报酬。由彼在外国发行债票,既售出后,此项债票之涨落与中国无复关系。即世所谓委任募集也。今公司不用此法,而主张自发债票。其理由如下:

一、以免包办材料之回扣也。筑路之费至少以一半购买材料,若用委任募集之法,其经理此募集之机关必要求包办材料,照利得五厘回扣。若借款八千万,其半数为四千万,四千万之五厘扣回,即二百万。此债主之损失也。若自发行债票则有购材料之自由,可择最佳、最廉之材料购买。且中国铁矿遍地,可行炼制,一面图制铁事业之发达。其利一。

二、以免铁路管理权之丧失也。用委任募集法,其经理借款者必同时要求铁路管理权。即中国派人管理,而铁路应用之权,实握于外人之手。革命军起时,沪宁铁路之外国管理人,即倡中立议,几费交涉,始允运载民军。其历史当为国人所能记忆。若自行募债,自行建筑,则一切权自我操,不受干涉。其利二。

三、工程师及一切用人之自由也。委任募集之结果,彼必提出总工程师应用某某人,以今日中国工程人材之缺乏,欲兴极大工程,固必须借材于异国。但其主权掺之自我,则合同一切可自作主,而不受强制之干涉。其利三。

今既定由公司直接发行债票之办法,而此项债票按中国今日经济之状态,不能不赖外国人之售买;欲外国人之售买,不能不赖外国银行之承揽经理。且在外国发行筑路债票,为各国所常用之法,而为中国前此未有之事,不能不有的确之担保,以坚信用而利流通。则此项债票不能不由中央政府担保利息,而此项利息不便由中央支出,须由路线经过四省广东、广西、贵州、云南承认者,本公司所以不能不望四省人民及政府之赞助者也。姑以七千万元计之,利息五厘半,每半年共须利息三百九十六万元。但此项公债可分六年分募,第一年募六分之一。一千二百万,以利息五厘半计之,须利息六十六万元。以后逐年递加,但每年所筑铁路亦为全路六分之一,逐年开车。若所获之利足以支付利息,则不必各省实付所担保之利息。广东至云南之铁路,联合二大富省,其获利可掺〔操〕左券。广州至三水之铁路,不过三十英里,每年获利已在三十万元之外。全路虽不能以此为比例,果能逐段获利,则各省之所出利息亦甚微耳。各省既担任保息之后,发行债票,仍不能不以中央政府担保。至于回扣一层,按中国向来铁路借款之回扣如下:

借　　款	借入年份	借款总数	回　　扣
京汉借款	清光绪二十四年	法金一万二千五百万佛郎	九扣
京奉借款	同二十四年	英金二百三十万镑	八九扣
正太借款	同二十八年	法金四千万佛郎	九扣
汴洛借款	同二十九年	法金四千一百万佛郎	九扣
沪宁借款	同二十九年	英金二百九十万镑	第一批九扣 第二批九五五扣
道清借款	同三十一年	英金七十九万五千八百镑	九扣
广九借款	同三十二年	英金一百五十万镑	九四扣
津浦借款	同三十二年	英金五百万镑	第一批九扣 第二批九四五扣
沪杭甬借款	同三十四年	英金一百五十万镑	九三扣
汇丰汇理借款	同三十四年	英金五百万镑	九四扣
川粤汉借款	清宣统三年	英金六百万镑	九五扣

即最低者八九扣,最高者九五五扣。革命以后之借款,克里司浦借款低至八九扣,此次商议之六国大借款八八扣。本公司发行债券之时,消〔销〕行如何,不能预言,故实收几成,此时不能预定。若在

外国发行,势不能不托外国银行经理,除本公司自矢于回扣丝毫不取外,外国银行经理必须报酬,总期得最高之实额为止。纵使成迹〔绩〕与从前借款相若,而能于购材料及管理权两事不让于外人,则为利亦已多矣。

据《云南省议会报告书》第一卷《云南省议会第一届报告书》(云南省议会印行,云南电气印刷公司代印)

政务讨论会杂志出版祝词
(一九一三年二月)

泱泱神州,蓝筚伊始。国之揭橥,宪纲是恃。范围五族,昭示亿补。民智犹豪,孰良孰否。欧陆前模,孟德精理。发扬光大,视此鸿制。

祝政务讨论会杂志出版

孙　文

据《震旦》杂志第一期(北京一九一三年二月出版,统一党政务讨论会发行)

在东京留日三团体欢迎会的演说
(一九一三年三月一日)

今日留东之国民党支部、共和党支部、广东同乡会诸君子在此开会欢迎。兄弟借此机会,得与在东之政党及乡人相接洽,实不胜欢幸之至!

东京地方对于我中华民国,向有特别关系,从前革命党之发源,都是在东京方面。革命党经十数年之工夫力量,冒许多之危险,以造成中华民国。现在中华民国已经成立,我大家国民责任如何? 民国虽成立,犹在幼稚时代,大家须发大愿力,将已造成之中华民国,巩固其根基,方尽我们的天职。创造民国者,既发源于东京,则巩固民国者,亦要留东诸君担负其责任。国民党原属革命党,民国成立后始改组。共和党亦在民国成立之后组成政党。论成立之先后,共和党在国民党之前。今日欲巩固中华民国,政党最为紧要。今日之政党,比较从前之革命党,实大有不同。革命党之事业,必须流血冒险,牺牲性命财产,才能做成革命之功。其所抱持之唯一宗旨,则为三民主义。民族主义,与满族君主相争竞,必须掷多少之头颅始能购得;民权主义,与专制政体相对抗,也是极端反对不能并容的;民生主义,与不良之社会争。惟今日中华之社会,尚未趋于极端不良之地位,稍易着手。当皇族专制时代,革命党之力量甚为伟大,终能打破反对者之压制而建设中华民国,民族、民权二大主义均经达到目的。民生主义,不难以平和方法逐渐促社会之改良。

从前之党与党,所持宗旨背道而驰,故相视若仇雠。今日之党与党,均以国家为目的,虽分而为数党,究竟同此四万万人,同[此]立此共和政体之下,均以国家为本位。所谓百虑而一致,殊途而同归。横览全球,无论为民主共和国,为君主立宪国,莫不有政党。党之用意,彼此助政治之发达,两党互相进退。得国民赞成多数者为在位党,起而掌握政治之权;国民赞成少数者为在野党,居于监督之地位,研究政治之适当与否。凡一党秉政,不能事事皆臻完善,必有在野党从旁观察,以监督其举动,可以随时指明。国民见在位党之政策不利于国家,必思有以改弦更张,因而赞成在野党之政策者必居多数。在野党得多数国民之信仰,即可起而代据政权,变而为在位党。盖一党之精神才力,必有缺乏之时,而世界状态,变迁无常，不能以一种政策永久不变，必须两党在位、在野互相替代，国家之政治方能日有进步。一党新得国民信仰，起而在位，以一番朝气而促政治上之改良，其所收得之功效，各国均有确据。今日讲到民权，更不能不要政党。无政党则政治必愈形退步，将呈江河日下之观，流弊所及，恐不能保守共和制度，将渐变而为专制。

我中华民国历史上数千年称为文明古国，所以政治日形退步者，因无政党以维持之。政党之名词甚为新异，中国人多不明白党字之真义。就是已入政党的党员，也不能人人知道政党之作用，以为一入政党，必须袒护本党，攻击异党，不顾国家大局，徒争一党之势力。不知党与党之关系，非仇雠，是对党。人之入党，当视其自己之心志如何。今日赞成第一党之政策，即可入第一党，明日赞成第二党之政策，即可入第二党，均属正当之事。不比未革命以前的党派，其根本上绝对的不同。

政党之要义，在为国家造幸福、人民谋乐利。人之入党，其未入党之始，必先察其党之党德如何？党人行为如何？其党所主张之政策如何？与我同志者，赞成之；与我异趣者，则不赞成之。全系自家心理上之采择，无利益可贪，无势力可畏，并无情面可徇的。故今日入共和党，明日入国民党；今日在国民党，明日入共和党，只要与自己所抱之宗旨相合、并非于气节上有所损失，盖极为寻常之事。日本政党之党员，时常变更，欧美各国，莫不如是，固毫无足怪。

各党党员只须对于政党尽力效忠，以正道公理谋国家人民之福利，不用不正当行为，无论对于何党，均未为不何〔可〕。但是，中国普通人之心理，对于党字之意义，不甚明了，以为古书上于党字之解释不甚良美，有所谓"君子群而不党"之说。不知今日之政党的党字，在英语名词为 Party，在中国文字别无与 Party 相当之字，只有此党字较为近似,并无别字较党字确当者。故用此党字,究竟与古时所用之党字大有区别。

至于党争亦非不美之事,既有党不能无争。但党争须在政见上争,不可在意见上争。争而出于正当,可以福民利国;争而出于不正当,则遗祸不穷。两党之争,如下棋然。譬如二人对奕,旁观者分为两组,按照着棋一定之规则,各相照护,不用诡谋以求自己之胜利,只以正大之方法相对待。假使手段不高,眼光不大,以致失败,败而出于正当,则胜者因〔固〕十分满足,败者亦甘心不悔。即旁观照护之人,初助此方,继助彼方,即〔亦〕未为不可。只须用正当之方法,不用诡谋。政党亦然,他党之宗旨与自己之宗旨不相符合,因而不赞成他党,一心护持本党,求本党之胜利。其求胜利之方法,须依一定之法则,不用奸谋诡计,是之谓党德。如但求本党之胜利,不惜用卑劣行为,不正当手段,谗害异党,以弱本党之敌,此种政党,绝无党德。无党德之政党,声誉必堕地以尽,国民必不能信任其政策,何能望其长久存在呢?

凡一政党欲求发达、求长久,必须党员明白党义,遵守党德,不可用欺骗手段逸出范围之外。大家一胜一败,均属心满意足,绝无怨尤。纵有失败,必须退而自反。政策之不能施行,必思有以改良之;手段之不合国民要求,必思有以变更之,务使有得胜之一日。愈研究,愈进步,方能谋政党之进行,方能谋国家之发达。倘使丧失党德,则国家前途无限危险。中〔民〕国初成立,政党发生尚在幼稚时代,政党之道德,应如何培养?留东两党诸君应负绝大之责任。国内各党员在政治上活动,事情允迫,暇晷无多。东京地方两党诸君,多半是留学生,无内地诸君政治上活动之劳苦,正好注意党德,阐明政治方针,俾东京地方为中华民国模范之政党。

今国民党、共和党两党诸君同在东京,有同在一学校者,有同居一旅舍者，互相请益、互相往来之时甚多，比内地各党员联络，适为最好之机会。可以和衷商榷，讲求政党应有之道德，研究政党应用之方针，以为内地政党之模范。令全国人民人人具有此种道德，具有此种思想，则中华民国之政治可以立见发达，中华民国之基础可以日益巩固，中华民国之国势亦可以蒸蒸日上，凌欧驾美而上之。此即诸君异日在民国之勋劳，亦今日两党诸君应尽之责任也。愿与诸君共勉之！

今日之欢迎会本系三团体，内有广东同乡会，兄弟对于广东同乡诸君有一种特别的观念。中国革命其原动力虽属东京诸君，而实行之地点实以广东为最早。广东起义十数次，屡回失败，其流赤血冒白刃者，不知凡几。迨至武昌举事，各省响应，始能成功。所以人人只知道推翻满清政府湖北居其首功，不知广东自三月二十九日大失败、大牺牲之后，其时死难者，四川、湖北两省之人不少，革命之风潮，因愈形激烈，各省均受其影响，所以武昌起义易于成功。广东革命之失败，非无结果之失败，武昌起义之能成功，即为广东革命所生之果实。广东之革命，即为武昌起义之原因。广东自七八年前已有革命基础，每一二年间必有起义之事，三月二十九日之举，即为最后之大败。广东人对于革命、对于共和，即非常具有热诚，民国成立维持之责任，广东更要担负。

今日三团体欢迎，兄弟实深感谢！

据《国民杂志》第一年第二号（东京一九一三年五月十五日发行）刘寿朋笔述《孙中山先生演说（其二）》

致东京各报馆函

（一九一三年三月五日）

　　敬启者：文等观光贵国，沿途受官民上下热诚招待。留京之日，更蒙诸贤士大夫暨各界诸君不弃菲德，宠以嘉荣，感激之诚，不可言宣！足征贵国人士爱同种同文之真诚，非特文等个人之私荣而已。

　　返国之际，敬当举贵国人士以爱同文同种者爱敝国兼及于文等之至意，播之全国。俾两国人士共相提携，以继日、华二国历史上之亲处，且所以谋东亚之幸福。此文等所敬谢贵国人士、亦所切望于贵国人士者也。

　　谨致数语，聊表谢忱，并祝日本帝国万岁！东京市民万岁！

　　　　　　　　　　　据［日］品川仁三郎《孙文先生东游纪念写真帖》

在横滨国民党支部欢迎会的演说[*]

（一九一三年三月六日）

　　兄弟今日到横滨得诸君之欢迎，甚为感谢！今民国成立将有

---

　　[*]　《民谊》刊载此件标题为《孙中山先生在横滨演说词》，未标明演讲对象和时间。后《中山先生演说全集》收入时，注为"对横滨华侨欢迎会演讲"。史委会编《国父全集》注明此件日期为一九一三年三月十五日。按东京版《国民杂志》一九一三年第一号《驻日各部纪事》及一九一三年神户版《孙文先生东游纪念写真帖》所记，孙中山访问横滨日期当为三月五日至七日。而在这三日内，除与日本各界交往外，孙中山于五日晚赴中华会馆出席欢迎晚餐会，据报道没有发表演说，他于六日正午莅国民党横滨支部欢迎会时则发表了演说，主要论述党务。据此，本篇当为一九一三年三月六日在横滨国民党支部欢迎会的演说。

二年之久。然在二年间，国中诸凡待举，而以内政外交，极为棘手。但幸得内外同胞，同心协力，至有维持今日之现状。夫国家之成立，必赖乎政治。而民国之政治，若普问于国民之可否，岂不是行极繁之手续？故欲简而捷，必赖政党。今与二三政党商量妥协，而国之政治即举。然民国政党最先发生者，就是共和党，故共和党之势力普〔颇〕大。但兄弟在南京执政时，党人俱尽力于国事，而〈对〉政党似不甚注意，所以前之同盟会，即今之国民党，发生最后。然当时兄弟所以不甚注意党事者，原因有二：民国之所以发生者，第一欲与国人有民权思想。如当南京政府时，自己已执政权，倘又立刻组织同盟会，岂不是全国俱系同盟会，而又复似专制。国人因有民权思想，然后发生政党。政党系与政府对立，故共和党当时之发生，兄弟甚为喜欢。此不甚注意党事者其因一。又凡人之作事，当局者迷，旁观者清。故政府作事不好，不无人民之监督指正。此又当日共和党之发生，兄弟极为欢迎。此不注意党事者因二。但看今回之选举，国民党未尝出何样之手段，又无些毛之运动，然此次之选举，本党似得胜利。可知办事不在乎手段与运动之多寡，而贵乎光明正大之主义公理。此亦可知国民趋向正义、公理、共和之一途也。

又如今日之党，与前日之所谓党者大不同。何以？因前日之所谓党者，不外一曰革命党，一曰保皇党。但前日之革命党者，目的乃谋恢复我汉人之国家与人民大多数之幸福。至于保皇党者，不外谋个人自私自利与保全外族之皇帝为目的。故前者二党立于极端反对之地位，今日则不然。因今日之共和党，他所立之党纲，乃赞成五族共和，又谓谋国家前途之速进与人民之幸福，正与我党之主义国利民福相同，故我党不可不引为益友。又不但共和党者，我正引为益友，至凡赞成共和者，我同人亦当相与为良朋。甚至前者杀我祖若宗与夫专制我国民二百有余年之满族，但今次他赞成我之共和，故我民国不但待为益友良朋，更每年供他与四百万之年俸。此亦所以表我党之宽志〔宏〕大量，而出乎他念之报仇尽灭之心，故此次赞成共和之最亲热者，莫若满之王族也。

前者曾有问难于兄弟曰："何必民国每年多用此四百万耶？"但兄弟谓民国用此四百万，乃用之最有价值名誉之途也。兄弟见日本国之所以有今日之名誉者，一因日本曾与前清之胜〔战〕战〔胜〕，又与俄国之战胜，更国内屡加改良，海陆军之扩充，不知用了数万万金钱，至在世界上有今日之日本荣誉。至于民国，未曾有与别国开战而胜，又不是有强大力之海陆军，财政又不是富足，以上各件，比前清可似更加贫弱的。但今日民国之名誉，能见重于各国者，与日本不相上下。其因不外革命时能行人道之主义，与〈优〉待皇室之条件而发生矣。况皇室之经费，兄弟信他不是永世要民国之供应。兄弟前在京时，受八旗会馆之欢迎，八旗亦以知人人乃民国之一分子，不应常受民国之常粮。不过立刻各人未能有生计之途，故行渐〔暂〕时受民国之供给。至民国乃合人人组织而成，乃行平民主义之政治，断不容有立一皇帝在其中。故当时所以行待遇皇室条件者，不外照外国待君主之礼以待之。即如日本天皇驾崩时，民国曾服廿七日之丧，今隆裕太后之死，民国亦不过服廿七日之丧服而已。今北京仍然有皇室与皇帝之名称在者，我民国待之，当他系外国君主游历至此，我民国不过尽地主之责以待遇之而已。故民国合五族而成，凡五族之人皆如兄弟，合心合力，以为民国之前途着想尽力。此兄弟之所厚望于诸君也。

据《民谊》第六号《孙中山先生在横滨演说词》

在大阪欢迎会的演说

（一九一三年三月十日）

今晚辱蒙诸公之盛意宠招，莫任感佩！今次鄙人东渡，自长崎至东京，淹留数旬，此间不分昼夜蒙官民上下之欢待，五内铭刻。倘欧美人目睹今日之光景，决不能分别孰为日人，孰为中人也。鄙人前年历游欧美各国，彼国人常目鄙人为日人，且吾国人亦屡误认鄙人为日人。盖我两国人本出同种同根，决无相异之理也。况鄙人久住贵国，前后来往者二十余年，实以日本为第二之故国也。故今与诸公在一堂之下，如是交膝款谈，诚有一家同胞团栾之思。故鄙人今夕演说，亦如我一家中之言，亦无些客气，愿诸公谅之。

方今立国东洋者，惟有日本与中国而已，然而维持东亚和平之实力者惟日本为然。盖日本于四十年前早已著维新之曙光，文明风物，逐日改进。四十余年间之进步发展，遂致升世界强国之地位。东亚和平之局，实为日本帝国所支持，若不幸于四十年前西力之东渐，有如今日乎？我东亚各国非黄种之有也。敝国自古以守旧有名，去岁革命，一举遂碎破数千年之旧习，而肇造民国。惟维新伊始，国步颇艰，今外人视今日敝国之情态为危险最可忧，亦属不得已之势。鄙人往年游欧美之时，彼国人士咸谓：支那而实行革命，必至启列国干涉之端，或陷分割之运命，故劝鄙人以中止前图。鄙人不肯听此忠言，断然从事革命者，实依赖日本之强兵与信义也。自谓虽实行革命，决无为列国所瓜分之虞，亦必邀日本之厚意的援助，造就维新事业，莫疑也。是以专心企图改革，幸而得达当初之目的。今日我中国仅造就革命，只将来欲赖日本之热诚援助之力，以济有终之美而已。

　　鄙人此次游历贵国各地，爱〔受〕贵国朝野之欢迎，光荣曷胜！今夕亦际会绝好机会，得吐露微衷。惟冀自今而后，益提携共同防御欧西列强之侵略，令我东洋为东洋人之东洋，则岂不愉快哉！鄙人流寓东西各国者多年，而来往日本则实至十数次之多，最蒙贵国人士之垂青，领教匪浅，则贵国鄙人第二之乡国，而贵国人士则为我师兄也。敝国改革伊始，一切须待贵国之援助莫论也。本日来会之诸公，皆为维持亚东之幸福，热心尽瘁，众目俱观，不必多赘。兹代〈表〉中华民国国民，谨致诚表谢忱之意，敬祝大阪商工业诸君之发展。

据［日］品川仁三郎《孙文先生东游纪念写真帖》

在神户国民党交通部
欢迎会的演说*
（一九一三年三月十三日）

　　今日蒙诸君开会欢迎，不胜感激！鄙人得与诸君共聚一堂，愿将对于政党之鄙见，与诸君研究。今日之能维持中华民国，惟政党。政党之用意为政策。一党之中，有一党之政纲。政纲，此全党人之心事所定之方针，或人民心理一方面能行之。此行之一国之中，非立宪政体不能成立政党。立宪有民主君主之分别。民主之国有政党，则能保持民权自由，治一致而无乱。君主之国有政党，亦能保持国家秩序，监察政府之举动。若无政党，则民权不能发达，不能维持国家，亦不能谋人民之幸福，民受其毒，国受其害。是

---

　　*　此件底本错漏字较多，今据《总理演说集》及《国父全集》校改。

故无政党之国,国家有腐败、民权有失败之患。

我国数千年历史之中,最善政体莫为〔如〕尧舜。盖尧舜之世,亦为今日之共和政体,公天下于民。何以见之? 即尧以舜贡〔贤〕而让位于舜,舜以禹贡〔贤〕而让位于禹也。汤武之革命,亦持救民为主,惜皆是帝皇主义,不能子子孙孙皆贡〔贤〕,故终皆失败亡国。暴养〔秦〕以后,其君主专制日益夸张,政体日形腐败,国事日蹙,势将灭亡,人民不堪忍受,至清朝愈甚。至到今日,始成共和,采美利坚、法兰西之美政,以定政治之方针。盖在民权政体,一致而无乱。其可以至到一致而无乱者,因政府有〔能〕听民意、从公理、力谋人民自由幸福,所以不乱也。前者君主政体,系一人之主权,不听民意,故违公理,种种政策,莫不由一己之私,行一己之乐,不理民事,故此不能确立于世界。今中华民国实行民权主义,可以巩固于千年万年,可保一致而不乱者,此亦靠乎政党。人民苟有见地,则由政党发表其意见于政府,政府不行,可以推倒之。

至于政府之组织,有总统制度,有内阁制度之分。法国则内阁制度,美国则总统制度。内阁制度为内阁负完全责任。内阁差〔若〕有不善之行为,人民可以推倒之,另行组织内阁。总统制度为总统担负任〔责〕责〔任〕。不但有皇帝性质,其权力且在英、德诸立宪国帝皇之上。美国之所以采取总统制度,此因其政体有联邦性质,故不得不集权于总统,以谋行政统一。现就中国情形论之,以内阁制度为佳。我的国民,莫不主张政党内阁,视其议员为何党之多数,以定国民之信用。为组织内阁选举时,在位之一党少数则失败,在野之一党多数则居之。但其党之可以得多数者,莫不由人民之心理主义所赞同。是则政党内阁,可以代表民意。国家则为民意所成,胎〔灼〕然若见矣。盖政党在野之时候,若见在位之政党行为不合,可以指明出来,使人民咸知孰善孰恶,凭公理公意,彼此更

换,使多数人所主张之一党组织内阁。总统制度,因总统有神经
〔圣〕不可侵犯之性质,总统有限于年数(六年或五年),期限之中,
若有不善之行为,亦不能中途变更。以上两项,孰善孰恶,现下正
待民意所推,两者必采其一以行之。

　　但我国四万万人不能逐伺〔一〕去问,且人民之中为职业所阻,
无此闻〔闲〕时来管政事。倘人人不问国事,于国家则极危险,故有
政党可以代表民意。为〔如〕无政党,于国家则更不堪问矣! 所以
有政党则可以一致不乱,无政党则积滞进〔难〕行。各政宪〔党〕之
中,若逢政策与自己党见不合之事,可以质问,可以发挥党见。逐
日改革,则无积滞,无积滞即无变乱之祸患。变乱云比〔者〕有大
小,大则流血革命,小则妨碍治安。是故立宪之国,时有党争,争之
以公理法律,是为文明之争,园〔图〕国事进步之争也。若无党争,
势必积成乱,逼为无规则之行为耳。为〔如〕日本此次之党争,亦为
文明之争。因执政政党之政策无益于国家,故起而推倒之,从新
组织内阁,以求国利民福。或曰党争为国之不详〔祥〕事,此谬论
也。盖党争为文明之争,能代流血之争也。前在清政府之下,所
有革命党,某某党,是时不能谓之党争。因我国民要推倒满清,
恢复汉人之国,为生死之争,为两国之争,为异族之争。今各党
之争,皆维持民国,以民国为前提,以民国为基础,故曰党争。今
日所争为公理,为法律。光〔昔〕白〔日〕所争为仇敌,为种族。两者
滇〔须〕要明白。

　　天下事非以竞争为不将[①]。当此二十世纪,为优胜劣败、生存
竞争之世界。为〔如〕政治、工业、商业种种,非竞争何以有进步。
譬之变〔弈〕棋取乐,亦为燥〔娱〕乐之竞争,皆叹〔欲〕占胜;虽败亦

────────

　　① "为不将",《总理演说集》等版本作"不能进步"。

不足为忧，皆由自己手段不高之过耳。败得多则见地愈深，学识愈多。党争有一定之常轨，苟能严守文明，不为无规则之争，便是党德。国民党成立最迟，因革命战争，当时各同志皆在奔走国事，未暇组织。共和党成立最先，因其一班前清之官僚当时在野，此〔自〕知满清无力挽回大局，为将来地位计，非组织有势力政党不为功，故先组织也。国民党成立之后，势力薄弱，又无运动，深忍〔恐〕不能取胜。此次选举议员，得占多数者，因有党德，合人民之公意耳。各党党纲大抵相同，我党则有一条民生主义，不使社会上有不平之事，〈是〉最紧要的。但国中现下尚有不赞成民生主义者，因其尚未明民生主义之意思，故不赞成。为〔如〕前者多数人皆不赞成民权主义，其不知民权主义之好处耳。今日人人无一不赞成民权者，因其已知之故也。

在留日本国民党，惟东京、横滨、神户、大阪〈有之〉。而东京支部俱学界中人，财政所限，及无相当之地方，深恐不能发达。但滨、神、阪三支部商界人材甚多，财力亦丰富，须要求滨、神、阪各党员鼎力维持，亟谋发展。因留学生将来回国，必能担任一事。今我国方在建设之时，若得学界各人回国担任国事，则国势党〈势〉皆可望发达。清〔请〕诸君注意此一层，必要联络留日党员，力图进步，方合本党之本意。是则鄙人所希望于诸君者也。

据《国民杂志》第一号《驻日各部纪事》

一九一三年三月十三日条

在神户华侨欢迎会的演说

（一九一三年三月十三日）

今天蒙神户在留男女老少诸同胞开欢迎会欢迎，兄弟心里最欢喜,最感激!

此次汉族光复,系由祖宗手失落,而我同胞万众一心,居然将表〔丧〕失之河山恢复,何幸如之!但诸君须知,我同胞从前与现在之地位不同。从前之天下,系满洲一家之天下,汉人受满人专制压制,我同胞为奴隶,为亡国民二百六十余年。令〔今〕日之国家,为我四万万五族公共之国家,我四万万人成了中华民国之主人。在主人之地位,与奴隶之地位不同,故全国人对于此次光复,非常欢喜,非常希书〔望〕,且将来子子孙孙永享主人幸福。

但中华民国成立,不遇〔过〕第二年,改革虽已成功,惟建设尚在幼稚。我四万万同胞应同心同德,力图建设,以谋富强。但建设虽不比破坏之难,无大危险,无大牺牲,然当此新破坏以后,我四万万人尚在艰难困苦之中,必俟建设完全,方能安享幸福。譬之建屋,旧屋不好,必推〔须〕须〔推〕倒旧屋,一面扫除,再谋新筑。但新屋未成,我同胞仍是在困苦地位,尚非谋安乐之时。待至新屋成功,方可以共享幸福。故此幸福二字,断不能与建设二字同日语。大家总以为改革之浚〔后〕即能享幸福,万无此理。凡事由渐而来,现在中华民国如生子,新生出一男儿,举家欣庆,以为将来有莫大之幸福,莫大之希望。须知望子孙成人,必要培养他,教育地〔他〕,使他建功立业,报答父母。现在造成之民国,无比〔异〕各初生之子,正须培养,方能成人,方有基础,可以成才,可以享幸福。故今日我中华民国成立,本来最欢喜之事,但欢喜之中,切不可忘了我等现尚在艰难困苦之地位。

但是,一般不明白的人以为从前革命成功,即马上能享幸福。现在幸福未至,且内地也有乱〔遇〕遇〔乱〕之地方,人民谋生,比从前稍难。故不明白之人,以为现在共和政体,不及从前专制政体之善,因满清时代尚不至于此。此种不明白人,内地尚屡〔属〕不少。

此不运〔但〕无国家思想之言，忘记了从前奴隶人格，即以人格而论，现在我四万万人恢复了主人之地位、之人格，便可以算幸福矣。昔日美国有一种作白人之奴隶，此〔此〕种生长南美洲之黑人，可以叫他为黑奴，任白人鞭策，不识不知，反以作白人之奴隶为荣，非常安乐，非常幸福。后来南北战争，有一美国人救他，把他等放了。此何人乎？即美国之大人物最尊重人道之林肯也。在黑奴本来与禽兽无异，不知人道之可贵，只知佣工，有衣有食，以为无限幸福。一旦林肯将他等释放，反以为林肯害了他等之生路，怨声载道。今日之中华民国成立，一般无知无识人，以为乱〔遇〕遇〔乱〕之内地，农夫不能耕种，工人不能作工，反不及从前之优游快乐。此种人与黑奴之心理，同出一辙。不过此种人在中国是个少数，大约也不知人格可贵之缘故耳。后来黑人也知林肯是英雄，当时所以不知此理，不知此地位之可贵，此不过从前见识卑陋之原故。

总而言之，今日艰难之建设，为最高之代价，可以买将来之安乐，为子孙谋幸福。无识此虽然反对，有识此自然欢喜，俟三五年后，自然知道今日之价值矣。所望我同胞同心协力，共谋民国巩固，以图异日之幸福。

现在我国外交非常危险，内政非常缤乱。现在中华民国之国民，要知政府是为人民造幸福的。从前专制政体，权在独夫；今日共和政体，权在国民。我中华民国谋完全建设之方法，全赖我四万万同胞组成一个完全国家，故我等民权愈大，而责任亦随之而愈重。我同胞若自己放弃责任，不担国事，则民国是造不成功矣。故为国家前途计，惟有人人负应负之责任，则国家自然能达富强之目的。

此间商人最多，可否以商比国。譬各商人中有两种：一种是东家之生意，一种是公司之生意。我等从前是东家生意，所获利益，全归东家独享。现在民国是公司生意，我等人人皆是股东，司事人就是各〔现〕今之大总统，各部总长、国务员等，就是一切四〔办〕事人员，都系我股东之公仆。今我四万万人作了主人之地住〔位〕，应有主人之人格，主人之思想，主人之度量，方能［熊］淇〔谋〕公司之发达，享公司之幸福，从前为满清奴隶，今日为民国主人。中华民国就是国民之身命财产，民国之衰弱，即国民之衰弱；民国之富强，即国民之富强。人人皆知爱身、爱家，即我华侨无论在日本、南洋、欧美、澳洲，受千辛万苦，离乡远航，艰险备尝，恬不自顾，何为乎？爱身爱家耳。若我四万万人，以爱身爱家之思想之能力，合而爱国，则我国之富强，对内对外，可以在地球上占第一强国。现在改革之初，人多不知此种道理，实因习惯成自然。若不爱国，何有于家？故人人应担一系责任，或尽大力量，或尽小力量。先知先觉，以引导后知后觉，不必专依赖政府。须知政府之责任，即我之责任也。今日财政外交各〔如〕此困难，人人都依赖政府。其实外交之棘手，系因条约；条约之困难，是外债而已。我国财政所拮据者，不过二万五千万元。以中国四万万人每人负担一元，即得四万万元。本来不须借外债，但须人人能尽应尽之义务，负担此种责任耳。不担义务而能享权利幸福，世无此理也。人人存爱国心，何事不成！

　　今日蒙诸君欢迎，特将此理与诸君说知。今日与从前之地位不同，我国之能否富强，实系乎我同胞之能否负国民之责任耳。当此艰难困苦之时，愿诸同胞努力为国，以图将来幸福。是兄弟之所希望于诸同胞者也。

据《国民杂志》第一号《驻日各部纪事》一九一三年三月十三日条

访神户川崎造船所答谢词

（一九一三年三月十四日）

本日始视察贵厂，惊叹其规模之宏大与进步之显著。今日于我东洋得目睹斯业之发展，诚为余辈所欣喜不能措也。庶几将来社运益隆昌，为东洋平和又有事之际，均寄与多大之贡献，是为至祷。

据［日］品川仁三郎《孙文先生东游纪念写真帖》

在长崎中国领事馆华侨晚餐会的演说

（一九一三年三月二十二日）

中国人在历史上即对日本怀有误解和轻蔑心理。然而革命一起，充任革命党之干部者为日本留学生；支援中国革命者亦为日本的有志之士。关于中国的未来，有人主张美国的援助云云。然而门罗主义的美利坚合众国能够成为中国的依恃①吗？以美国之实力能够左右中国的命运吗？关于中国的将来，能够制中国于死命者必为日本，对此余确信无疑。

据东京《支那》第二十八卷第八期泽村幸夫著
《孙文送迎私记》摘译（邹念兹译）

---

① 原文为"悖み"，应为"恃み"之误。

致国民党本部及上海交通部电[*]

（一九一三年三月二十二日）

国民党本部及上海交通部鉴：闻钝初死，极悼。望党人合力查
〈研〉此事原因，以谋昭雪。〈孙文〉。

据上海《民立报》一九一三年三月二十四日

致袁世凯电

（一九一三年三月二十五日）

北京大总统鉴：新密。此次游日，向其朝野官民陈说中日联和
之理，双方意见极为浃洽。其现政府已确示图两国亲交之真意，此
事于东亚和平，极有关系。望公决定方针，筹划进行。文今日平安
抵沪，敬告。孙文。有。

据《国父全集》第三册（转录史委会藏《总理来去电文底簿》）

---

　　* 一九一三年三月二十日，国民党代理理事长宋教仁在上海沪宁车站遭袁世凯
政府收买的刺客暗杀，于二十二日凌晨逝世。时孙中山访日结束，抵长崎待归。按宋死
后黄兴即向各处发电报表，据此，此电当为三月二十二日发。《民立报》刊此电无"研"、
"孙文"字样。据《国父全集》第三册第二七五页所录史委会藏《总理来去电文底簿》之铁
路总公司致国民党本部电称："国民党本部诸君公鉴：内密。长崎来电称：'避初死，极
悼。望党人合力查研此事原因，以谋昭雪。孙文。'铁路总公司。巧。"（按：此电《国父全
集》标点有误，现已改正。）据此，电文增"研"、"孙文"三字。

在上海国民党交通部宴会的演说

（一九一三年三月二十七日）

　　兄弟离日本已将六年，日人对于民国之意见，初不得深悉。此次调查实业游日本，曾详细观察日人心理，始知日人对于民国并无恶意。盖日本变法已数十年，国民程度突飞猛进，不可思议。故现在日本在朝在野之政客，均有世界的眼光与智识，且抱一大亚洲之主义。明知东亚大国惟我中华，日本凭三岛立国，地域相接，与中华有唇齿相依之利害关系，若中华灭亡，日本亦终不适于生存。日人为自卫计，在形式谓之为赞成中华民国，在事实上即是维持日本帝国。故日人对于中华政治之革新，政府与人民均表同情。由过去之事观察，日俄之战，虽为保护本国在朝鲜之势力起见，然亦未尝非为中国之领土而战。就最近之事势观察，吾中华武汉〔昌〕起义革命期间，俄人即有并吞外蒙古之行动，日本则按兵不动，国交如常。此中日国际上之关系，可以想见者也。近日盛传之日俄协约，实属子虚，万不可听。今后我政府人民，对于日本及各友邦在民国之正当利益，均不必限制太过，以伤感情。盖吾国民革命之决心，与成功之迅速，已为外人所敬重。只要内治完善，共和告成，外人对于民国亦决不敢存侵略野心，以扰乱东方之和平。至于日本与民国原为兄弟之邦，利害与共，苟有缓急，必不漠视。兄弟东游归来，所见如此。望同志诸君逢人解释，使中日感情亲密，共享和平，则东亚大局幸甚。

据上海《民立报》一九一三年三月二十九日

《国民党交通部公宴记》

致北京参议院等电

（一九一三年三月）

　　北京参议院、国务院、各省议会、都督钧鉴：此次以个人资格游历日本，备受欢迎。其朝野上下，莫不表示真诚与我国联好之意。若能双方以妥善之方法切实行之，非啻为东亚之最大幸福，即世界平和，亦自兹可保。深望我全国国民，共明斯义，力图见诸实事，于国家大局，实为厚幸。孙文叩。

据上海《民立报》一九一三年三月二十九日《东亚和平之福星》

致孙毓筠电

（一九一三年四月二日）

　　北京国民党本部：内密。转孙少侯先生鉴：有事待商，切望来沪①。孙文。冬。

据《国父全集》第三册（转录史委会藏《总理来去电文底簿》）

复柏文蔚电

（一九一三年四月二日）

　　安庆柏都督鉴：内密。尊论极是，已去电招少侯来沪。孙

---

　　①　孙少侯：即孙毓筠。当时，他倾向袁世凯，并未奉召。

文。冬。

据《国父全集》第三册(转录史委会藏《总理来去电文底簿》)

致梅屋庄吉函 *
(一九一三年四月五日)

敬启者:文等此次观光贵国,备受各界热诚欢迎,足证明贵国人士确系以爱同种同文之国为心,以保全亚洲为务。凡我亚洲人士,无不应馨香崇拜,并期极力实行,以副贵国人士之望。文等当尽全力以贵国人士好意布诸国民,俾两国日增亲密,匪特两国之幸,实世界平和之幸也。

专此肃函,敬谢招待之厚意,并祝前途幸福。

梅屋庄吉殿

孙　文　马君武　何天炯

戴天仇　袁华选　宋嘉树

同顿首

据中国社会科学院近代史研究所藏《梅屋庄吉文件》显微胶卷

与日本驻沪总领事有吉明的谈话
(一九一三年四月九日)

两三日前,美国驻华使馆曾派专人前来调查宋案经过,可以认定美国代理公使必已开始了解事件真相,并已向其本国政府提出

---

* 梅屋庄吉(一八六八———一九三五年),日本商人。甲午中日战争前夕,曾来华从事秘密活动,后往香港经营照像馆。一八九四年在香港与孙中山相识,此后往来较密,对孙中山的革命活动有所资助。

报告。据本人观测，纵令美国政府从前有意宣布承认，此时亦必稍缓执行。如在此时宣告承认，只能为美国政府日后贻一笑柄，对于我党方针绝不会产生任何影响。我党今后之方针，将使十二日开幕之国会尽量拖长会期，直至宋案之审理结果判明，以便掌握充分材料对袁进行诘责，至少赵秉钧为宋案之元凶一事，已成为不可动摇。根据情况，法院或将拘传赵秉钧出庭对质，用以确定证据。关于弹劾问题，须有全体议员四分之三以上出席和三分之二以上之多数通过，如果万不得已，则在选举时或将排除袁世凯而另以他人充任总统。具体如何进行，刻下正在探讨中。袁世凯似亦正在秘密整军备旅，但慑于南方形势，似亦不敢甘冒不韪，日前九龙山有土匪蜂起，袁曾计划派张勋南下剿讨，刻下已经停止进行。由此观之，当不敢贸然采取露骨行动；而我方亦不准备首先发难，故事件之解决，恐将延岩时日。

袁如怯懦，自当退让；否则兴动干戈，反可乘机锄除元凶，对国家前途，堪称幸事。最近以来，袁氏每日数电前来，一则为其本人之立场开脱，二则乞求予以推举，本人尚未复其一电。

据邹念之编译《日本外交文书选译》(北京中国社会科学出版社

一九八〇年版)《有吉驻上海总领事致牧野外务大臣电》(译自

《日本外交文书》大正二年第二册)

复某君电

（一九一三年四月十三日）

铁密。各电已收。质斋尚未到。国事望毅力进行。文。

据《国父全集》第三册(转录史委会藏《总理来去电文底簿》)

致各省议会政团报馆电

（一九一三年四月二十六日）

"宋案"移交内地以后，经苏程都督、应民政长会同检查证据完毕。凡关于应夔丞、洪述祖、赵总理往来函电，已于有日摘要报告中央，并通电各省都督在案。此案关系重大，为中外人士所注目，一月以来探询究竟者，无时不有。今幸发表大略，望即就近向都督府取阅原电。诸公有巩固民国、维持人道之责，想必能严究主名，同伸公愤也。特此奉闻。孙文、黄兴。宥。

据上海《民立报》一九一三年四月二十七日《孙黄两先生通电》

致各国政府和人民电 [*]

（一九一三年四月下旬）

各国政府人民公鉴：敝国国民党领袖宋教仁君在沪遇刺一案，经政府派员彻查后，北京政府之种种牵涉已成事实，无可掩饰。人民因此大为愤懑。现在大局岌岌，最可恐慌之危机即在目前。政府自知罪大恶极，有负国人委托之重，势必引起全国公愤，难保禄位，于是以迅雷不及掩耳之手段，与五国银行团缔结二千五百万磅〔镑〕之大借款，以破坏约法。全国代议士提出严重抗议，政府竟悍然不顾。国人因宋教仁君横遭毒手，已不胜愤懑，而政府复有此种

---

* 据上海《时报》一九一三年五月二十三日报道，此电首载五月三日伦敦《每日邮报》。当时，英国报刊曾拒绝刊登此电。此电发出日期，应在大借款正式签署后，即四月下旬。

专横违法之举动,舆情因之益为激昂。现在国人忿火中烧,恐不免有激烈之举动,大局之危,已属间不容发。全国人民之愤激一致爆发,旦夕间事耳。余自共和告成以来,竭力从事于调和意见,维持安宁,故推袁世凯为总统。原冀全国得从此统一,人民得早享安居乐业之幸福耳。溯自起义以来,大局扰攘,余亟欲维持全国治安,故不惜殚精竭虑,以求一善良之政府。今银行团若以巨款借给北京政府,若北京政府竟以此款充与人民宣战之军费,则余一番苦心尽付东流矣!革命以来,商业凋敝,国人已受种种损失。目下正在渐就恢复,若再兴兵戎,势必贻国人以莫大之害。然国人前此既以极大代价换得共和,则今此必当誓死拥护此共和。若国人为誓死拥护共和之故,竟与政府决战,非特国人受无限之损失,凡外人在华之权利亦将受间接之影响矣。故北京政府未得巨款,人民与政府尚有调和之望,一旦巨款到手,势必促成悲惨之战争。此可预言者也。世界文明各国,莫不尊重人道,用敢奉恳各国政府人民设法禁阻银行团,俾不得以巨款供给北京政府。盖北京政府此时若得银行团之巨款,必充与人民宣战经费无疑。尚希当世人道为怀之诸君子,出而扶持,俾敝国诸同胞不致无辜而罹惨劫。此余所敢呼吁于各国之前者也。

据上海《中华民报》一九一三年五月二十三日《孙中山先生为大借款致各国电(译《民国西报》)

复袁世凯电
(一九一三年四月)

北京袁大总统鉴:选举总统办法,事属立法机关,文不敢妄参私见。至组织政府,一俟总统选出,衮衮诸公,定有完善政策,谋强有力之政府。文此次于联名手续，略有端倪，正拟北上面商进行，不意钝初事发，刻与同志筹商善后，行期难定。万〔美〕国对我，情同手足，投资一法，未始非救吾国雅意，尚望诸公有以教之。川路借款，云阶①精明，不致有失。心绪不宁，先此布复。

据黄编《总理全集》下册

致康德黎电

（一九一三年五月二日）

伦敦哈利街（Harley Street）140 号康德黎：请代表我将下列文告提交英国政府、议会及欧洲各国政府，并广泛发表于一切报刊告各国政府与人民书②。国民党领袖宋教仁最近在上海惨遭谋杀一案，经政府所派人员认真调查，已明确证实北京政府与此有重大牵涉。因而民众极为愤慨，形势十分严重，中国正濒临最激烈最危险的危机边缘。政府自知其罪责难逃而且罪恶深重，深知其犯罪行径和背弃信托的劣迹已直接引起席卷全国的怒潮，而且来势凶猛，大有导致其政权倾覆之可能，因而突然采取非法行动，不顾现正集会于北京的国民代表之强烈反对而与五国银行团达成贷款二千五百万英镑之协议。政府此种专横、非法行动，立即加剧了由于宋教仁被阴谋杀害所激起之强烈义愤，民众的怒火此刻已达白热阶段，可怕的动乱几有不可避免之势。危机确已变得如此严重，以至遍布各地的阴燃火种随时都可能爆发成燎原烈焰。自民国诞生之日起，我便致力于谋求和平、和谐与繁荣。我之所以推举袁世凯出任

---

① 云阶：岑春煊。
② 此电文与本卷所辑《致各国政府和人民电》（一九一三年四月下旬）为同一电文。

总统，是因为似乎有理由相信，国家的统一、和平与繁荣时代的黎明，或将由此而加速。从那时以来，我已尽我之力所能及，促使革命所造成的混乱演化为和平与秩序，以达到由乱而治之境。我热诚渴望保持民国全境和平，但是，如果外国金融机构供应北京政府以多半会用来从事反人民战争的钱财，我的努力将归于徒劳。中国若在此时陷入战火，人民势必会遭受到难堪的灾难与痛苦，而他们刚开始在从革命引起的商业紊乱和其他种种破坏中恢复元气，曾为缔造民国作出巨大牺牲的中国人民，今日也决心保卫民国而不惜付出一切代价。一旦为了保卫民国而不得不展开一场生死存亡的斗争，则不仅会使中国的广大民众蒙受可怕的痛苦，也势必殃及外国人在中国的利益。如果北京政府财源短缺，尚可望其与人民实行妥协，而立即供应大量金钱，就可能促成可怕的灾难性冲突。因此，为了文明世界视为神圣的人道，而且以人道的名义，我吁请你们施加影响，以阻止银行家们供应北京政府以在目前情势下肯定会被用作战争军费的金钱。我吁请一切以人类长远福利为怀的人们，在此危急时刻，给我以道义上的支援，以避免无谓的流血，帮助我的同胞，免受无妄之灾。　　孙逸仙。一九一三年五月二日。上海。

据《国父全集》第五册英文函（转录 Neil Cantlie and
George Seaver：*Sir James Cantlie*，pp. 111—112）译出

复丁义华电

（一九一三年五月六日）

万国改良会丁义华先生鉴：江电敬悉。危言谠论，肝胆照人，循译再四，服之无致。惟道路阻隔，流言孔多，其间实情，容有为先

生所未知者。"宋案"发现，为人道之所不容，证据宣布，涉及国务总理，为中央计，为大局计，皆不能不使总理辞职受质。乃当局强自辩护，不谋正当解决之法，以平公愤，而反造为南北分治之言，而图反制。不知国民纵有攻击政府之心，而此案并非关系南北之事，二次革命之说，实为不经。文弃总统于前，兴辞留守于后，当时果欲有为，何求不得，而必至于今日？因此忆及一事，则"宋案"发现之翌日，北京政界众口同声，指为国民党员所杀，今果如何？飞短流长，往往类此，不可不辩者一。五国借债，银团条款，今昔悬殊，政府不交国会议决，擅行签押，国民起而反对，仅以其违法专横之故。而条款严酷，有负贵国退出银团好意，尚为第二问题，并非绝对的谓债之不宜借也，此不可不辩明者二。总之，金钱流毒，人心丧尽，当事者存倒白颠黑之心，旁观者以幸灾乐祸为事，公是公非，毫无存在。先生为共和先进国之国民，而维持友邦者，独具热忱，倘能研究真象，发为正论，使世界知有主持公理者在，则顶礼而膜拜之矣。孙文、黄兴。麻。

据上海《民立报》一九一三年五月十二日《孙黄两君复丁义华电》

致井上馨函[*]

（一九一三年五月十七日）

井上老侯阁下：

　　前者观光贵国，深荷贵国朝野人士推诚相与，一种真挚之意，

---

　　[*]　井上馨（一八三八——一九一五年），日本山口县人，曾任大藏省大辅、外务卿及代伊藤博文主持政务等。辛亥革命时虽已辞官，但身为政界元老，仍有很大的影响。

有非言语所能形容,实足表见贵国人心与敝国实行联好之忱,曷胜铭佩！归国后对众称述,无不为之感动。从此敝国与贵国睦谊日亲,感情日厚,实可深信。

惟是敝国虽经革命之余,而政治之本源未清,新旧之党争愈烈。文尝言欲求政治之进步,非新派战胜旧派不能铲除恶劣之根性,发挥法治之真理,此文所当与敝国志士极力图之者也。不意民国甫建,而专制之毒焰愈张,宋教仁以发表政见,促进议院政治,惨被暗杀。及经地方长官会同检察官搜查证据,始发见此案之真实,袁、赵诸人确为主名。违背公理,灭绝人道,莫此为甚。是以证据一经披露,全国人心异常愤激,政府作贼,异口同声,千夫所指,势将力倒。

乃袁氏知不能见容于国人,个人禄位将不可保,遂思以武力为压服国民之举。然现政府财力竭蹶,苟非得巨款以补充淫威,终莫由逞,是以悍然不顾,竟将二千五百万镑之大借款不交国会通过,遽尔私行签字。于是,举国哗然,自国会及各省议会乃至各省都督,以及其他团体或个人,除袁氏之私人外,无不痛恨其违法,否认之电,反对之词,不绝于书。袁氏曾无斯须悔祸之心,尚复布令狡辩,且据西报之谣言,诬国民将有二次革命之举,一面掩盖杀宋之罪恶,一面为准备军事之借口,其居心之叵测,实不堪问。引虎入室,以盗保家,生命财产,宁有全理。所惧者,旧派之人,惟利是视,虽卖国有所不恤,且将凭借欧洲之势力,以排斥我利害与之友邦。

袁氏诡谋,贵国人士向所深悉,此次传闻与俄人隐相结纳,尤将为东方之不利。袁氏而得志,岂独非敝国之福乎！至敝国国民与现政府之冲突,自系敝国国内之事,惟有关世界大局者,尚望阁下有以维持之。即如交款一端,于人道关系甚大,现虽业经开始交付,苟能限制不许充为战费,则袁氏或不致残民以逞。若敝国之和平可保,则东亚之和平即可保。阁下为日本之伟人,一言一动,足系世界之轻重。尚祈俯念敝国与贵国关系最切,有以扶持之,则幸甚矣。

书不尽意。敬颂

大安

诸维朗照不宣

孙文　中华民国二年五月十七日

据《大陆杂志》第三十七卷第五期(台北一九六八年九月十五日出版)彭泽周《介绍中山先生一封未公开的信》(彭注:该信"为井上侯爵家所收藏,从未公开,战后由日本国会图书馆抄录下来"。)

《国民月刊》出世辞[*]

(一九一三年五月二十日)

中华民国成立一年矣。此一年中吾人所抱负之希望,未达其十一。然而至可喜者,则政党之根基成立是。此次选举,据各地方报告观之,国民党较占优胜。国民党者,革命党之化身也。在秘密运动时代,革命党竭数千万人之力,牺牲数千百人之生命财产,费数十年之日月,以与专制战,而终能得全体国民之同意,颠覆专制清廷,创造中华民国。于是更合多数才学道德之士,组织国民党,成立不数阅月,而选举又占优势。由是观之,我国民之同意于国民党也深矣!夫当专制时代,革命党牺牲身命财产,以与专制之清廷政府抗,国民赞同之,破坏之功,不久告竣。今吾人组织大政党,以

* 《国民月刊》是国民党机关刊物,由国民党上海交通部编辑发行。此件所标日期为《国民月刊》第一卷第一号出版时间。

从事于建设之业，而国民亦赞同之。国民之所以赞成者，信仰吾党之人乎？非也，以吾党所持之政纲能合乎公理耳。既然矣，则吾党之士，宜坚其信心，持以毅力，以遵守此公理。且照此公理，勇猛精进以行之。政纲者，则吾党所借以为公理之表现者也。行不违乎政纲，斯不悖乎公理，而后乃不负国民之同意，且不负先烈牺牲生民〔命〕以创造中华民国之苦心也。

　　建设难而破坏易。破坏者，竭千百人之力以为之，或数年，或数十年，未有不成功者。一旦旧政府推翻，则破坏之功竣矣。建设则不然。法美之革命，成功垂百年矣，然而今日法美之国民，仍尽力图其国家之发展，而不稍倦焉。何也？世界之进步无极，国家之存在无止境，则政治之改良亦无已时也。子舆氏曰："无内忧外患者，国恒亡。"盖以无内忧外患，则人皆粉饰太平，不自谋其进步，而亡国乃随之。物腐蛀生，势理然也。今吾党既以巩固中华民国、图谋民生幸福为务，则所欲巩固者与图谋者皆永远之业，非一时之事也。外瞻世界之大势，内察本国之利弊，以日新又新之精神，图民生之幸福，吾党而永远以公理为目的，则自得国民永远之赞同。非然者，虽今日成功，后日亦必失败。且欧美文明各国，其发达至于如此者，非一日之力，实历史上进步之结果也。今中华民国新出现于世界，即欲进至各文明国之程度，已非数十年不为功。而数十年间，各国之进步，仍日新月盛也。必也学问事业，彼进一步，我进十步，夫然后乃得使中华民国确列于世界文明国之林。今国民既大赞同于吾党，则提携国民而使之进步，实吾党之使命也。此吾所望于吾党人士者一也。

　　乐观者，成功之源；悲观者，失败之因。吾人对于国民所负之责任，非图谋民生幸福乎？民生幸福者，吾国民前途之第一大快乐也。既然矣，则吾人应以乐观之精神，积极进行之，夫然后民生幸福之目的可达,而吾人之希望乃有成也。苟稍怀悲观,则流为厌世,而成自暴自弃之徒。夫吾人既担负图谋民生幸福之责,则应知前途有最大之快乐在,虽有万苦,亦坚忍以持之。中国国民之性质,其最大之弊则为悲观。自命高尚者流,闭门谢客,笑骂当世以为得,而热心之极者,更往往蹈海沉江,捐生弃世焉。夫事业以活动而成功,活动以坚忍为要素,世界万事,惟坚忍乃能成功。必有乐观之精神,乃有坚忍之毅力,有坚忍之毅力,而后所抱持之主义乃克达其目的焉。民国方成,如日初升,图谋前途之大幸福,吾党之责也。此吾之所望于吾党人士者二也。

政党之作用,在提携国民以求进步也。甲党执政,则甲党以所持之政策,尽力施行之。而乙党在野,则立于监督者之地位焉,有不善者则纠正之,其善者则更研究至善之政策,以图进步焉。数年之后,甲党之政策既已实行,其善不善之效果亦已大著。而乙党所研究讨论之进步政策,能得大多数国民之赞同也,于是乙党执政,以施行其政策,而甲党则退立于监督之地位。轮流互易,国家之进步无穷,国民之幸福亦无穷焉。故政党之目的,无论何党,皆必以实行政策与研究政策二者为其目的。由是观之,能使国家进步、国民安乐者,乃为良政治;能有使国家进步、国民安乐之政策者,乃为良政党;谋以国家进步、国民幸福而生之主张,是谓党见;因此而生之竞争,是谓党争。非然者,为少数人之权利计,为私人之安乐计,此种主张及手段,皆不以国家为前提者也。若是之见,是为私见;若是之争,是为私争。党争可有,而私争不可有;党见可坚持,而私见不可坚持。吾党既以巩固中华民国图谋民生幸福为目的,则又当力矫今日私见私争之弊。此吾所望于吾党人士者三也。

今者国会将开,吾人所怀抱之政策,将以正式国会为发表之机会。夫中华民国一切建设之大业，其根本问题，皆国会之职务，而国民党在国会所负之责更大焉。以进步思想，乐观精神，准公理，据政纲，以达巩固中华民国图谋民生幸福之目的，当然为吾党之责，愿与吾党人士共勉之。

据《国民月刊》第一卷第一号（上海一九一三年五月二十日出版）

致丁义华函[*]

（一九一三年六月十六日）

万国改良会丁先生鉴：

　　来电悉。余现在不愿闻政事。政治良否系政府责成〔任〕，余嗣后专办铁路，其他非余所愿闻也。

孙逸仙

据上海《时报》一九一三年六月十六日

在香港对《早士蔑西报》
记者的谈话^{**}

（一九一三年六月二十四日）

　　问：北京之时局阁下能略言之否？

　　答：吾之政治手续，业已完竣，故现在情形若何，吾不能相告。

————————

　　* 据《时报》报道，原件为英文。此件所标时间系《时报》发表日期。

　　** 据一九一三年六月二十四日《民立报》报道：香港二十三日电，"胡汉民君昨偕汪精卫君乘'宝璧'兵轮来港"。又据二十五日报道：香港二十四日电，"孙中山先生由澳门来港，寓大酒店即有西报访员来访，详谈一时"。参以谈话内容，有胡氏前夕到港之说，则此谈话时间当在六月二十四日。

且自宋教仁被杀事发生以来,吾不复闻问。然吾敢谓从前已竭力为袁总统经营,吾常言袁氏最合为总统,吾不独在中〈国〉为伊经营,即在世界各方亦然。

宋教仁被杀一案,吾甚恶之。有谓北京政府与该案干连,殊属不公。然吾谓袁总统非自有干连,不过系其总理与有干连也,故袁总统定必略有所知。是以此事吾深恶之,且心殊不悦。

何时公举总统,未能逆臆。然非为宋教仁一案,则选举已久矣。

或者将来不复有选举之事。

问:广东情形如何?

答:此次吾未到省,故情形如何,闻知甚少。

问:〔及〕胡汉民氏现在何处?

答:胡氏现在港,并无秘密。前夕伊乘"宝壁〔璧〕"兵轮到港。

问:本港华人报纸刊登愤激新闻,关于胡氏拨款偿还华侨一事者。

答:此尽谣言也。其实反正后,省城需银,故由香港及外埠筹借,其商人之款,经已归还,加息五分。现在胡氏预备支还外埠华侨,然只系还本,遂被反对。此事最属无理,不公之甚。据伊等自言,省城现在无银,然此非其意,其银系借与胡督者。

据胡汉民编《总理全集》第二集(上海民智书局
一九三〇年版)《宋案发生以后之政见》

告全体国民促令袁氏辞职宣言

(一九一三年七月二十二日)

当南北统一之际,仆推荐袁世凯于参议院,原望其开诚布公,尽忠民国，以慰四万万人之望。自是以来，仆于权利所在，则为引避，危疑之交，则为襄助。虽激昂之士，对于袁氏时有责言，仆之初衷未尝少易。不意"宋案"发生，袁氏阴谋一旦尽揭。仆于当时，已将反对袁氏之心，宣布天下，使袁氏果知公义自在，舆论难诬，尔时即应辞职，以谢国民。何图袁氏专为私谋，倒行不已，以致东南人民荷戈而逐，旬日之内相连并发。大势如此，国家安危，人民生死，胥系于袁氏一人之去留。为公仆者，不以国利民福为怀，反欲牺牲国家与人民，以争一己之位置，中华民国岂容开此先例。愿全体国民一致主张，令袁氏辞职，以息战祸，庶可以挽国危而慰民望。无任翘企之至。

据上海《民立报》一九一三年七月二十二日《孙中山先生宣言》

致参议院等通电

（一九一三年七月二十二日）

北京参议院、众议院、国务院、各省都督、民政长、各军师旅长鉴：

江西事起，南京各处以次响应，一致以讨袁为标识，非对于国家而脱离关系，亦非对于北方而睽异感情，仅欲袁氏一人辞大总统之职，遂不惜牺牲其身命以求达之。大势至此，全国流血之祸系于袁氏一人之身。闻袁氏决以兵力对待，是无论胜败，而生民涂炭必不可免。夫使袁氏而未违法，则东南此举无能左袒。今袁氏种种违法，天下所知，东南人民迫不得已以武力济法律之穷，非惟其情可哀，其义亦至正。

且即使袁氏于所谓违法有以自解，然今者决死反对之人民遍于六七省，人民心理之表见既已如是，为公仆者即使自问无愧，亦当谢职以平众怒。微论政体共和，即君宪国之大臣，亦不得不以人民之好恶为进退。有如去年日本桂太郎公爵，以国家柱石、军人领袖重出而组织内阁，只以民党有所不满，即翛然引去，以明心迹。大臣风度，固宜如是。况于共和国之人民公仆，为人民荷戈以逐，而顾欲流天下之血，以保一己之位置哉。使袁氏而果出此，非惟贻民国之祸，亦且腾各国之笑。回忆辛亥光复，清帝举二百余年之君位为民国而牺牲，当时袁氏实主其谋，亦以顾全大局，不忍生灵久罹兵革，安有知为人谋而不知自谋者。更忆当时，文受十七省人民之付托，承乏临时大总统，闻北军于赞成共和之际，欲举袁氏以谋自安，文即辞职，向参议院推荐袁氏。当时固有责文知徇北军之意，而不顾十七省人民付托之重者。然文之用心，不欲于全国共和之时，尚有南北对峙之象，是以推让袁氏，俾民国早得统一。由是以观，袁氏不宜借口于部下之拥戴，而拒东南人民之要求，可断言矣。

诸公维持民国，为人民所攸赖，当此存亡绝续之际，望以民命为重，以国危为急，同向袁氏说以早日辞职，以息战祸。使袁氏执拗不听，必欲牺牲国家与人民以成一己之业，想诸公亦必不容此祸魁。文于此时，亦惟有从国民之后，义不反顾。临电无任迫切之至。

孙　文

据上海《民立报》一九一三年七月二十二日《孙中山先生通电》

致袁世凯电

（一九一三年七月二十二日）

北京大总统鉴：文于去年北上，与公握手言欢，闻公谆谆以国家与人民为念，以一日在职为苦。文谓国民属望于公，不仅在临时政府而已，十年以内大总统非公莫属。此语非弟对公言之，且对国民言之。自是以来，虽激昂之士于公时有责言，文之初衷未尝少易。何图"宋案"发生，证据宣布，愕然出诸意外，不料公言与行违至于如此，既愤且懑。而公更违法借款，以作战费；无故调兵，以速战祸。异己既去，兵衅仍挑，以致东南军民荷戈而起，众口一辞，集于公之一身。意公此时必以平乱为言，姑无论东南军民未叛国家，未扰秩序，不得云乱，即使云乱，而酿乱者谁？公于天下后世亦无以自解。公之左右陷公于不义，致有今日，此时必且劝公乘此一逞，树威雪忿。此但自为计，固未为民国计，亦未为公计也。清帝辞位，公举其谋，清帝不忍人民涂炭，公宁忍之？公果欲一战成事，宜用于效忠清帝之时，不宜用于此时也。说者谓公虽欲引退，而部下牵掣，终不能决。然人各有所难。文当日辞职，推荐公于国民，固有人责言，谓文知徇北军之意，而不知顾十七省人民之付托。文于彼时迄不为动。人之进退绰有余裕，若谓为人牵掣不能自由，苟非托辞，即为自表无能，公必不尔也。为公仆者受国民反对，犹当引退，况于国民以死相拚；杀一不辜以得天下，犹不可为，况流天下之血以从一己之欲。公今日舍辞职外决无他策。昔日为任天下之重而来，今日为息天下之祸而去，出处光明，于公何憾。公能行此，文必力劝东南军民，易恶感为善意，不使公怀骑虎之虑。若公必欲残民以逞，善言不入，文不忍东南人民久困兵革，必以前此反对君主专制之决心反对公之一人。义无反顾。谨为最后之忠告，惟裁鉴之。孙文。

据上海《民立报》一九一三年七月二十二日《孙中山先生致袁世凯电》

在上海答《民立报》记者问[*]
（一九一三年八月一日）

　　此种令人齿冷之谣言,殊为可笑。查哈佛毕业生,并无具名 Wan-Jes-Ting 者,余秘书中亦未尝有此名。既系大学校毕业生,何以事前不知军械之作用,及事后始告密。至幽禁一说,更令人可笑;租界何地,非北京可比,而能行此不法之举乎? 虽然,俟吾人讨贼事毕,"宋案"终有水落石出之一日也。

据上海《民立报》一九一三年八月二日《西报造谣言》

致王敬祥函
（一九一三年九月六日）

敬祥同志先生鉴:

　　密启者:兹有要事,特着日本同志池亨吉君来神户,面请足下并铃木君同来东京一叙,幸为勿却。余有池君面详。此致,即候

大安

孙文谨启　九月六日

据《国父全集》第三册(转录史委会藏亲笔原函)

---

　　[*] 当时,《字林西报》刊登消息说,有吴姓者向赵秉钧告密,称:曾任孙中山及陈英士两先生秘书,知平日来往函件,颇多道军械事者。并言应夔丞入狱后,常与孙中山通消息。并应之逃,系孙中山得贿释放。该告密人自称为哈佛毕业生,及讨袁事起,为孙中山幽囚,不能早日通告政府等。《民立报》记者以此事关系甚大,特谒孙中山询问本末。孙中山在谈话中驳斥了谣言。

致东京邮政局长函

（一九一三年十一月十二日）

亲爱的先生：

请将我的函件交付持信人。此致

东京邮政局长

您真挚的孙逸仙　于东京灵南阪路 26 号

据《国父全集》第五册所录英文函译出

致康德黎夫人函

（一九一三年十一月十四日）

亲爱的康德黎夫人：

答复我从日本寄上之信的来信已经收到。我此刻写信是专为奉告夫人，在和所谓我的"友人们"谈话时请务必谨慎。至于现已被英王封为爵士的艾迪斯先生（Mr. Addis），并非我的友人。他曾经资助袁世凯反对南方。我耽心不少人假冒为我的朋友是为了取得您的信任，以便探听消息和意见。

我和林①公使并不十分熟悉，根据我之所闻，我不认为他在目前或今后会站在我们一边，因为我们目前确实处于劣势。

得知您的孩子们近况良好，十分高兴。

请代为问候康德黎博士。希望他不要过份劳累，以免损害

① 英文为 Lin（林），《国父全集》则译为刘（Liu）。

健康。

　　谨致诚挚的敬意

　　　　　　　　　　　你最诚挚的孙逸仙

　　　一九一三年十一月十四日　　日本东京

据《国父全集》第五册英文函（转录史委会藏原函影印件）译出

致黄芸苏函*

（一九一三年十一月十八日）

魂苏兄鉴：

　　兹有江君亢虎来美求学，欲专从事研究社会主义。弟在上海因提倡社会主义，与江君相识。知江君热心斯道，今又远学于美，他日心得当未可限量也。江君往美，初到恐人地生疏，请弟介绍，见面时望为指导一切，幸甚。

　　江君向主和平，并未从事于激烈之举，然今亦为袁氏政府所不容，则其野蛮恶毒可想而知。此中情节，江君当能道其详也，故不多赘。此候

大安不一

　　　　　　　　　弟孙文谨启　　十一月十八日

据《国父致黄芸苏先生亲笔函》影印件（载《黄芸苏先生纪念集》）

---

　　*　黄芸苏字魂苏，广东台山人。清末官费留美学生。一九〇七年在旧金山创立少年学社，出版《少年周报》，一九一〇加入同盟会。同年七月将少年学社扩大为"少年中国晨报书庄"，发行《少年中国晨报》，鼓吹革命，筹募军饷。辛亥革命后，任同盟会美洲支部长，不久归国任大元帅府秘书、广州市财政局长等职。后又赴美，在纽约创《民气报》，继续从事革命宣传活动。此件无年份。按江亢虎于一九一三年秋冬间离国赴美，故此函当写于一九一三年。

致刘谦祥函

（一九一三年十一月二十七日）

刘谦祥君大鉴：

　　得宿雾同志来书，藉悉足下以个人捐出全年工金壹千元，以济军饷，热心爱国，见义勇为，曷胜感佩。从前普法之战，法有退役水兵持其十余年所得之月俸，捐作军饷，当时传为佳话。弟所见则有西贡埠一同志（黄君景南）以卖芽菜为业，六年前镇南关、河口两役，此同志共捐银三千余元，盖罄其半生之积蓄。今足下慨然牺牲所有以为助，洵可不让前贤专美矣。人心如此，弟敢决民贼必亡，而再造共和之甚易也。专此，即颂
义安

　　　　　　　　　　　　　　　孙文　十一月二十七

据《国父全集》第三册（转录史委会藏影印原件）

致咸马里夫人函

（一九一三年十二月二十三日）

亲爱的里夫人：

　　我相信此信到达时你尚在伦敦，故烦劳我们的共同友人康德黎博士代为转达。

　　我仍在日本。目睹我可爱的国家复归旧状，实令人痛心。所幸不乏迹象表明，不久情况将有好转。独夫政治现又得逞，其压迫

较之当初的满清,更加令人无法忍受。反动如钟摆之已达极限,回复必将来临。或许现在就是黎明前最黑暗的时刻。我深知你与其他友人对我们的事业深表同情,这对我继续我们艰巨的任务鼓舞非浅。斗争可能是持久而烦冗的,但必胜无疑,因为正义最终一定胜利。

我已获悉,咸马里将军的遗著《撒克逊的时日》已在此间多数书肆出售,此乃理所当然,此书理应受到热诚欢迎。你当未忘,池亨吉先生曾将《愚勇》一书译成日文,他现来函要我请你允许他亦将此一新书译成日文。我因记不准将军生前曾否口头许给他翻译此书之权,但是我认为此事最好由你处理。池亨吉先生的地址是:

Mr. H. Ike

25. Daimachi, Akasakaku,

Tokio①

忠实于你的孙逸仙

一九一三年十二月二十三日东京

又及:我的地址是:

S. Toyama

26, Reinanzaka, Tokio②

据黄季陆等《研究中山先生的史料与史学》(台北中华民国史料研究中心一九七五年版)中吕芳上《荷马李档案简述》所附英文原函译出

---

① 中文译为:东京赤坂区田町二十五号,池亨吉先生。

② 中文译为:东京灵南坂二十六号,头山。

致邓泽如及南洋国民党人函

（一九一三年十二月二十五日）

泽如仁兄暨同志诸先生道鉴：

久违道范，不胜渴望。连奉教言，犹深感佩。十一月十六日尊函已拜读再四，党势之衰，本在意料之中，亦非奇也。夫连结团体，亦犹交友然，共患难难，共安乐易，而患难安乐，皆图与共，不因时势之变迁、势力之消长而有所短长者，则尤难矣。所以当安乐之时所交朋友，一到生死关头，未有不各寻各路者，旷观天下，滔滔皆是，不能尽责，亦不足责也。惟我辈既以担当中国改革发展为己任，虽石烂海枯，而此身尚存，此心不死。既不可以失败而灰心，亦不能以困难而缩步。精神贯注，猛力向前，应乎世界进步之潮流，合乎善长恶消之天理，则终有最后成功之一日。即使及身而不能成，四亿万苍生当亦有闻风而兴起者，毋怯也！

此次失败以后，自表面观之，已觉势力全归乌有，而实则内地各处，其革命分子较之湖北革命以前，不啻万倍。而袁氏之种种政策，尚能力为民国制造革命党，解散国、省、县议会，裁撤南方军队，自以为此策得矣，不知逆天者必受殃，害人者终害己，此被裁撤之议员兵士能安然不变乎？始皇以盖世之雄，内则坑儒焚书，外则筑长城以逐胡，而乃二世而灭。袁氏对内，则不如始皇之威也，其对外则不如始皇之武也，而北有蒙古，兵逼长城，西有回民，揭旗图〔关〕外，而宗社党亦蠢焉思动，徒党辈复各争权，时局若此，乌能久哉？

惟是我党既以改革中国、图民生之幸福为目的,当此四方不靖之时,内外交迫之际,不特应聚精会神,以去乱根之袁氏,更应计及袁氏倒后,如何对内、如何对外之方策。诸先生久居海外,当必有洞察全球、详观宇内一念及也。

至于经济一层,不特目前无进行之款,即同志中之衣食亦多不能顾者。前日大雪,在东之亡命客中,竟有不能向火而致疾者。弟虽尽力设法救济,而力微不足以遍,过此以往,苟不图一长策,则殊无以对此血战中之苦寒同志矣。此层务望同志诸先生深虑而力助之。言短意长,不克备述。海风有便,再候德音。顺颂

道安

弟孙文谨启　十二月二十五日

据邓泽如编《孙中山先生廿年来手札》(广州
述志公司一九二七年影印版)影印原件

国民党委任证三件

(一九一二至一九一三年间)

一

委任证:今委任彭丕昕君为本党重庆交际员。此证。

国民党理事长孙文

吴景濂　代理

中华民国元年十一月十四日

二

委任证：今委任杨楚材君为本党甘肃交际员。此证。

国民党理事长孙文

理事吴景濂　代理

中华民国二年四月初五日

三

委任证：今委任陈新政君为本党南洋槟榔屿支部副部长。此证。

国民党理事长孙文

代理理事长吴景濂

中华民国二年六月一日

据《国父全集》第四册（转录史委会藏原件及影印原件）

复中华实业银行代表函

（一九一三年）

中华、实业银行代表诸公鉴：

手教敬悉。日前以事未克到会，殊深歉仄。章程已拜读，精密完备，无任钦佩。合并之议，初本发自南洋，文于此事，毫无成见，诸公既不赞成，则亦听之是已。惟此事之原委，与夫鄙人之用意，深恐诸公尚未尽悉者，请为一一言之。前承沈公不弃，推文为中华、实业银行名誉总董。文见实业为富国之本，而银行尤为实业之母，且沈公又复革命同志，光复有功，于是慨然允诺，并为作书绍介，请南洋同志竭力相助，此去岁春间事也。

后数月中华银行以沪督取消，官本无着，决议添招新股，改为商办。文以创办诸公，多民国之伟人，而军票之信用，尤赖该行以保全；且以中国之大，非有多数银行不足以济贫困，故文亦欣然从其所请，以总董名义，派人南下招集股份。乃南洋资本家见文曾同时总董两行，然有名誉负责之别，因欲舍实业而入中华者有之，恐同时募般而起冲突者有之，于是屡来函电，要求合并，庶免事端，而易成事，文亦深韪其言，回电邀代表面商办法。不谓两行各执所见，久议无成，而南洋急不能待，屡次电催；且云"若不合并，两不偏袒，前认亦散"。不得已乃取折中之策，另组新行，庶中华与实业推信鄙人之心，而信新行，破除成见，咸采归并，以达南洋合并之志愿，而免两行进行之障碍，故组织新行之用意非他也，实为两行计耳。乃外间不察，反疑文有破坏之意，何区区之苦衷，不获鉴察一至于此也？

今实业银行既决议暂不合并，而以两方单独进行，无害于招股之前途，则文自无不赞成。而新行之议，亦可作为罢论。文于此事，盖已心力尽矣，亦可告无愧于海内外诸同志矣。好在中国地大物博，银行愈多愈善；愿两行努力进行，勿生冲突，各尽所长，互相提携，以振我国实业之颓靡，而杜外人之觊觎，文于诸公实有厚望焉。若有需文之处，不论中华，不论实业，无不尽我应有之义务，以达提倡银行之初志。不宣。此请
大安

孙　文
据《国父全集》第三册（转录史委会藏影印原件）

致□富永电

（一九一三年）

转富永君：任务办妥之后，须在沪候命，切勿回东，因政府留难，回则不能再去也。孙文。

据《国父全集》第三册（转录史委会藏亲笔原件）

致南洋同志函

（一九一四年二月四日）

同志诸公大鉴：

暌违大教，累月经年。近想为国热诚，终始一贯，至为欣慰。弟自去秋来居三岛，每想国势之颠危，民生之困顿，共和之前途，辄不能忘情于党事。加以亡命此间，诸同志意见不齐，缺乏统一，故不揣绵力，出而肩任。刻已成立干部，各路进行，同志之勇往，团体之固结，远胜前此同盟会之组织。且此次同志皆一德一心，服从弟之命令，尤非昔比。

刻正编刊方略，不日脱稿，一俟出版，即行寄上。其如何扩充展布，尚须仰仗宏力。惟经费一层，尚须极力筹划，以便应付。顷查去年南京独立之际，贵埠同志曾汇款五千元赴沪，交吴君世荣转交军前。嗣款到时，已取消独立，款遂留吴君手中，未有交出，致有用之财化为无用，殊负诸公一片热诚，可否函致吴君，嘱其交还。

此间同志流离失所者尚多，衣食且不给，而彼辈心志坚锐，前

途有望,倘荷诸公将款拨助接济,尤感高谊,未悉以为如何？手此奉达,即颂

公安

孙文　二月初四

据《国父全集》第三册(转录史委会藏影印原件)

致邓泽如函

(一九一四年二月六日)

泽如兄鉴:

文有外甥程炳坤者,近由新加坡来函云,彼在该埠谋生无术,欲文为之设法安身。惟文向以许身于国,拙为个人之谋,又向少与之见面,究不知其人品格才技如何,故无从为之设法,特转求兄为我一查其为人如何(问香安燕梳①公司,便知其住址),如属安分,有可培植,望为推爱,为之觅一事以谋生,则感同身受矣。此致,并候

近安不一

孙文　二月六日

据《孙中山先生廿年来手札》影印原件

批苏格兰某君函

(一九一四年三月)

答以日间或可发动,故留此候消息②。如二三月后犹不能动,

---

① "燕梳":系英文 Insurance 的音译,意为"保险",是旧时粤语中的外来语。

② 当系指准备在国内发动武装反袁事,时孙中山在日本东京。

然后再酌远行也。

据《国父全集》第四册（转录史委会藏原件）

致南洋革命党人函*

（一九一四年四月十八日）

南洋诸同志鉴：

　　久失通候，缘在此间组织党事，拟俟成立而后详达台端，故尔疏暌。兹就绪矣，特为诸君一言。

　　弟去年抵此埠，即发起重新党帜，为卷土重来之计，当与同志秘密组织。因鉴于前此之散漫不统一之病，此次立党，特主服从党魁命令，并须各具誓约，誓愿牺牲生命、自由权利，服从命令，尽忠职守，誓共生死，先后已得四五百人，均最诚信可靠之同志，惟此时来者尚未为多。近顷干部章程及新革命方略，陆续订立完备，此间同志闻风倾慕，均踊跃加入。计以前同志中重要分子，均隶党籍，固不待言，又获得多数锐进新同志，声势益形膨大。前此传闻吾党分崩之象，悉已消灭，今后举事，必不蹈前者覆辙，当归弟一人统率之下，是国事虽未如愿，党务将告大成，兹可额首也。至此次组织，其所以必誓服从弟一人者，原第一次革命之际及至第二次之时，党员皆独断独行，各为其是，无复统一，因而失势力、误时机者不少，识者论吾党之败，无不归于散涣，诚为确当。即如南京政府之际，弟忝为总统，乃同木偶，一切皆不由弟主张。

　　关于袁氏受命为总统一事，袁氏自称受命于隆裕，意谓非受命

---

　　*　为告知有关在日本组织中华革命党的工作大致就绪事，另有致邓泽如函，除头衔变动外，内容全同，今不录。

于民国。弟当时愤而力争之，以为名分大义所关，宁复开战，不得放任，以开专恣横行之渐。乃当时同志咸责备弟，且大为反对。今日袁氏竟嘱其党，宣言非受命于民国矣，此时方悟弟当时主张不为无见也。其余建都南京，及伤袁氏南下受职两事，弟当时主张极力，又为同志反对。

第二次革命之前，有"宋案"之发现，弟当时即力主开战，克强不允，卒迁延时日，以至于开战即败。可知不统一服从，实无事不立于败衄之地位。故鉴于前辙，兹乃力洗从前积弊，幸同志多数均以为然，故能至此成效。

今大致已经就绪，拟即分寄章程前赴南洋、欧美各处，创立支部。诸君久居南洋，声誉素著，谅能本此宗旨，设各埠支部，以张党势，故兹特沥述情形，冀望诸君赞成其事，并为传播此旨，想诸君必不却其请也。至章程一切，日间即行寄上。手此奉白，即颂

近祺

孙文　四月十八

地址见后，收信地址名字：

Toyama

26 Reinanzaka

Tokyo

Japan[①]

据黄警顽等编《南洋霹雳华侨革命史迹》（上海
文华美术图书公司一九三三年版）影印原件

---

① 中文译为：日本东京灵南坂二十六号，头山。

致李源水函[*]

（一九一四年四月十八日）

源水先生鉴：

　　顷接高维兄来函，以足下业已商允吴世荣君将前汇宁之捐款转汇东京接济各贫苦同志，厚谊隆情，至堪感佩。当即电达台端，谅登记室，尚祈早日寄下，不胜盼祷之至。

　　此间同志困苦颠连，备尝艰苦，惟精神团结，百折不磨。弟初来此间，拟重整旗鼓，特组织干部，集合同志，各具誓约，服从命令，以期统一，力洗从前散涣之弊，各同志均踊跃加入，党势日隆。近顷干部支部章程、革命方略，均已陆续订定，现拟扩充各处组织支部，一俟章程刊就，即当分寄各埠同志。素仰足下热诚爱国，始终如一，刻下此间组织，必愿赞成。倘能担任组织支部（将现国民党支部内部暗组秘密团体），当将章程邮寄尊处，未审以为如何？尚希示复。专此布复，即颂

日祺

孙文　四月十八
据《国父全集》第三册（转录史委会藏影印原件）

---

　　*　时李源水在南洋怡保。同年十月孙中山委他任霹雳筹饷局理财。

致大隈重信函 *

（一九一四年五月十一日）

大隈伯爵首相阁下：

　　窃谓今日日本，宜助支那革新，以救东亚危局，而支那之报酬，则开放全国市场，以惠日本工商。此中相需至殷，相成至大。如见于实行，则日本固可一跃而跻英国现有之地位，为世界之首雄，支那亦以之而得保全领土，广辟利源，为大陆之富国。从此辅车相依，以维持世界之和平，增益人道之进化。此诚千古未有之奇功，毕世至大之伟业也。机会已熟，时哉勿失。今特举其理由，为阁下陈之。望加意详察，两国幸甚。

　　支那曩者苦满清虐政，国民共起革专制为共和。而民党笃信人道主义，欲减少战争流血之惨，故南北议和，使清帝退位，后举袁世凯为总统，袁亦誓守约法，矢忠民国。乃自彼就任以来，背弃誓约，违反道义，虽用共和民国之名，而行专制帝王之事。国民怨怒，无所发舒。乃其暴虐甚于满清，而统驭之力，又远不及，故两年之间，全国变乱频起，民党之必兴，革命军之必再见，无可疑者。

　　顾革命军以自力，而无助，则其收功之迟速难易，或非可预期。以言破坏之际，得世界一强国为助，则战祸不致延长，内免巨大之牺牲，对外亦无种种之困难。日本与支那地势接近，利害密切，革

---

　　* 大隈重信（一八三八——一九二二年），日本佐贺县锅岛藩警卫头人。一八七七年，任大藏卿。一八八一年，组织在野同志成立立宪改进党，任总理，成为在野政客巨头。一八九八年，组织宪政党内阁，任首相兼外相，后辞职。一九一四年至一九一五年，第二次组阁，任首相兼内务大臣。

命之求助以日本为先者，势也。以言建设之际，则内政之修善，军队之训练，教育之振兴，实业之启发，均〈非〉有资于先进国人材之辅助不可。而日本以同种同文之国，而又有革命时期之关系，则专恃以为助，又势也。日本既助支那，改良其政教，开发天然之富源，则两国上而政府，下而人民，相互亲善之关系，必非他国之所能同。支那可开放全国之市场，以惠日本之工商，而日本不啻独占贸易上之利益。是时支那欲脱既往国际上之束缚，修正不对等之条约，更须藉日本为外交之援。如法律、裁判、监狱，既藉日本指导而改良，即领事裁判权之撤去，日本可先承认之，因而内地杂居为日本人，于支那之利便而更进。使支那有关税自主固定之权，则当与日本关税同盟，日本之制造品销入支那者免税，支那原料输入日本者亦免税。支那之物产日益开发，即日本之工商业日益扩张。例如英国区区三岛，非甚广大，然其国力膨胀日加者人莫不知，其以得印度大陆为母国之大市场，而世界列强始莫与争。日本地力之发展已尽，殆无盘旋之余地，支那则地大物博，而未有以发展之。今使日本无如英于印度，设兵置守之劳与费，而得大市场于支那，利且倍之，所谓一跃而为世界之首雄者此也。然而日本若仍用目前对支之政策，则决不足以语此。何也？现在支那，以袁世凯当国，彼不审东亚之大势，外佯与日本周旋，而内阴事排斥，虽有均等之机会，日本亦不能与他人相驰逐。近如汉冶萍事件、招商局事件、延长煤油事件，或政府依违其议，而嗾民间以反对，或已许其权利于日本，而翻援之他国。彼其力未足以自固，又惮民党之向与日本亲善，故表面犹买日本之欢心，然且不免利用。所谓战国时纵横捭阖之手段对待日本。设其地位巩固过于今日，其对待日本必更甚于今日，可以断言。故非日本为革命军助，则有袁世凯之政府在，其排斥日本勿论。即袁或自倒，而日本仍无以示大信用于支那国民，日本不立于真辅助支那之地位，则两国关系仍未完满，无以共同其利益也。就他一方言，则支那革命党无一强国以为事前之助，其成功固有迟速之不同，即成功后而内政之改良，外交之进步，苟无强国之助，其希望亦难达到，故现时革命党望助至切，而日本能助革命党，则有大利，所谓相需至殷相成至大者此也。或谓外交上日本未取得英国之同意，不能独力解决支那问题。然此不足虑也。支那问题近始露其真相，当袁世凯就职之初，大放金钱以收买欧洲一部分新闻记者、通信员，故其报告与评论皆极推重袁，而英国政府亦信之。近则英之舆论已变，《泰晤士报》已评袁为无定乱兴治之能力矣。英与佛①邦交最善，而近日佛政府与国民皆已不信袁氏，故取消佛支银行借款之保证。夫英于支那，以求真正之治安为目的，前误信袁氏有保持支那之能力，今既知其不然，将与佛国渐同其趋向。若日本导以真正解决支那问题之策，俾使支那得永久之治安者，则英必同意于日本之行动无疑。关于支那问题，日本当欲得英国之同情，而英国亦实视日本意向为转移也。夫惟民党揽支那之政柄，而后支那可言治安。

以支那人大别之为三种：一旧官僚派，二民党，三则普通人民也。政治上之争，普通人不与焉，旧官僚得势，为保持其禄位计，未尝不出力与他人角逐，及其权势已失，即无抗争反动之余地。如袁世凯见逐于前清摄政王时，惟以免死为幸，不闻有何等举动也。民党则不然，所抱持之主义，生死以之，求其目的之必达。前者虽仆，后者复继。故虽以前清朝之残杀，亦卒无以制胜。民党之志一日不伸，即支那不能以一日安。此深察支那之情形，当能知之。而欲维持东亚之真和平，则其道固在此，而不在彼矣。要之，助一国民

---

① 佛：即法国。

党,而颠覆其政府,非国际上之常例。然古今惟非常之人,乃能为
非常之事,成非常之功。窃意阁下为非常之人物,今遇非常之机
会,正阁下大焕其经纶之日也。文为支那民党之代表,故敢以先有
望于日本者,为阁下言其概。且观于历史,佛曾助米利坚矣,英曾
助西班牙矣,米曾助巴拿马矣。佛之助米独立,为人道正义也;英
助西班牙以倒拿破仑,为避害也;米助巴拿马,为收运河之利也。
今有助支那革命,倒暴虐之政府者,则一举而三善俱备,亦何惮而
不为乎? 若夫幾事之密,更有以避外交之猜疑而神其作用,此又不
待论。区区所见,实为东亚大局前途计,惟阁下详察而有以教之。

孙文(印)

大正三年
民国三年　五月十一日

据中国社会科学院近代史研究所藏原件照片

复 黄 兴 函

(一九一四年五月二十九日)

克兄鉴:

　　来示悉。所言英士以兄不入会①致攻击,此是大错特错。盖
兄之不入会,弟甚满足。以"宋案"发生之后,彼此主张已极端冲
突;第二次失败后,兄仍不能见及弟所主张是合,兄所主张是错。
何以言之? 若兄当日饱听弟言,"宋案"发表之日,立即动兵,则海
军也,上海制造〈局〉也,上海也,九江也,犹未落袁氏之手。况此时
动兵,大借款必无成功,则袁氏断不能收买议员,收买军队,收买报

---

　　①　不入会:指不加入中华革命党。

馆，以推翻舆论。此时之机，吾党有百胜之道，而兄见不及此。及借款已成，大事已去，四都督①已革，弟始运动第八师营长，欲冒险一发，以求一死所，又为兄所阻，不成。此等情节，则弟所不满于兄之处也。及今图第三次，弟欲负完全责任，愿附从者，必当纯然听弟之号令。兄主张仍与弟不同，则不入会者宜也。此弟之所以敬佩而满足者也。弟有所求于兄者，则望兄让我干此第三次之事，限以二年为期，过此犹不成，兄可继续出而任事，弟当让兄独办。如弟幸而成功，则请兄出而任政治之事。此时弟决意一到战场，以遂生平之志，以试生平之学。今在筹备之中，有一极要之事求兄解决者，则望禁止兄之亲信部下，对于外人，自后切勿再言"中国军界俱是听黄先生之令，无人听孙文之令者。孙文所率者，不过一班之无知少年学生及无饭食之亡命耳"。此等流言，由兄部下言之，确确有据。此时虽无大碍，而他日事成，则不免生出反动之力。兄如能俯听弟言，竭力禁止，必可止也，则有赐于弟实多矣。

至于英士所不满意于兄之事，多属金钱问题。据彼所称：上海商人尝言兄置产若干，存款若干。英士向来皆为兄解辩云，断无此事。至数日前报纸载兄在东京建造房屋，英士、天仇②皆向日友解辩，天仇且欲写信令报馆更正。有日人阻之，谓不可妄辩。天仇始发信问宫崎，意以为必得否认之回音，乃与该报辩论。不料宫崎回信认以为有，二人遂大失望。并从而生出反动心理，以为此事亦真，则从前人言种种亦真矣。倘俱真的，则克强岂不是一无良心之人乎云云。英士之此种心理，就是数日间所生者也。如兄能以理由解释之，彼必可明白也。以上则兄与英士互相误会之实情也。

---

① 四都督：指湘、赣、皖、粤四省都督谭延闿、李烈钧、柏文蔚和胡汉民。
② 天仇：即戴季陶。

乃忽牵入入会之事，则甚无谓也。且金钱之事，则弟向不在意，有无弟亦不欲过问。且弟以为金钱之于吾辈，不成一道德上良心上之问题，不过世人眼浅，每每以此为注意耳。今兄与英士之冲突在此点，请二人见面详为解释便可，弟可不必在场也。

弟所望党人者，今后若仍承认弟为党魁者，必当完全服从党魁之命令。因第二次之失败，全在不听我之号令耳。所以，今后弟欲为真党魁，不欲为假党魁，庶几事权统一，中国尚有救药也。此复。

孙文　五月二十九日

据中国历史博物馆藏原件

讨 袁 告 示*

（一九一四年五月）

讨袁军总司令孙文示

为袁贼窃权弄柄，专制皇帝一般。解散参众议院，临时约法推翻。削灭司法独立，铲除自治机关。外债滥借滥用，苛税不惜民艰。惨杀报馆主笔，纵容侦探凶残。用兵名为剿匪，反令骚扰闾阎。暗杀起义元勋，阳为与己无干。任用一般狐狗，尽是前清大员。不念民生国计，惟知献媚取怜。民国人民为主，岂能袖手旁观！为此申罪致讨，扫除专制凶顽。改革恶劣政治，恢复人命主权。本军志在讨贼，与民毫不相关。同胞各安生业，慎勿惊扰不安。

民国三年五月　　日

---

* 一九一四年五月三十日晚，袁政府警察在上海小沙渡地方破获革命党机关，逮捕党人陈乔荫、王锦山等，致使定于当夜发动的反袁起义被破坏。此件和下一件《讨袁檄文》，都是从被捕者身边搜出的。登载这两份文件的上海《生活日报》是革命党人办的。

讨袁军总司令（印）

据上海《生活日报》一九一四年六月三日《孙文六言告示》

讨 袁 檄 文 *

（一九一四年五月）

　　壬子之五〔二〕月，国民悯构兵之惨，许清室旧臣自新，竭诚志以临时政府付袁世凯，四海之内，莫不走相告曰：息兵安民，以事建设，是大仁大义举也。吾民既竭诚以望袁，今袁所报民者何如哉？辛亥之役，深〔流〕血万里，人尽好生，何为而然？若知袁之暴戾更甚于清，则又何苦膏血万户，以博一人皇帝之雄哉！所以宁死而不悔者，誓与共和相始长耳。

　　今袁背弃前盟，暴行帝制，解散自治会，而闾阎无安民矣；解散国会，而国家无正论矣；滥用公款，谋杀人才，而陷国家于危险之地位矣；假民党狱，而良懦多为无辜矣。有此四者，国无不亡！国亡则民奴，独袁与二三附从之奸，尚可执挺衔璧以保富贵耳。呜呼！吾民何不幸，而委此国家生命于袁氏哉！自袁为总统，野有饿莩，而都下之笙歌不彻；国多忧患，而效〔郊〕祀之典礼未忘。万户涕泪，一人冠冕，其心尚有"共和"二字存耶？既妄〔忘〕共和，即称民贼。吾侪昔以大仁大义铸此巨错，又焉敢不犯难，誓死戮此民贼，以拯吾民。

　　今长江大河，万里以内，武汉京津，扼要诸军，皆已暗受旗帜，磨剑以待。一旦义旗起，呼声动天地。当以秦陇一军，出关北指；

---

　　*　胡编《总理全集》等书均作《讨袁宣言》，并将时间误植为一九一五年。

川楚一军,规画中原;闽粤旌旗横海,合齐鲁以捣京左。三军既兴,我将与诸君子扼扬子江口,定苏浙,以树东南之威。犁〔犁〕庭扫穴,共戮国贼,期可指日待焉。《书》曰:"民惟邦本,本固邦宁。"又曰:"纣有臣亿万,惟亿万心。予有臣三千,惟一心。"正义所至,何坚不破?愿与爱国之豪俊共图之! 孙文檄文①。印。

据上海《生活日报》一九一四年六月三日《孙文檄文》

复 黄 兴 函
(一九一四年六月三日)

克兄鉴:

　　长函诵悉,甚感盛情。然弟终以为欲建设一完善民国,非有弟之志,非行弟之法不可。兄所见既异,不肯附从,以再图第三次之革命,则弟甚望兄能静养两年,俾弟一试吾法。若兄分途并进,以行暗杀,则殊碍吾事也。盖吾甚利袁之生而扑之,如兄计划成功,袁死于旦夕,则吾之计划必坏。果尔,则弟从此亦不再闻国事矣。是兄不肯让弟以二年之时间,则弟只有于兄计划成功之日,让兄而已。此复。

　　又,此后彼此万不谈公事,但私交上兄实为我良友,切勿以公事不投而间之也。幸甚。

孙文　六月三日
据中国历史博物馆藏原件

---

　　①　报载有"檄文"二字,胡编《总理全集》无。

致陈新政及南洋同志书

（一九一四年六月十五日）

同志诸公大鉴：

　　窃文自东渡以来，夙夜以国事为念，每睹大局之颠危，生民之涂炭，辄用怛恻，不能自已。因纠合同志，宣立誓约，组织机关，再图革命，蕲以牺牲之精神，尽救国之天职，区区诚悃，当早为诸公所洞鉴。

　　惟此次立党，与前此办法颇有不同。曩同盟会、国民党之组织，徒以主义号召同志，但求主义之相同，不计品流之纯粹。故当时党员虽众，声势虽大，而内部分子意见纷歧，步骤凌乱，既无团结自治之精神，复无奉令承教之美德，致党魁则等于傀儡，党员则有类散沙。迨夫外侮之来，立见摧败，患难之际，疏如路人。此无他，当时立党徒眩于自由平等之说，未尝以统一号令、服从党魁为条件耳。殊不知党员之于一党，非如国民之于政府，动辄可争平等自由，设一党中人人争平等争自由，则举世当无有能自存之党。盖党员之于一党，犹官吏之于国家。官吏为国民之公仆，必须牺牲一己之自由平等，绝对服从国家，以为人民谋自由平等。惟党亦然，凡人投身革命党中，以救国救民为己任，则当先牺牲一己之自由平等，为国民谋自由平等，故对于党魁则当服从命令，对于国民则当牺牲一己之权利。意大利密且儿作政党社会学，谓平民政治精神最富之党派，其日常之事务，重要行动之准备实行，亦不能不听一人之命令。可见无论何党，未有不服从党魁之命令者，而况革命之际，当行军令，军令之下尤贵服从乎？

是以此次重组革命党，首以服从命令为[惟]唯一之要件。凡入党各员，必自问甘愿服从文一人，毫无疑虑而后可。若口是心非，神离貌合之辈，则宁从割爱，断不勉强，务以多得一党员，即多得一员之用，无取浮滥，以免良莠不齐，此吾等今次立党所以与前此不同者。但前因草创伊始，同人等均以精神为结合，故一切章程规则，未经制定。迩因党员渐众，党务日隆，非有准绳，无所依据。加以海内外纷请章程，创立支部，爰定总章，用资遵守。兹特邮呈左右，倘蒙就地开设支部，尚祈悉心研究，按照总章，妥为办理。惟本总章系规定本党全党组织，故特详于干部、各支部组织，宜按各地情形，自行订立章程，呈请干部核定。但所宜注意者：

（一）各支部分科组织，不必悉如干部，又不可袭干部总协理各部局院等名目。如干部中之军事部、政治部、协赞部及部内各院，支部均不必设立。各支部只宜设部长、副部长，不宜设总、协理。各分科办事，只宜称科称股，不称部局院，以免淆混而清界限。

（二）本党系秘密结党，非政党性质，各处创立支部，当秘密从事，毋庸大张旗鼓，介绍党员尤宜审慎。至向来设立之国民党支部，乃系政党性质，与现在之党并行不悖，毋庸改组，以免枝节。尤当同心同德，毋以新旧党员，故存畛域。

总之，此乃秘密结党，有时或借国民党名义为旗帜，或别立名目以号召，均无不可，是在诸公斟酌而妥筹之。专此布达，敬颂公祺

孙文　六月十五日

通信地址名字：

Toyama

26 Reinanzaka

Tokio Japan

据中国社会科学院近代史研究所藏原件照片

复咸马里夫人函

（一九一四年六月十七日）

亲爱的里夫人：

五月一日来函奉悉，不胜感谢！

关于翻译《撒克逊的时日》一事，我拟请一位同胞将此书译成中文，在我们所办的一种杂志上刊载。

中国当前的状况，与我在长滩见你时相似。在我们的一切困难中，财政是主要的困难，但我有一种以组织百货公司为手段解决此种困难的办法。不知你能否帮我物色若干熟悉此种业务的组织者？如能找到，他们是否愿意前来帮助我们，以解除此主要困难？你会知道，在战争时期硬币不足时，纸币会被商人贬值。但百货公司一旦在各城市建立，我们就能保持纸币的价值。往往某一城市货物有余，另一城市却因短缺此种货物而感到匮乏的紧张，如此等等。当货物从一处转到他处时，此种弊端即易于补救。你看，此种组织在战争时期对人民的福利具有何等重要的意义。

我还要劳你告诉我，咸马里将军的友人们是否仍对中国有兴趣，如仍有兴趣，我愿与他们通信联系。

希望你身体健康，在洛杉矶生活愉快，并致最亲切的问候与最良好的祝愿！

忠实于你的孙逸仙

26，Reinanzaka Akaska Tokio，Japan Zune 17，1914[①]

据《研究中山先生的史料与史学》中吕芳上
《荷马李档案简述》所附英文原函译出

复 马 素 电

（一九一四年六月二十八日）

　　二千收。请速续汇应急，若得十万，必可成事。望转各埠力筹，由汇丰汇更便捷。

据《国父全集》第三册（转录史委会藏亲笔原件）

《战学入门》序

（一九一四年六月）

　　战争为人类之恶性，人类进化愈高，则此恶性愈减。故古昔先进之国，每多偃武修文，鄙战争而崇礼让。倘进化前途无所障碍，只有进而无退，则世界大同，可指日而待，岂非人类之极大福祉耶？无如进化之程度不齐，先进文明之国，每多为野蛮尚武之种所灭，如罗马之亡于北狄，中华之厄于鞑靼，其退化恒以千百年计，此真人类之至惨奇祸也。近百年来，白种之物质进化，实超前古，而其心性进化尚未离乎野蛮，故战争之祸于今尤烈。当此之时，世界种族能战则存，不能战则亡，优胜劣败，弱肉强食，殆视为天理之当然，此诚进化前途之大厄也。

---

　　①　中文译为：一九一四年六月十七日，于日本东京赤阪灵南阪二十六号。

我中华为世界独存之古国，开化最早，蛮风久泯，人好和平，不尚争斗。乃忽逢此白祸滔天之会，有亡国灭种之虞，此志士仁人欲为人道作干城，为进化除障碍，有不得不以战止战者也。世之善战者，有得于天才者，有得于学问者，如铁木真之起于游牧，而能扫荡欧亚，战无不胜，攻无不克，此天才独胜者也。莫鲁克（即毛奇——原编者注）之运筹帷幄，决胜先机，一战而胜丹，再战而摧奥，三战而败法，此学问特长者也。至于拿破仑乘法国革命之运，统饥寒之残卒，与奥战于意大利之野，以少击众，连战皆捷，转危为安，及后几奄全欧，其用兵之妙，古今无匹，此才学兼长者也。夫天才则不能以人致，而学问固可以力求。日本维新以后，取法欧洲，整军经武，满洲一役，节节进取，步步为营，后卒并虎噬鲸吞之敌，俄而一以摧廓，深袭我堂奥，其计划之周全，经理之完备，则纯以学问胜者也。近代科学大明，武器进步，治军之复杂，迥非前代所可比拟。昔有不读兵书，而可以为名将者，今则非深造乎学问，不足以临陈图敌矣。此战学之所以不可不讲也。周君哲谋有《战学入门》之作，予喜其先获我心，特为之序，以介绍于吾国有志之士。

民国三年仲夏　孙文序于日本东京旅次

据《世界兵学》第六期载李浴日《孙中山
先生未发表的两篇军事遗著》

促各埠火速筹款电

（一九一四年七月五日）

时机已熟，若得十万，必可成事。请各埠火速筹汇。文。

据《国父全集》第三册（转录史委会藏亲笔原件）

中华革命党总理誓约

（一九一四年七月八日）

立誓人孙文，为救中国危亡，拯生民困苦，愿牺牲一己之身命自由权利，统率同志，再举革命，务达民权、民生两主义，并创制五权宪法，使政治修明，民生乐利，措国基于巩固，维世界之和平，特诚谨矢誓如左：

一、实行宗旨；

二、慎施命令；

三、尽忠职务；

四、严守秘密；

五、誓共生死。

从兹永守此约，至死不渝，如有二心，甘受极刑。

中华民国广东省香山县孙文（指模）

民国三年七月八日立

据中国社会科学院近代史研究所藏原件照片

中华革命党总章[*]

（一九一四年七月八日）

第一条　本党名曰中华革命党。

———————————

　　*　此《总章》为孙中山手书，一九一四年七月八日中华革命党于东京筑地精养轩举行成立大会时公布。

第二条　本党以实行民权、民生两主义为宗旨。

第三条　本党以扫除专制政治、建设完全民国为目的。

第四条　本党进行〔秩〕序分作三时期：

一、军政时期

此期以积极武力，扫除一切障碍，而奠定民国基础。

二、训政时期

此期以文明治理，督率国民，建设地方自治。

三、宪政时期

此期俟地方自治完备之后，乃由国民选举代表，组织宪法委员会，创制宪法；宪法颁布之日，即为革命成功之时。

第五条　自革命军起义之日至宪法颁布之时，名曰革命时期；在此时期之内，一切军国庶政，悉归本党负完全责任，力为其难，为同胞造无穷之幸福。

第六条　凡中国同胞皆有进本党之权利义务。

第七条　凡进本党者必须以牺牲一己之身命、自由、权利而图革命之成功为条件，立约宣誓，永久遵守。

第八条　凡党员须纳入党费十元，每年捐一元于本部；惟前时曾致力于革命及现在为革命奔走者悉免。其有额外义捐巨资者，照事前筹饷章程办理。

第九条　每党员至少须介绍新进一人，方完义务。其有于革命军起义之前介绍新进百人者，记功一次；千人者记大功一次，照酬勋章程办理。

第十条　凡党员有背党行为，除处罚本人之外，介绍人应负过失之责。

第十一条　凡于革命军未起义之前进党者，名为首义党员；凡于革命军起义之后、革命政府成立以前进党者，名为协助党员；凡于革命政府成立之后进党者,名曰普通党员。

第十二条　革命成功之日,首义党员悉隶为元勋公民,得一切参政、执政之优先权利;协助党员得隶为有功公民,能得选举及被选权利;普通党员得隶为先进公民,享有选举权利。

第十三条　凡非党员在革命时期之内,不得有公民资格。必待宪法颁布之后,始能从宪法而获得之;宪法颁布以后,国民一律平等。

第十四条　凡有功于本党或曾在本党人员之麾下服务一年者,虽未照第七条之手续进党,若得党员十人之保证,可补立誓约,请本部追认为首义党员,得享元勋公民之权利。

第十五条　本党公举总理一人,协理一人。

第十六条　总理有全权组织本部为革命军之策源;协理辅助之或代理之。

第十七条　本部各部长、职员悉由总理委任。

第十八条　各地支部长由各地党员推荐,总理委任。

第十九条　本部之组织如左:

　　一、总务部;

　　二、党务部;

　　三、财政部;

　　四、军事部;

　　五、政治部。

第二十条　每部任部长一人,副部长一人,职务长若干人,职务员若干人。

第二十一条　总务部之职务如左:

　　一、总务部庶务;

　　二、接洽内地支部;

三、接洽海外支部；

四、制管公文符印；

五、交涉党外事宜；

六、办理不属他部之事。

第二十二条　党务部之职务如左：

一、主盟新进；

二、存管誓章册藉〔籍〕；

三、调查党员履历；

四、招待外宾；

五、传布宗旨。

第二十三条　财政部之职务如左：

一、管理党中度支；

二、接收支部党费义捐；

三、筹集事前款项；

四、规定因粮方法；

五、计划事后财政。

第二十四条　军事部之职务如左：

一、物色并培育将才；

二、调查各省敌情；

三、计划作战；

四、运动敌军；

五、调查并购制武器；

六、筹备军政。

第二十五条　政治部之职务如左：

一、物色并培育政才；

二、筹备中央政府；

三、规划地方自治；

四、审定建设规模。

第二十六条　凡属党员，皆有赞助总理及所在地支部长进行党事之责，故统名之曰协赞会，分为四院，与本部并立为五；使人人得以资其经验，备为五权宪法之张本。其组织如左：

一、立法院；

二、司法院；

三、监督院；

四、考试院。

第二十七条　协赞会会长一人，副会长一人，由总理委任；各院院长，由党员选举，但对于会长负责任。

（说明）所以由总理委任会长、副会长者，为统一党务起见；若成立政府时，当取消正副会长，则四院各成独立之机关，与行政部平行，成为五权并立。是之谓五权宪法也。

第二十八条　立法院之职务如左：

一、创制各部规则；

二、提议修改总章；

三、批准支部章程；

四、筹备国会组织。

第二十九条　司法院之职务如左：

一、裁判各部或职员之冲突；

二、裁判党员之争执及处罚事宜；

三、裁判各支部、分部之冲突；

四、筹备司法院之组织。

第三十条　监督院之职务如左：

一、监察党务进行；

二、责备党员服务；

三、察视党员行为；

四、稽查党中账目；

五、筹备监督院之组织。

第三十一条　考试院之职务如左：

一、考验党员才干而定其任事资格；

二、调查职员事功而定其勋绩；

三、筹备考试院之组织。

第三十二条　支部为各地之自治团体，得自行议立章程，请本部批准，并推荐支部长，请本部总理委任。

第三十三条　支部长得便宜行事，派委人员在其附近地方设立分部，而直接统辖之。

第三十四条　分部发达至万人以上者，能自立为支部，直接受本部统辖。

第三十五条　凡国内及海外各种政治组合及爱国团体，人数过万，有欲归属本党者，须照章写立誓约，缴入党捐，便得为本党支部。

第三十六条　国内支部，专事实行；海外支部，专事筹款。所事虽异而成效无别，故于革命成功之日，国内、海外各支部同一享参政之权利。

第三十七条　革命政府成立之后，每支部得举代表之人以参预政事，组织国会，并各种补助机关，以助政府之进行。

第三十八条　各支部皆有权推荐人才，政府当量才从优器使。

第三十九条　本党总章之修改，须由立法院之提议，得本部职员及协赞会职员三分二之决可，乃得修改之。

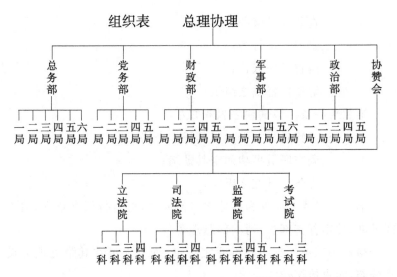

据佚名编《总理遗墨》影印本

批澳洲黄国民函

（一九一四年七月十日）

回信鼓励，并着即筹款寄来。并寄章程前去。

据《国父全集》第四册（转录史委会藏原件）

批吴麟兆函

（一九一四年七月二十日）

复函鼓励。并前接到汇丰电款一千元，据称由纽约寄来，当时已复函纽约，并收条寄往胡心泉君查交。今接函，始知为贵埠所寄，即致函胡君，将收条寄至贵埠矣。并寄章程。

据《国父全集》第四册（转录史委会藏原件）

致山田纯三郎等函

（一九一四年七月二十日）

山田、丁、柳、宁、蒋诸同志公鉴：

四次来信，俱收悉，并得电报。兹即致巴君壹函，附委任状，乞为转致。一切计划，依前书所云，望能照此施行，以利大局。

经济一节，已在此间设法，一得，当即行电汇，勿念。

陈中孚、刘雍两君，请随时与接洽为荷。顺此，奉候

旅安

孙文　七月二十日

据《国父全集》第三册（转录史委会藏亲笔原件）

批伍曜南函[*]

（一九一四年七月二十三日）

复函鼓励。章程并述第一次革命度量太宽，所以反对党得从中入涉，破坏民国。第三次成功，非本党不得干涉政权，不得有选举权，故将来各埠选举代表，非本党人不可。请照章程通传各埠侨民可也。

据《国父全集》第四册（转录史委会藏原件）

---

[*]　伍曜南是美国华盛顿州舍路埠（Seattle，今译西雅图）国民党分部长，来函系报告筹集革命款项情况。此件所标日期据来函时间。

致南洋各埠洪门同志函

（一九一四年七月二十九日）

南洋新加坡洪门义兴公司转各埠洪门同志诸公大鉴：

　　窃文自辛亥返国，与同志音问久疏矣。而疏远之由，自非本意，只缘当日返国，推倒满清，民国告成，国人将享共和幸福，弟以历其境者，定可将耳闻日〔目〕见之佳话，拾集纂录，为诸同志缕晰以陈。讵迟之久，惟见国事日非，扰攘无定，官僚充塞，小人秉权，破坏共和，复行专制，两年以来，绝无善状。用是愤慨交并，临颖辄止，此中衷曲，当为诸同志所共谅。

　　乃者时局日非，国体将变，善状固无可述，恶状则不得不为诸同志一言，而挽救恶状之法，亦欲为诸同志披沥一述。去岁弟自东渡，迄于近日，常夙夜以国事为念，每睹大局之颠危，人民之涂炭，辄用怛恻，不能自已，纠合同志，各具誓约，组织机关，共图革命，求以牺牲之精神，尽救国之天职，业经多数同志赞成加入，党势甚盛①。但党员虽众，声势虽大，而内部分子意见纷歧，步骤凌乱，党魁则等于傀儡，党员则等于散沙，既无团结自治之精神，复无奉令承教之美德，迨乎外侮之来，立见崩溃，患难之际，疏如路人，此无他，当时之党未尝以统一号令、服从党魁为条件耳。凡人投身革命党中，以救国为己任，为国民谋自由平等，对于党魁则服从命令，对

---

　　① 此件自"但党势虽众"以下的一段文字，与同年六月十五日《致陈新政及南洋同志书》内追述同盟会、国民党时代党务情况的文字相同。此处径与中华革命党的建立相接，文意不谐，疑有脱文。

于国民则牺牲权利。意大利密且儿博士作《党政社会学》，谓平民政治之精神最富之党派，其日常之事务，重要行动之准备实行，亦不能不听命于一人。可见无论何党，未有不服从党魁命令者，而况革命之际，当行军令，犹贵服从。此次组织革命党事，以服从命令为唯一之条件。凡入党各员，无论其前隶何党，无论其党籍之新旧，必须其宣誓服从，毫无疑义而后可。

　　弟将近年来之景况，及洪门党务进行事宜，与夫民国危急之情形，大略报陈，望诸同志固结团体，振起精神，再做革命工作，爱党爱国，洪门之责任也，亦弟之厚望也。专此布达，即颂

公祺

孙文　七月二十九日

据台北中央改造委员会党史史料编纂委员会编《总理全书》
（台北一九五〇至一九五二年版）之十"函札"上册

批陈新政等函

（一九一四年七月二十九日）

　　前函已复，想已收到。改组革命党，随贵地情形变通办理可也。情〔惟〕誓约一事，已派陆文辉兄前来办理。

　　李、丘二君，初系自行担任筹款，但近日已与弟通消息，弟着之所筹之款，当直接汇东京弟收，以归统〈一〉。

据《国父全集》第四册（转录史委会藏原件）

复伍平一函

（一九一四年八月二日）

平一同志先生：

　　来函诵悉。嘱发信致飞埠诸同志，日前已寄数函，但其中有未预名者，今后当另函致候。

　　属转黄君克强书，渠已远游美洲。

　　黄伯群一函，则因不知其住址，无从代递。但黄为人年少轻躁，好大喜功，日与侦探一流为伍，即如前者足下到横滨时，弟曾遣其往迓台驾入东京，厚属其切勿张扬，乃彼自称为弟代表，到处招摇，泄漏秘密，至内地盛传足下与弟密谋革命等事，可知伯群操守殊不可信。至其人历史之卑污，又不待论。足下以后幸勿再与通信，盖彼恒利用人与之通信而藉以招摇也。

　　飞机学校事，当竭力促成之，而目前训练尤不可缓，盖时局正佳，飞机之用即在目前也。尚祈准备一切，以备军用，是为至祷。专复，即颂

近祺

孙文　八月二日

据《国父全集》第三册(转录史委会藏原件照片)

致区慎刚等书

（一九一四年八月七日）

慎刚、成就、螺生、源水①先生公鉴：

　　七月十九手书诵悉，藉谂一切。当此商务疲弊之时，而公等能再接再厉，鼎力筹捐，集成巨款，非爱国热诚达于高度，何以及此？宋、黄二君报告书，亦述及林先生深得社会信用，此次提倡，不遗余

---

　　①　慎刚：区慎刚；成就(不详)；螺生：郑螺生；源水：李源水。当时均为南洋华侨中的革命党人。

力,令人纫感不置。要皆出于为国为党之公心,则非弟私人所敢言谢也。

精卫兄已有书来,言将抵东京矣。专此,即颂

公安

孙文　八月七日

据《国父全集》第三册(转录史委会藏影印原件)

致戴德律函[*]

(一九一四年八月十四日)

亲爱的戴德律先生:

收到你七月十日来函,十分感激! 你此刻身在美国,能给我以重大帮助。

首先,请作出最大努力,阻止袁世凯获得他可能要在美国筹借的任何贷款。目前,他已无法再从欧洲获得任何贷款。据我耳闻,他打算以厚利诱使美国资本家提供款项,因为金钱是他唯一的实力。他将为此派遣他的财政总长周自齐赴美。因此,请预先堵塞他可能借以取得贷款的每一渠道:只须告诫美国资本家,袁世凯即使获得金钱支持,不久也必定垮台。所以,任何人援助这一首恶元凶,都将冒极大风险,而且,中国人民痛恨一切支持过这一公敌的资本家,并肯定无疑会拒不承认袁世凯有可能作出的任何权利出让。

其次,我要请你代我物色一批诚实而且愿意帮助我在战事结

＊　戴德律(James Deitrick),美国商人,曾任大西洋—太平洋铁路公司副总经理。此函原件藏美国斯坦福大学胡佛研究所图书馆。

束之后,也就是在革命进一步继续之时,从事建设工作的人才。革命的战争部分较易完成,革命的建设部分倒真是难事。你可以在这一方面给我许多帮助,而最重要的莫过于财政整理,因为在革命时期,恐慌必定接踵而至,由于缺钱,百业将因而停滞,在中国尤其如此,因为中国商业中心的交换媒介,为外国银行家所控制。因而外国银行如汇丰银行之类,在中国的内部斗争中,实拥有举足轻重的权势。如果我们不能摆脱这种金融控制,独立就无从谈起。袁世凯不过是这类外国银行家的一个工具。

要摆脱这种灾难性的祸害,我的办法是,革命政府必须准备统制商业。这样,我们才能在我们想用钱的时候用我们想用的钱,也才能撇开那些外国银行家而成为我们自己的主人。

为此,政府必须:一、组织百货公司,以经营销售;二、控制水陆交通,以经营运输;最后,却并非无关紧要的,是制造那些一向仰赖国外进口的最重要的货物,以经营生产。如此,中国才能同时在政治和经济两方面获得独立。因此,我要请你为我物色各种行业的专门人才。最重要的是罗致百货公司的组织和经营专家。因为我要在全国建立这样一种商业系统。这项工作将追随革命军的进军步伐。在这样一个时期,政府会很容易得到各种货物,可以用征收赋税和以物易物的方式,取得人民非常乐于脱手的那些生产过剩的或滞销的产品。于是,我们的政府就能治理国家而无需向人民伸手要钱。

这种做法将为全体人民造无穷幸福。现在你该明白我为什么如此重视百货公司。上一封信里我也曾提及,但不知你收到否。

百货公司在美国已经司空见惯,但在中国却还没有,也没有人懂得如何经营。如果要设立这种机构,我想你一定不难为我挑选一批这方面的专家,但是他们必须为人正直、精力充沛而有才干。

如果你能和美国某些最有影响的百货公司托拉斯作出安排，使他们愿和我们的这项计划合作，那就太好了。

在这种情况下，我希望他们能贷款至少一千万美元供作初步战争费用，以为取得特许权的条件。能否作出这样的安排？如果你认为在这件事上你有成功的可能，我愿委派你为我的全权代表进行谈判。你可以为你的委托书拟一个初稿并且列明作出上述安排的条件，随复信寄来，供我酌定。

黄将军①出国旅行，属于游历、考察性质。我未容他参加下一次的行动，因为他在第二次革命期间竟然弃南京而逃，曾使我痛失所望。但是他在第一次革命期间及其以前都作出不少贡献，作为一位朋友和老革命家，我仍然视为友好，所以我已嘱咐我在美国的同志对他热情接待，如果你碰巧遇见，也请同样待他。

我正忙于准备另一次行动。这一次我将独揽大权，亲自指挥。如你所知，第一次革命爆发时，我尚未回国。及至抵达国境，一切都已发展到了使我认为明智莫过于承认既成事实的阶段。我非常乐于看到和平解决的结局。只是那一次我轻信了元凶袁世凯，以至铸成大错。

第二次革命，我没有参加，本以为有许多完全胜任的人员可以把工作进行到大功告成，必要的物质条件也足够应付而有余。但是，厨师太多，煮糟了汤。现在，中国已陷入空前严重的危机，袁世凯的专制较之先前满清的统治更加恶劣。于是我迫不得已而再一次承担起领导的责任。你也许会高兴知道，我得到比以往任何时候更大的信任，我深信不疑，我一定能比推翻满清更容易推翻袁氏政权，那一天已为期不远。

---

① 黄将军：即黄兴。

　　附带提一个要求,请为我在华盛顿寻找一个亨利·克里福德·斯图尔特(Henry Clifford Stuart)。他曾给我写过一封公开信,谈到有关纸币的问题,他的观点,一般说来,我十分同意。但是我们不能没有百货公司而流通纸币。请查访一下此人究竟是何等样人,如果适当,不妨邀他在我的百货公司计划中和你合作。

　　一旦听到我在中国取得了一个立足之点,请务必立刻前来看我,以便为我国的工商业发展拟制建设计划。

　　至于男女童子军运动,我完全同意你关于其必要性和重要性的观点,我一定要在我的事业获得成功之后加以推行。

　　谨致最良好的祝愿,并盼早日赐复。

你诚挚的孙逸仙　一九一四年八月十四日

日本东京赤阪灵南阪 26 号

据《国父全集》第五册所录英文函译出

致居正田桐函

(一九一四年八月十五日)

觉生、梓琴两兄鉴:

　　兹有金君一清,虽初见一面,然聆其言论,想一热诚之人也。彼于南洋情形,甚为熟悉,云可能联络筹款等语。请两兄面询详细,并加以审察。如果诚实,可要彼加盟,而托以联络之事,务望留心仔细可也。此致

孙文　八月十五日

据《国父全集》第三册(转录史委会藏影印原件)

约束党员通告

（一九一四年八月二十三日）

　　启者：欧洲战祸，延及东亚，均势局破，国亡无日；外交稍失其宜，瓜分即有所借口，试问一般前清亡国官僚，岂堪扶此危局？此际稍有识者，莫不以革命为救国之唯一法门，又属革命之绝好机会。乃有一般侦探及政客者流，希图目前富贵，散布种种谣言，冒爱国之名，以淆群听；借对外之说，以惑邦人；复挟各种危险手段，以为恐陷之计；稍有不慎，即堕术中，终无以自拔也！凡我党员，素明大义，洞悉奸谋，谅不至为所惑。但当积极进行之日，允宜精神一致，息邪说，正人心，拒诐行，以张吾党堂堂正正之革命旗鼓，达吾党远大之目的。用特申明约束通告我党诸君，并希各省支部每省迅举调查员二人，限三日内将所有在京党员姓名、住址及有无违犯约束规则情事，造册报告本部，以便稽核为盼。

附：约束党员规则四条

　　一、不得以个人自由意〔妄〕思行动，加入他之团体或集会；

　　二、不得受外界之摇动，有违背本党之行为；

　　三、不得以个人名义，发表违反党义之言论；

　　四、不得以违反党义之言论行动，煽惑本党同志。

中华民国三年八月二十三日　　　　　　　　　本部启

据《中央党务月刊》第四期（一九二八年十一月出版）"特载"

中华革命党成立通告

（一九一四年九月一日）

吾党自一次革命，国体与政体变更后，即以巩固共和，实行民权、民生两主义为己任。乃以"宋案"、借款之故，促起二次革命；不幸精神溃散，相继败走，扶桑三岛，遂为亡命客集中之地矣。谈及将来事业，意见纷歧，或缄口不谈革命，或期革命以十年，种种灰心，互相诟谇，二十年来之革命精神与革命团体，几于一蹶不振，言之不胜慨叹！

惟文主张急进，约束前人，激励后继，重新发起中华革命党，海内外同志立约宣誓，争先恐后。夏六月，开总理选举会，到者十八省，文当选为总理。七月八日，在日本筑地精养轩开本党成立会，文于是就总理之职，当众宣誓，公布中华革命党总章。自是之后，着意进行，本部组织于焉成立。用特通告海内外同志，自中华革命党成立之日，凡在国内所有之国民党本部、支部、交通部、分部被袁氏解散者，不能存在无论矣；所有海外之国民党，除在日本东京已宣告解散外，其余美洲、南洋各地未经解散者，希即一律改组为中华革命党，（党为秘密团体，与政党性质不同，凡在外国侨居者，仍可用国民党名义，内容、组织则更张之，即希注意。）均以履行总章第七条之手续书写誓约者，认为本党党员，协力同心，共图三次革命，迄于革命成功，宪法颁布，国基确定之际，皆由吾党负完全责任。

此次办法，务在正本清源：（一）进〔屏〕斥官僚；（二）淘汰伪革命党。以收完全统一之效，不致如第一次革命时代，异党入据，以伪乱真。国内无论矣，即海外人士，亦须严加审别。非由我中华革命党支部、交通部特别选派及其承认介绍者，政府概不收纳，畀以政事，使保皇败类计无所施。

现在全欧战云密布，各国自顾不暇，无力及我。且世界金融机关已经紊乱，袁贼之财源既渴〔竭〕，饷糈自空。英雄有用武之地，正吾党努力建功之时。凡我同志务望担负责任，切实进行，黄龙痛饮，为日有期。

惟近有不写誓约，非中华革命〈党〉员，假国民党名义，蛊惑我真正热心同志，借端滋扰，日有所见，非力加调查而甄别之，则不足以固党基而定国是。此本部同人拳拳之意也。

中华革命党总理　　孙　文

总　务　部　长　　陈其美

党　务　部　长　　居　正

军　务　部　长　　许崇智

政　治　部　长　　胡汉民

中华民国三年九月　日

通讯处：日本东京市芝区南佐久间町一丁目三番地民国社。

英文通讯处：TO MIN KOH SHI No. 3 Minamisakuma-cho. Shibaku Tokio.　Japan.

据《国父全集》第一册（转录史委会藏油印原件）

致邓泽如函

（一九一四年九月一日）

泽如兄大鉴：

顷得来书，具悉一是，已交党务部居觉生等详细答复，俟寄上党章，请为分致各埠同志。

近者夫己氏①日失人心，海内动机四伏，欧洲风云大起，无暇东顾，国贼所恃为外债军器之接济者，已绝其来源，此正吾人奋起之机会。

南方同志近状如何？念念。即颂

大安

孙文　九月一日

据《孙中山先生廿年来手札》影印原件

批陈楚楠函

（一九一四年九月二日）

回信鼓励，并详述本党办法及统一之旨，并寄章程。许②在东京，现任本党军务部长，方③来□□□；林子超④往美洲，为本党筹款委员长。福建机局已成，□□□立举事，毋庸再事□□也。

据黄编《总理全集》下册

复叶独醒函

（一九一四年九月七日）

独醒先生大鉴：

---

① 夫己氏：通用影射语，指袁世凯（下同）。

② 许：即许崇智。

③ 方：即方声涛。

④ 林子超：即林森。

　　得手书并致陈、李①诸君书。足下用意,令人深感。惟陈等在南洋,近闻颇有自树一帜之举,其果能受善言而改悔来归与否未可知。尊书若由此间寄发,彼等或认为弟所运动指挥,反于效力有损,故不如仍由尊处发寄,示以无私,或可动以诚恳也。兹将陈、李两君住址抄上。即请

近安

　　　　　　　　　　　　　　　　孙文　九月七日

　　谭人凤最近闻已返长崎,可就东托人交去。柏文蔚信则寄南洋,交陈交李均可。

　　　　　　　　据《国父全集》第三册(转录史委会藏影印原件)

致邓泽如函

(一九一四年九月八日)

泽如兄大鉴:

　　弟自去岁以来,恢复大业之志,不敢少懈。兹遇欧洲战乱,无暇东顾,袁氏更无后援,只有待毙,此时机会更不可失,海内同志已预备进行。惟以饷糈极绌,未能应时发展,亟望兄等在南洋提倡筹款,以为接济。兄于党内外,信用俱优,若得振臂一呼,事蔑不济。

　　尤有恳者:不审兄能抽身离南洋否?弟欲请兄到东京本部,助理党中财政事务,弟视同人中能胜任愉快者,莫如兄也,愿兄勿辞,幸甚。兹寄上事前筹饷章程,敬乞察照,着手组织一切,既有头绪,即来东相助至盼。

---

　　① 陈、李:指陈炯明、李烈钧。

据闻陈竞存、李烈钧俱有巨款约数十万,交陈楚楠、林义顺两君经营商业,不审确否？乞密中一调查报知。专此,即颂

大安

孙文　九月八日

据《孙中山先生廿年来手札》影印原件

复郑螺生李源水函

（一九一四年九月八日）

螺生、源水两兄大鉴：

手书具悉。两兄爱国热诚,始终不懈,纫佩奚似。欧洲战事方殷,无暇东顾,袁氏后援已绝,正吾党恢复大业之时机。海外同志有见于此,急筹款项以资接济,足征毅力。现在海内同志俱各筹备进行,只以款绌尚未能应时发展耳。今得兄等提倡,内外合力,大功之成,当指日可待。此次办事,弟求完全统一,以杜流弊,故重订党章,整顿一切。即现在各埠筹饷事宜,亦必划一,已函告各同志,款项须统汇本部,由本部策应各处。若如某某等之办法,各立名义（所有一切号称统筹部及□□机关者,俱不承认）,各筹各用,目前已极纷扰,将来尤必冲突,断不可行。

广东军事,弟已专派邓铿担任,经费则由弟处接济,故弟意欲请泽如兄径来日本,至本部经理财政,不必到港。因港中人既不免复杂,泽如兄至彼,亦难以主持,不若来东在本部办事,弟得收指臂之助也。泽如兄素得信用于党人,而才干亦优,望兄等为我劝驾。专复,即颂

大安

寄上筹饷章程,乞察照。

孙文　九月八日

据《国父全集》第三册（转录史委会藏影印原件）

致咸马里夫人函

（一九一四年九月十三日）

亲爱的里夫人：

八月三日惠函已接到。我要为此对你表示最热忱的谢意，尤其要感谢你对我的百货公司计划所表示的巨大关怀。

我的此种百货公司计划，是要在革命时期解救财政窘困，便利商业。因为如你所知，中国商业完全受制于外国银行。一旦战争爆发，商业即将全然停滞，人民自然会深受其苦，我的计划即在使人民免受此苦，此种计划不会有任何人反对。

我们的朋友戴德律先生（Mr. J. Deitrick）最近已来信，我已将全部有关事宜托付给他，今后将不再为此事有扰于你。

我愿高兴地告诉你，我的工作进展顺利。我深信反动政府被永远粉碎之日已为期不远。你若得悉我的事业已获胜利，或在中国任何地方得一立足之地，即请尽早东来，因我有诸多重要事务要仰仗你的协助。

再次为尊函致谢，并致最亲切的问候及最良好的祝愿！

你诚挚的朋友孙逸仙

一九一四年九月十三日

日本东京灵南阪 26 号

据《研究中山先生的史料与史学》所录英文函

（原件藏美国斯坦福大学胡佛研究所）译出

致邓泽如函

（一九一四年九月十五日）

泽如先生大鉴：

　　前数日上一书，并附有筹饷章程，想已察收。顷得麻坡来信，知该处分部已照章成立，此皆足下提倡指导之力。惟函内言有同志宋渊源到募福建军债，又李济民募三民实业公司股票，此非统一之办法，流弊滋多，故望先生速与各热心同志发起筹饷局，一面指导海外党员依章办事，其有未经本部承认而人自为政或省自为政者，俱宜以此晓之。

　　前请先生来东相助为理，能拨冗速来否？念。专此，即颂

大安

　　　　　　　　　　　　　　　　孙文　九月十五日

　　再者：港中颇有人私立名义，出外筹款，即属同志并未承奉本部命令，则一概不能承认。请告同志，勿为所惑。所有各处款项，俱统汇至东京本部，由本部接济各专任人员，以杜纷歧，而收指臂之效。

　　　　　　　　　　　　　　　　　　　　文再及

据《孙中山先生廿年来手札》影印原件

致邓泽如函

（一九一四年九月）

泽如兄鉴：

党中同人皆推举兄为财政部长，暂驻南洋，就各埠筹集巨资，以备急用。筹款就绪之后，即请速来东京助理党务为望。

兹得同志某君来函云：陈□□、□□□①已先后回南洋，此两公皆挟有厚资，而□尤厚，据江西同志云总有二三百万。而□□亲对□□□称说，如有机办事，需款百万左右，可不必他求，余能独力任之等语。而弟所知者，彼现时存在上海汇丰银行之现款，确有三十万两，单以此一批，以〔已〕足办就目前之事矣。惟□□二人皆极有大志，大概此次办事，非总统莫属，故第二次失败之后，弟到东京见各同志，皆极力主张急进，马上办去，而□□□极不以为然。其初弟犹以彼经过此次失败之后，或成惊弓之鸟，不欲出而办事，但据法友来函云：□□在巴里极欲联络法国政界，为他日援助，雄心波〔勃〕波〔勃〕，并未尝有退志，劝弟宜用之等语。由此观之，□□之不欲与弟共事者，或以为与弟共事，则总统一席必不轮到于彼，未可知也，否则何必另树一帜乎？果如此，则□诚不知弟之为人也。弟能让总统于袁，岂不能让总统于同志乎？请兄与南洋各同志力劝□，切勿自树一帜，能协力同心则有成，否则必无侥幸也。如□果肯出款百万，以乘此良机，则倒袁诚有反掌之易。

袁氏财力已穷，今年年底必不能过矣。袁亦自知其危，故俯首帖耳，以就日本之围〔范〕范〔围〕，宁私结密约将中国降为他人领土而不恤者，亦为自保计也。然日人犹不信之，虽佯许袁氏以力压革命党之起事，然吾党果能大起，弟信日本亦必不干涉也。若为零星小起，且在日人势力范围之内者，如南满及山东等处，日人必有干涉。兹请兄以本党财政部长名义与□□□立约，若彼肯出此资，兄可签押，许以竭力运动同志举彼为第三次成功之总统也。

---

① 原件如此，当系指陈炯明、李烈钧。

　　盖此年余之久,弟已派同志入各省调查预备及运动军队,已多处成熟,弟一人所费已罄所有,约八九万金,而近日美洲陆续筹来者,亦七八万金,而弟尚有借贷三四万金,共已费去殆过二十万,故能造就各省人心。今遇欧洲大战,袁氏款械之路俱穷,而吾人则飞行机及种种能制袁氏死命之具,皆已备就,今只待大款,则同时可发动数省,袁氏必难以我敌,则成功甚有把握也。□能来助,事更易举;若彼欲另树一帜,则彼所用拾万预备,所成未必过于我也。且彼向不预备,则使今日开始,亦非费年余之时日必不能达我所至之地步也。然一年之后,时机已失矣,时势之变又不知若何矣。故彼另树一帜,恐必无成也;则使成矣,彼并不与吾党共事,吾党岂甘共戴之为领袖乎?此时必有与之争者,为彼一人目的计,当与我党协同动作为宜也。望兄与〔以〕此劝之,务使其乐从而后已。否则彼所挟之资,乃民国之公款,实非彼一人之私财也。彼若不肯挪公款为公用,则属自私自利,不仁不义也,则望兄等当筹适当之法以对待之也。此致。

弟知名亲笔

据《孙中山先生廿年来手札》影印原件

批郑文炳函[*]

(一九一四年十月六日)

　　代答:着款汇东京孙先生亲收,分别支应各地,乃能统一。香港自收自用一层,日前已函达邓泽如兄取消办法。

据《国父全集》第四册(转录史委会藏原件)

---

　　* 郑文炳是中华革命党麻坡支部长,来函系请示汇款办法。此件日期据来函。

致李源水函

（一九一四年十月九日）

李先生鉴：

　　前月十九日来书均悉，谢谢！毅力筹款，以图大事，余真不知何以谢君也。接函后，余即回电，文曰："松寿为人无信实，不足靠，请通告各人。"余发此电之由，请为君一陈之。此人前来晤余，藉知彼亦努力大事同志之一。彼告余将返穗垣，余因请伊加入吾党，共同努力。彼云伊不为任何党工作，只为个人私事，彼此次返穗之目的，纯为探视家人等语。当时广州前大都督胡汉民亦力劝其入党，但不听。不久余闻彼返穗之目的，本非探视家人，另有作用。前余已当面告伊云，若彼苟欺余者，余当用种种方法以排斥之，今既如此，吾乃不得不实行处置矣。前致汝函，已略提及。今乃再述，若此后有款筹得，请直接寄余，勿再交彼，彼乃无赖小人，焉能可靠。第一次起义后，彼滥用职权，竟领数万之众，内有南洋同志，而不知加以训练，比之袁世凯，有过无不及。人而滥权，为民族利益计，不能缄默而不加以驱逐也，苟再与权，则谓其为大事前途之阻碍品可也。先生欲知彼之详事，则告知陆民〔文〕辉，当能满意。南洋群众如不欲将款交余，则请存之群众之手，尤愈于交彼伧也。

　　计划想已得手，请将此函公示南洋各地同志为盼。此请

台安

　　　　　　　　　　孙逸仙手上　　十月九日于日本东京

　　　　　　　据《国父全集》第三册（转录史委会藏影印原件）

致陆文辉函[*]

（一九一四年十月九日）

文辉兄鉴：

　　前后〔复〕一函，说叶夏声之狂妄，并取消其职务，以谢诸君，想已达览，消释一切误会矣。

　　昨接坝罗李源水兄来函，云□□□近在南洋筹款，该埠一处已可得二万以上之数云云。弟于接信之夕，即发一电与李源水君云："布告大众知照，我辈不信任□□□"等语。今日更发一长电，说明其故，云□在东京时，弟邀之来寓，晓以统一之必要，着彼写誓约，彼不肯写，并示反对之意。弟当时明说，如不写誓约，则不必回广东做事。数日后，彼与毅生竟去矣，声言非办公事，乃今彼竟往南洋筹款，是言行不对，直以欺骗。弟甚不然之，着李君对南洋同志声言，不听信□□□。并云其人前在广东恃势横行，杀人无算，且杀了许多南洋同志，欲知□之为人，请问陆文辉，便知其详等语。未知兄现已回南洋否？如未动程，请速前往，设法打消彼辈筹款之效果，免彼再为害于统一之局，则幸甚也。昨已发一信寄往南洋，大约与此相同。恐兄尚未动程，故多发此寄港，以便周知，□往南洋，全靠邓君泽如，兄到南洋时，先访泽如，说□□□反对弟谋统一之意，今彼欲自由行动，是直〔真〕有心扰乱，弟极端反对之。请兄

---

　　*　原件未署年份，据函中所说南洋筹款及"说□□□反对弟谋统一之意"判断，当在一九一四年。

到南洋将弟意宣布众知，纠合同志，打消彼独断独行之事，免贻误大局可也。

特此再致，即候

大安不一

孙文　十月九日

复伍宏汉等函

（一九一四年十月十二日）

宏汉仁兄及各同志大鉴：

九月十七手书诵悉。自讨袁军不利，海内外志士俱枕戈以待时。一年以来，袁益专制无道，人心愈失；比又遇欧洲大战，无暇东顾，袁所恃为外债军火之接济者，今已绝其来源，此尤吾辈恢复大业之机会也。各地同志俱已奋励进行，而经济问题首须解决，俗语所谓三军未动，粮草先行也。兄曾为国驰驱，今又为党服务，热诚所及，自足以提倡一切。

冯、谢诸君到埠，尚望吾同志极力赞助为幸。此复，即颂

大安

孙文　十月十二日

致戴德律函

（一九一四年十月十二日）

詹姆士·戴德律，亲爱的先生：

　　随函所附为委托书,凭此委托书,你有权为在中国开办和经营百货公司和其他工商企业洽订合约。

　　如果你能作出安排,即可为取得与中国政府共同建立一个百货公司系统的合作而处置本委托书所承诺的全部优惠权利,其条件是预借给我和我党一千万美元。此款,我将用在我国国境之内,以促进我党和我国各项事务。如果由于金融状况紊乱而难以获得上述数额的贷款,也可由你斟酌决定,以取得适当和公平的款额为条件,向不同的人分别处置一些地区,例如,汉口或南京或上海周围。如以现金支付,请以我的名义将有关款项存入银行,而将存款凭据交我收执。

　　如果你能找到愿意开办此类百货公司的商家,也可洽请参与兴办矿业、钢铁工厂、运输业、谷物仓库、各种制造业、中国陆海军兵工厂之类的产业项目,但须遵守同样的规定与谅解,即中国政府必须拥有股份的半数。

　　根据委托,你有权签约招聘愿为我国政府经营百货公司的专门人才,其待遇当与美国时下通行的标准相同,再加上为了取得这种来华工作的劳务所确实必要的额外补贴。

　　授予你的权力范围广泛,但我信任你的才干、智慧和良好判断能力。我觉得,你定能为我和我的国家完成这项工作,一如有我在场并能和你就重大问题共同磋商无异。

　　　　　　　　　　　　　　你非常真挚的孙逸仙

　　中国·上海·一九一四年十月十二日

据《国父全集》第五册所录英文函译出

复王敬祥函

（一九一四年十月十四日）

敬祥兄鉴：

　　十月十二来函并手形（票据）已接，即如约填就，交英士兄转上。该款请即电汇陈英士兄收为荷。此候

大安

　　　　　　　　　　　　　　　孙文　十月十四日

据《国父全集》第三册（转录史委会藏亲笔原件）

致邓泽如函二件

（一九一四年十月二十日）

一

泽如我兄大鉴：

　　十月一日手书敬悉。兄一时未能来东，仍可为本部办事，兹即请兄以本部财政部长名义在南洋募款，则收款凭据即可由兄签发。弟原约兄来东，即为办理财政部事务，其东京一部职事，弟可暂派人代理。南洋英、荷各属，均望提倡办理筹款事宜，此系为党择人，幸勿辞避。至于偿还期限，变通办理，自无不可。惟各款必使直汇东京，粤省、闽省军事用，须由东京应付，既昭统一办法，亦且弟处不能仅顾一方面也。专此，即颂

台安

孙文　十月二十

二

泽如兄鉴：

十月一日来函，已得收读。除着书记详答之外，弟更有言者，则□□①此次擅来南洋，实属大为不合。当彼离东京之前，弟邀之到寓，请彼写立誓约，以为统一之必要，彼竭力反对比举。弟从详与之讨论数点钟之久，卒归无效，于是劝彼勿干与公事，彼已允诺。今又来南洋筹款□□，对弟如此，更何有于党人□□，陆□□知彼甚详，兄可详询之也。彼此次来筹款，不知其居心若何？然在事前既不能听弟之号令，则得大权之后，更可知矣。

革命之事本属不难，而今日之纷乱，则同为革命党各欲自树一帜，大有不相下之势；则他日之战争，不在杀敌为难，而实在自相残杀之可畏也。革命党能统一，则革命之事业已成功过半矣。不能统一，则〔即〕使成功，等于第一次，□其结果亦必如今日矣。局外人不察，多怪弟之退让，然弟不退让，则求今日之假共和，犹未可得也。盖当时党人已大有争权夺利之思想，其势将不可压，弟恐生出自相残杀之战争，是以退让，以期风化当时，而听国民之自然进化也。倘袁氏不包藏〈祸〉心，恢复专制，则弟之退让，实为不错。今袁氏既如此，则第三次革命为不可少之举，但必须净本清源，将不良之分子大加淘汰，而第一办法，则须统一。乃□□首为反对，此实大碍进行也。倘不能统一，则必不可再事革命也。如□□，请兄

---

①　原函空若干字不等，下同。

与同志切勿再与共事，盖损多益少也。

故款项一节，须寄至东京本部，由本部分配，事权方能统一，请公等筹得，切不宜直寄香港，盖香〈港〉机关林立，各不统一，然彼等口称必服从本部之命令也。倘南洋款直汇香港，则彼持以反对本部，而消灭革命党之主动力耳。如此行为，是无异间接为袁世凯之助也。故请兄及各同志再三思之，并广布此意，使南洋同志周知。南洋之款若不肯寄东京本部，则请勿筹更妙，盖无南洋接济他方以款，本部当有以统一之，倘彼等有款，则统一更为无望矣。无统一则有第一次之成功亦失败，有第二次之势力亦失败。（第二次南方有兵十五六万，有财数千万，有土地六七省已宣布独立，其未宣布者尚多，然不待袁兵之到，已纷纷溃矣。则〔即〕如广东，初则陈炯明利用袁之力而夺汉民之位，其后则锺鼎基欲与陈争都督，苏慎初与锺争，张我权复与苏争，纷纷相争相杀，而龙济光乃得收渔人之利。是吾党之败，自败也，非袁败之也。）是以弟今日负完全责任，以发起第三次革命，凡我老同志如有鉴于前车之失而表同情于弟之主张者，幸为竭力相助，否则亦请勿以钱而助纷纷自树一帜之人，以破我统一之政策，则革命必可成功。如其不然，各自筹款，各自为谋，则必失败之道也。□□之所为，则有类于此也，请兄等为我拒绝之则幸甚。

南洋筹款，本委任陆文〈辉〉兄，惟□□因误会弟复信任□□等，故决然不与为伍，而并且舍弟而去之，相见□□，幸将此意解释，而请相助为理可也。弟从新组织中华革命党为统一之机关，自成立以来，各省已陆续统一，远至四川、云、贵、山、陕、甘肃，近至江、浙、闽、赣、两湖，皆惟弟之号令是从。惟广东纷纷自立，不肯听命，其故皆以南洋有所筹款，故各自纷来，自筹自办。是以欲统一广东，必先统〈一〉南洋始，望兄竭力图之。

孙　文

据《孙中山先生廿年来手札》影印原件

批陈警天函[*]

（一九一四年十月二十二日）

　　海外局答复后，交总务部存案。该地支〈部〉长已经党务部发函查问，俟有回音，即发给委任状。

据《国父全集》第四册（转录史委会藏原件）

复黄芸苏函^{**}

（一九一四年十月二十三日）

魂苏兄鉴：

　　来示敬悉。此次之举，一败涂地，想亦出兄意料之外也。自袁杀宋教仁君之后，弟始决心不助袁。然此次军事，弟尚未身与其列也。追其失败之原因，乃吾党分子太杂，权利心太重，互相利用，互相倾轧。推其究竟，若能倒袁，亦不免互有战争。有此一败，为吾党一大淘汰，亦不幸中之幸也。此后混杂分子及卑劣分子已尽去矣，所存仅小数之纯净分子，一可胜万也。弟今从新再做，合集此纯净之分子组织纯粹之革命党，以为再举之图，务期达到吾党之纯粹革命目的，即民权、民生主义是也。美洲同志尚有志于此者有何几人？请兄一一查悉，详以告我。此后择人不求其多，只求矢志实

---

　　*　原函陈述缅甸党务情况。此件所标时间据来函收到日期。

　　**　此件未署年份，据函中陈述组织中华革命党并寄"规约"事判断，应为一九一四年。

行之人，能牺牲身命自由权利，而为国家生民造幸福者，乃能入选。兄能先献身作则否？如其有意，弟当寄"规约"前来，以便施行也。此复，即候

大安不一

各同志乞代问好。

弟孙文谨复　十月廿三日

再：前年之革命，武昌一起各省响应，其成功多不在吾党，故弟亦不过因依其间。而吾党之三民主义，只达其一，其余两主义，未能施行。初以人民程度未及，只得听其渐进，从天然之进化而达之。乃不期袁氏自私自利，将有恢复帝制之行，以兵力南压，各省迫而抗之，故有此次之战争。吾党虽全然失败，然有此抵抗之事实，能使袁氏不敢公然称帝，虽败犹胜也。盖战争之目的（抗袁氏之帝制）已达。故弟对于此次之败，甚存乐观也。

据《国父致黄芸苏先生亲笔函》影印件

批吴宗明函

（一九一四年十月三十一日）

港款当汇交邓颂仁收，叶君当照告乃合。今公等竟汇与叶君收，当由贵处函促叶向邓君将收款之数详报前来，弟当发给收条也。以后若欲早得收条，即请将款直汇至东京弟收。弟一到即发收条也。

据《国父全集》第四册（转录史委会藏原件）

中华革命军大元帅檄*

（一九一四年秋）

　　袁贼苦吾国民久矣！世界自有共和国以来，殆未有此万恶政府危亡祸乱至于此极者也。

　　清之末造，贼实媚之，以杀吾国人。及其亡而拥兵徼利，至乃要窃总统以和。军府不忍战争之绵延，以为贼本汉族，人情必思宗国，而总统复非帝王万世之比，俯与迁就，冀其自新；亦以民国初立，旧污未殄，首行揖让，风示天下，树之楷模。孰意贼性凶顽，谲诈成习，背誓乱常，妄希非分，假中央集权之名，行奸雄窃国之实。骄兵悍将，骚扰于闾阎；宵小金壬，比周于左右。甚乃贿收报馆，赂遗议员，清议销沉，监督溺职，而嗾杀元勋、滥借外债之祸作矣。

　　赣、宁酿变，皖、沪、闽、粤、湘、蜀继之。义师败衄，贼焰愈张，自是以还，几于不国。贼兵所至，焚掠为墟，幼女贞媍，供其淫媟。犹复恣意株连，籍没罔恤，偶涉嫌疑，遽膏锋刃。人民丧其乐生之心，而贼于此时方论功行赏，以庆太平，盖自以为帝业之成，而天下莫予毒矣。卒以非法攘攫正式总统，而祭天祀孔，议及冕旒，司马之心，路人皆见。又其甚者：改毁约法，解除国会，停罢自治，裁并司法，生杀由己，予夺唯私；侦谍密布于交衢，盗匪纵横于邑都；头会箕敛，欲壑靡穷，朋坐族诛，淫刑以逞；矿产鬻而国财空，民党戮而元气尽。

　　————————

　　*　孙中山于一九一四年秋主持制订了中华革命党《革命方略》，此系文件之一。

军府艰难缔造之共和，以是坏灭无余，而贼恶盈矣！殉国烈士饮恨于九原，首义勋贤投荒于海外，而觇国者遂以为自由幸福非吾中华国民所应享，此真天下之大耻奇辱也。而吾国民亦偷生视息，莫之敢指。驯此以往，亡国灭种，匪伊异人，国交之危，其见端耳。袁贼妄称天威神武之日，即吾民降作奴隶牛马之时，此仁人志士所为仰天椎心，虽肝胆涂疆场、膏血润原野而不辞也。

军府痛宗国之陆沉，愤独夫之肆虐，爰率义旅，誓殄元凶，再奠新邦，期与吾国民更始。中原豪俊，望旆来归；草泽英贤，闻风斯起。诸袁将吏士卒反正及降者，不次擢赏，勿有所问。若其弃顺效逆，执迷不复，大兵既至，诛罚必申，虽欲悔之，晚无及也！

布告天下，咸使闻知。檄到如律令。

孙文（印）

中华民国　年　月　日

（说明：檄文后应由大元帅亲自署名、盖印。但在革命军举义之时，大元帅不在任地，司令长官得代用印宣布。）

据《中国国民党史稿》中《革命方略》第六编"文告"

致邓泽如函 *

（一九一四年十一月一日）

泽如我兄大鉴：

兹寄上委任状一纸，即乞察收。

现在兄未来东，即以南洋英、荷各属筹款事宜相托，各属应如

---

　　* 原函未署年月。按函中所说"前月范鸿仙君在沪被刺"（范系一九一四年九月被害），"上月廿日杭州省城破坏机关"（杭州十月举事失败）推断，此函应为一九一四年十一月一日所写。

何设置局所,分派人员,均由兄指挥。英属事定,则望往荷属一行,因从前我党以英属为本位,而于荷属尚涉疏懈,非以兄之人望,不能提挈之也。

前月范鸿仙君在沪被刺。范君系安徽旧同志,办事甚久。此次担任上海事,已运动北军过半,袁贼一方知其势不可遏,乃悬红暗杀之,花红六万元,其死与宋教仁相类。范死同时,上海镇守使捕杀其北来军士二百余人,盖皆与范通而担任代表者。又埋攻制造局之炸药,亦被发觉。上海本与杭州省城事为一气,范死,浙江事亦有顿挫。至上月廿日杭州省城破坏机关五处,捕去党人三十余,军事主任夏之麒(寅卿)亦与焉。夏老成负重望,其在江浙,屡为武备陆军学堂总办,与广东之赵声相似,而势力尤大。其谋浙事已数月,一切俱已准备,只以迁延期日(因款不足),泄漏风声,而我重要人乃俱不能出险,殊可伤也。

现在各同志依然奋励进行,金谓第一次革命,虽由武昌起义,而实广东三月廿九之役为之先。革命不患成功之迟早,而患死事之无人。有此影响,有此模范及于各省,则革命之成当甚近耳。弟意亦如是,第二次革命,我党乃无一死于战事者,范君、夏君以流血洗前事之辱,即以种将来之果,断非徒死者也。其余他省机局,幸尚无甚变失。知关廑念,附及。即颂

公安

　　各同志均此。

　　　　　　　　　　　　　　　　孙文　初一日

据《孙中山先生廿年来手札》影印原件

复郑螺生等函

（一九一四年十一月六日）

螺生、慎刚、源水三兄公鉴：

十月十七日手书敬悉。张、陈登广告一事，诚莫明其用意所在，而南洋之款遂受无形之阻力，伊等实不能不任其过也。前以各省纷纷有人运动筹款，实于统一有碍，故曾致书泽如处及尊处，请统汇东京，然后由本部支付各处应用。闻因粤事紧急，已由南洋汇款万余至港，此亦为例外之不得已，但须要收款人寄回收据。南洋由尊处寄来，向东京本部换取弟亲书收据，方合手续。各同志于金融紧迫之时，竭力以助军需，热诚可敬，而兄等提倡之力尤难能也。专复，即颂

公安

同志各位均此。

孙文　十一月初六日

据《国父全集》第三册（转录史委会藏影印原件）

复宫崎寅藏函

（一九一四年十一月十五日）

函悉。刻下倾所有只此二十圆耳，用即奉上，愧甚！愧甚！此候
大安

孙文　十月十五

据中国社会科学院近代史研究所藏影印原件

致邓泽如函[*]

（一九一四年十一月十六日）

泽如兄鉴：

今日展堂交来手书具悉。昨报载港电，言洪兆麟起兵惠州，宣言独立。又十二日约一千革命党同时袭破五处兵营（或在省城，或在佛山）。而仲元等尚未有电来，或已入内地，故消息反较外人为迟也。弟等行动，当视粤事如何，若粤事尚不能大起有功，则弟欲兄先来东京一行，亲视此间党务情形，然后再往香港或南洋设立筹饷局，选择妥人，担任筹款。

至陆文辉处，伊前将委任状寄回东京，弟加以解释，重复寄之，兹请兄面询伊得弟信后，能否释然于心？如其尚未释然，即请向伊取回委任状为荷。

以后筹饷委员悉归兄节制，委任状亦要兄副署，各埠人员，请选择报告前来，当即发委状寄署，然后交去也。匆匆，即颂

近安

螺生、源水兄及各同志均请问讯。

孙文　十六日

掘《孙中山先生廿年来手札》影印原件

致戴德律函

（一九一四年十一月十九日）

亲爱的戴德律先生：

　　由于时间迫促，未能及时回复你九月一日带给我极大快慰的来信。知道你对我的计划深为关心，十分高兴。在这项极端重要的事务方面能得到你宝贵的协助，使我极为庆幸。

　　在前一封信里，我曾向你透露我要在全国建立一个统一经营的百货公司系统的计划。这项计划将在目前这第三次革命完成后立即付诸实行，这一系统当为合股公司，半数股份将为中国政府所有，另一半股份将属于外商。在一定时期内，这一系统将完全由外国人管理，晚后，再由逐渐培训合格的中国人员取而代之。

　　由于我们缺乏这项工作的组织、管理人才，所以在前一封信里曾请你帮助寻找一批适用的人员。

　　愿意承办这项计划的辛迪加或康采恩，可获得股份的半数。为了实现这项计划，我们希望某一这样的资方能够贷一千万美元给我们充作革命经费。当然，这笔贷款应该是单独的项目，不得与百货公司的计划相混。提供这笔急需贷款的康采恩，即可取得合营百货公司的权利。如果百货公司的计划不合他们的兴趣，也可以同样方式授予建造铁路、开发矿业之类的特许权利。

　　关于委托授权问题，我要明确说清，百货公司不得发行纸币，因为纸币发行权将只留给政府专有。百货公司也不得垄断进出口权利,因为这类活动在中国要受到条约的约束。

关于武器和军火物资的供应,现在对我们已不十分重要,因为我们可以轻易得之于敌方之手。这种做法可在削弱敌人战斗力量的同时壮大我们自己。只要有钱,就很容易做到。因此,对于我们,钱比物资更加重要。因为,如果我们拥有和敌人相等的物资,我们将极为不利。但是,如果能用金钱收买敌人的军人,则敌人虽欲攻打我们亦无可用的兵力,我们将稳操胜券无疑。

目前我正在为即将发动的一场重大行动进行准备,其结果在两三个月内当可见分晓。一旦得知我成功的消息,请即前来助我筹划建设事宜。万一失败,则请在美国为我们工作,筹措上述数额的款项,以迎接另一场规模更大也更有把握的行动。在后一种情况下,我本人将前往美国。

至于黄兴将军,他仅仅是为我们的事业协助筹款。在美国筹得的款项将全部交给我。

日本政府的态度则因为有英日联盟的关系对我们并不友善。日本人民对我们和我们的事业却极为同情。

最后,我要为我的孩子们得到的亲切关怀而向你和夫人致谢!我相信孩子们也一定十分感激。希望不久就能得到你的回音。

谨向你和夫人致以亲切的问候。

你诚挚的孙逸仙

日本东京赤阪灵南阪 26 号

一九一四年十一月十九日

据《国父全集》第五册所录英文函译出

致戴德律函

（一九一四年十一月二十日）

亲爱的戴德律先生：

你十月三十一日来信,昨日收到。九月十九日、二十三日、二十六日以及十月一日和四日的来信,也都先后收到无误。请原谅我未能及时一一作复,因为我的英文秘书目前不在此地,而近几个月来我又十分忙碌。而且在附有经我签署的文件的最后一封信里,我已向你报道了一切重要情况,而目前并没有多少新消息可以奉告。

在那最后一封信里,我曾告诉你,我正在为一项即将实行的计划工作。我们曾每天都期待着良好的成果。但是不幸,已经有几起意外事件发生。第一,我们的重要领导人之一范鸿仙先生,已被袁世凯在上海的党羽杀害。他在警卫上海及其附近地区的北方部队中颇有影响,并已把他们中间的一大部分争取到了我们一边。第二,浙江省省会杭州的准备工作已由于敌人的某种侦察活动而告停顿。第三,几天前在广东省发起的行动,由于经费短缺,未能同时攻占广州城。目前,战事正在广州外围进行,结果如何尚未分晓。中国南部和北部各省都已准备好合作,只是缺乏经费。

象一九一一年第一次革命那样,一种全面行动的时机已经成熟。下一次行动,将由我直接控制全局,定能做到万无一失。我确信,胜利的成果将超过第一次革命。

我此刻急需用钱。你能否立即提供五十万美元以上的一笔现金？如能得到这笔款项,我尚能把握时机在今年或明年初采取一次成功有望的行动。如果你能为我筹得这笔款子,请代为购买至少十架最新式的飞机并立即运交马尼拉的古恩上尉（Capt. Tom Gunn）。如果不能购到飞机,则请购买那么多的发动机（至少一百马力）和必要的材料与配备。

谨向你和夫人致最亲切的问候。

你非常诚挚的孙逸仙
一九一四年十一月二十日
东京赤阪灵南阪 26 号

再者:一药箱 AKOZ 已收到,我将请一些朋友试用。如效果确实良好,当有人会愿意做这一地区的代销商。请转告你那位医生朋友。

掘《国父全集》第五册所录英文函译出

委派李峄琹范慕连职务令
（一九一四年十一月二十三日）

中华革命党总理令

特委李峄琹、范慕连为经理借款委员。此令

孙　文

据《国父全集》第四册（转录史委会藏原件）

批民国维持会函[*]
（一九一四年十一月二十三日）

由党务〈部〉再致函鼓励,并寄章程、誓约,及由总务部第三局

＊　原函系加拿大云高华(温哥华)埠民国维持会邮寄。此件所标时间,据收文日期。

循例通告各近事。

据《国父全集》第四册（转录史委会藏原件）

批 某 君 函[*]

（一九一四年十一月二十六日）

答以所言甚是。此间近正议奖励章程，与足下所见不约而同。以后有款当直寄此地，以归统一。令党务部长发一通告南洋各埠，凡非有本党总理委任，而自行借名某处设统筹部而来筹款者，谋概行谢绝。则所称同志到各埠运动，虽属〈个〉人行为，亦必由各支部查明其人已立誓约服从新章否。如尚未立誓约者，支部当劝告即行立誓，如不听从，当〔则〕则〔当〕阻止，勿俾到处招摇、以伪乱真为要。

据《国父全集》第四册（转录史委会藏原件）

致 某 某 函^{**}

（一九一四年十一月二十六日）

昨日温兄始见秋山，秋山对他言数日后必能全数清还，不再延误云。言得确凿，如此姑待数日，以观后效如何。此复。

并候清藤^①仁兄大安。

　　＊　原函报告该地近议奖励筹款章程，并拟发一通告南洋各埠非有孙中山委任而借名筹款概行谢绝事。此件所标时间据来函日期。

　　＊＊　此件《国父全集》标题作《致清藤为秋山还款函》，据函中有"并候清藤仁兄大安"语，故受函者非清藤，标题另拟。

　　①　清藤：即清藤幸七郎，日本九洲熊本县人，辛亥革命前后曾协助中国革命党人的活动。

弟文启　十一月廿六

据《国父全集》第三册(转录史委会藏影印原件)

批芙蓉某君函

（一九一四年十一月二十八日）

复函：由横滨汇款尽可，不必汇至东京。挡打银行，到处可以通汇。

据黄编《总理全集》下册

各埠洪门改组为中华
革命党支部通告*

（一九一四年十一月）

通启者：当民国纪元以前，我洪门以自由组织，继续活动，为国艰章，垂数百年。辛亥一役，建虏政权遂覆，种族目的完全已达。回顾秘密结社之时代，尚幸不负初衷，有志竟成，诸公伟力，诚不容没也。居未几，袁氏背约，窃国拥兵，帝制自雄，于是促成二次政治革命。不幸精神溃散，相继失败，一班景炎趋势之徒，平日附和革命者，尽行揭除面具，贼道戕义，为民贼作伥，故同胞同志枉遭惨戮者，日不胜纪，谓非国家法律沦亡，是非黑暗，当时未设保障人权之道乎？

兹袁氏天怒人怨，举国公认。文以天职所在，爰是集合同志，组织中华革命党。阅年以来，机关既备，进行亦有端倪。惟是此次

---

*　原件未署时间，今据罗家伦主编《国父年谱》。

组织与前不同,前此根本未备之经验,今必预防其覆辙,故总章十二条所载,首义党员悉隶为元勋公民,得参政执政之优先权利,纯为保障真正革命党而设,且足以鼓励当时之勇进,而表率后来之平准,渺兹微义,幸海内外同胞均能一律鉴及,故新进党员大率类以千万计。

　　我洪门当日主义,既已昭然若揭,而后此再接再厉,尤应协力并图。况政治革命与种族革命,性质既殊,难易自判。种族革命无妨多立秘密机关,以为分头并进之活动;政治革命则仗义执言,非以堂堂之阵,正正之旗,不足以耸国民之观听,而避外邻之干涉。今日无论各种团体,均已一体改并,万流汇源,实此意也。文忝属洪门一份子,以密切关系所在,意欲各埠洪门团体急起直追,共图革命事业,并全部填写誓约,加入中华革命党。其所存机关外,无论悬示何种通信名义,不妨悉仍其旧;其内部则一律按照总章、通则,改组中华革命党支部,以免消息隔阂,而收指臂相助之妙用。望诸公极力提倡国家主义,而破除门户各立之微嫌,迅速筹办致复,以便正式委任。倘天佑民国,完全之目的能达,则洪门之名誉事功将来益垂无穷矣。书不尽意,专此奉达。

孙文谨启

据《国父全集》第三册(转录史委会藏石印原件)

批释加盖指模之意义*

(一九一四年十二月五日)

　　第三次革命之后,决不如第一次之糊涂,将全国人民名之曰国

---

　　*　此件录自《本部致美洲支部书》,原件标明;这段文字系"奉总理批释"录入。

民；必其有心赞成共和，而宣誓注册者，乃得名之曰国民。然至成功之日，其宣誓注册之人，自然争先恐后，举国若狂，亦恐根底不固，易为巧诈，借名取利，容易把真心原始之革命党推翻，如袁氏近日之所为。故定事前首义党人有优先权利，选举执政当在首义党人，民国乃能巩固。然到时冒称为首义党人，欲得元勋公民权者，必纷纷也。如第一次之官僚劣绅，向来反对革命，杀戮党人；及一旦革命成功，此辈则争先自号为老革命党，把持一方权利。而向日真心革命志士，且多被此辈杀戮，真伪莫分，热诚志士，成败俱遭惨祸，实可痛也！故第三次成功之后，欲防假伪，当以指模为证据。盖指模人人不同，终身不改，无论如何巧诈，终不能作伪也，此本党用指模之意。他日革命成功，全国人民亦当以指模为识别，以防假伪，此至良之法也。务望将此意向同志解释明白，不必以外国有用于犯人而生忌讳，至坏良法美义，以至将来自误也。盖他日必再有冒充老革命者出，而吾党之真同志，若无指模为证，则将何以识别？故认定以指模为判真伪，当为一定之办法。真正同志，无指模为凭，则自误也。况今日之法，乃欲他日行之于全国国民者也。吾党为首义尚不肯为，他日全国更何能望其一律遵行也。倘今日以义合则不欲行之，他日以法使则行之，是失吾人资格也。故指模为一不可更之条件，无论如何委缓，须当解说明白，使同党一致乃可。总之，指模一道，迟早要盖，今日为党人不盖，他日为国民亦必要盖。倘以外国待犯人为言，则外国待犯人，往日单独以照相行之，岂吾人则永不照相乎？此乃少见多怪也。

据《中央党务月刊》第一期（一九二八年八月出版）"特载"

致戴德律函

（一九一四年十二月十九日）

亲爱的戴德律先生：

十一月十四日及二十八日来信均已收到。

我曾在十月二十日和十一月二十七日先后寄上两信。前一封在你寄出最近一封信以前应该已经寄到。但是你在来信中并未提及。在那两封信里，我都曾请你为我从速筹款。因为我们此刻急需用钱。能否设法为我筹得几十万到五十万之数？如果现在能够筹得这笔款子，我们就有把握获得成功。我希望你在前来此地之前能为我筹到这笔钱。能否在两三个月之内办妥？请让我知道确切的时间，因为我要根据情况拟定计划。如果在那样一个时期内无法办到，我也许会到美国去。

谨致最良好的祝愿！

你真诚的孙逸仙

一九一四年十二月十九日

据《国父全集》第五册所录英文函译出

批查昆臣报告书*

（一九一四年十二月二十三日）

总务、军事、江西支部三部审查答复。

据《国父全集》第四册（转录史委会藏原件）

---

　　* 查昆臣时任倒袁革命团体"新华社"江西支部长。此件所标时间据报告书到达日期。

批郑汉武函[*]
（一九一四年十二月二十四日）

　　三年十一月二十八日收到星洲由台湾银行电汇到壹千元，即日已发回收条第拾九号，寄星洲同志卢伟堂查交。如未交到，请向〈卢〉问取可也。总理批。

据《国父全集》第四册（转录史委会藏原件）

致区慎刚等函
（一九一四年十二月二十五日）

区〔慎〕刚、螺生、源水先生公鉴：

　　得十一月廿八日手书具悉。收据转付，既有窒碍情形，则由南洋将各埠汇去款项若干，随时报告存案，由弟处查察收支实情，再发给收据。如来书所言办法，亦无不合，即请通知泽兄等查照可也。

　　顷得林师肇君来函，言螺、源两君推伊为闽、粤交通员，布置□事云云。近来各地热心同志急欲□□，故派人回内地组织机关，其用心实可嘉佩。但此事每易生不统一之弊，港地现有数十机关，各不相谋，半系自逞头角者所为，而由外洋热心同志所派回者，亦居其半（由美洲回者最多）。其始意本在联络疏通，乃机关告成，常与初意违反。同办一事，不能联合，久而久之，且生冲突，故杜渐防

---

　　[*]　原函来自中华革命党麻坡支部。

微，不可不慎之于事前。

　　林君师肇，弟未谋面，以兄等所知，或不至如美洲归来之某某辈。惟弟既立本部于东京，为全国枢纽，则请兄等及各埠同志，如物识有可为之人物，宜直接介绍前来，由本部支配，以归统一，庶于大局有裨。专此，即颂

公安

　　陈新政兄处即望以意告知，恕不另函也。

　　　　　　　　　　　孙文　十二月二十五日

　　　　　　　　　据《南洋霹雳华侨革命史迹》影印原件

致戴德律函[*]

（一九一四年十二月二十五日）

亲爱的戴德律先生：

　　在上一封信里我曾提到十月二十日的一封信。我想是我记错了；那是十一月二十日寄出的。所以当你在十一月二十八日写信给我时，那封信还不可能寄到。目前我身边没有英文秘书。我先前的两位女秘书，是两姐妹，姐姐宋蔼龄女士刚结婚，妹妹宋庆龄女士最近已回上海。所以我不得不亲自用英文写信。

　　在以前的两三封信里，我都提到请你立即为我筹款。不知能否做到？请立刻给我一个明确的答复，以便我为明年的行动拟定计划。

　　祝你新年愉快！

　　＊　原信日期未详。《国父全集》第五册此件英文函末注："邮戳日期：1914年12月25日，收到日期：1915年5月10日。"今所标据邮戳日期。

你真诚的孙逸仙

东京赤阪灵南阪 26 号

据《国父全集》第五册所录英文函译出

致陈其美等函

（一九一四年十二月二十七日）

英士、汝为、觉生、哲谋[①]：

锺、谭二君由何海鸣处介绍来见，兹特转介前来，请详询各节，酌量处理便是。此致。

孙文　十二月二十七日

据《国父全集》第三册（转录史委会藏亲笔原件）

致邓泽如函

（一九一四年十二月二十八日）

泽如我兄大鉴：

得手示并附来侠黄[②]书，诵悉。侠自有书来此间，只契阔联欢之语耳。新政前此数月即有书来，言出资助党，以既占有名城大省，声势赫濯时始能唤起群情，故缓进之说一出，即中其心曲。来书所言对付此派人之办法甚是，先使有志者不为此等言论所摇动，最为要着也。

兄辞财政部长之职，不徒谦德可钦，亦见处事之卓识。兹弟为

---

① 英士、汝为、觉生、哲谋：即陈其美、许崇智、居正、周应时。

② 侠黄：即李烈钧。

名实相副起见，改请兄为南洋各埠筹款委员长，如此既无旷事之嫌，亦不必更谦让矣。（在程度至高者说，只尽义务，无取名义；但以之对于普通人，则名义不可少，故吾人亦当引度〔受〕之而不能避也。）专此，即颂

大安

孙文　十二月二十八日

据《孙中山先生廿年来手札》影印原件

致坝罗同志函

（一九一四年十二月三十日）

坝罗同志诸君公鉴：

通启者：凡一国政治之善良，纯恃强有力之政党以拥护宪制，而抵抗少数者之专制也。故政党之作用，一以养成多数者政治上之智识，而使人民有对于政治上之兴味；二组织政党内阁，直行其政策；三监督或左右政府，以使政治之不溢乎正轨，此皆共同活动之精神也。民国成立以来，同盟会以五党合并组织强有力之国民党，可谓民国第一产儿。乃袁氏以武力铲除国会，宪制荡然，政治不容人民置喙，本党早已失其作用，袁氏即不迫令解散，亦已名存实亡。兹已解散，我辈精神主体克存，更不必为机关名称惜也。

政党之目的，凡国事均欲在政治解决，今起视神州赤县，四郊多垒，生黎涂炭，锄法臆制，非驴非马，继此以往，其能臻完全之法制乎？文睹此现象，殊失初衷，故于第二次失败之后，即继续持积极主义，统率新旧同志，爰谋第三次进行，务以武力削彼暴政，先破

坏而后建设,敷施方云顺序。惟组织之初,团体务求一致,国民党为同盟会之产儿,同盟会为革命党之元素,其精神主义乃始终一贯者。今国民党虽被解散,而一般革命之精神,日久弥笃,未稍磨灭,有今日破坏之能力,始有他日建设之余地,因时权宜,方不失之胶固。故国内国民党支部、交通部,凡在各省经政府解散者,及其余驻设租界者,均一律秘密改为中华革命党支部或交通部,加写誓约,遵行新章,直接受本部指挥。

惟海外各支部,袁氏命令不逮,机关岸然独存,不为势屈,不为时懈,较之随波逐流者,自当高出千万。然值此风雨飘摇之民国,袁氏不足救亡,已为国民共见,由是推知党员心理,莫不共以革命为前提,而以研究政治为第二之问题也。既溯国民党之历史,复征国民党之舆情,均与革命事业相维相系,只以机关名称隔阂,致未能联络一致。兹特公函通告海外各埠国民党支部、交通部,如有未经加入中华革命党者,务希填写誓约,照总章重新改组,外虽不妨暂仍其名,内必一律厉行其实。或有一部分已先改为中华革命党支部者,所余部分,亦望概行改组,或与前所立之支部并合,或另立支部,均听酌量各地情形办理。如能依照一定手续章程办理妥善,呈报本部,当即正式委任,以归统一。

诸公毅力热忱,多所建白,国步方殷,遇事务求循名核实,新旧两党皆文发起,用是不避更张,缕晰报告,以祈实际进行之便利,务望诸公察允是荷。此启。

中华国民党理事长孙文

民国三年十二月三十日发

据《南洋霹雳华侨革命史迹》影印原件

致咸马里夫人函

（一九一四年十二月三十一日）

亲爱的里夫人：

十月十六日来信早已收到。因我们的事业进展甚为缓慢，故无新情况可以奉告。而且我的英文秘书宋蔼龄近已结婚，并偕同其妹宋庆龄返回上海（她们均曾就学于美国，精通英语），故目前无人掌管我的英文通信事宜。我希望你能前来协助我，然而一切又如此多变，使我无法安排一固定之计划。但我希望我们能够有所作为的时日不久即将到来。

谨致最亲切的问候，并祝新年愉快！

非常忠实于你的孙逸仙

一九一四年十二月三十一日

据《研究中山先生的史料与史学》中吕芳上《荷马李档案简述》所附英文原函译出

复宿务同志函*

（一九一四年十二月下旬）

宿务同志列位公鉴：

---

*　此件未署日期。据信中"接到十二月十九日寄来公函各件"及论述对海外筹款发给总收条等内容判断，当写于一九一四年十二月下旬。

　　接到十二月十九日寄来公函各件,俱诵悉。兄等忠于党事,爱人以德,至为铭佩。伍君为弟旧交,亦曾尽力党事,至此次手续不合,则为弟发其端,以此时令伍君更正,乃弟所以对一般同志也,幸无误会。

　　关于收条一节,本党自开办以来,对于海外筹款,只发给总收条,其分收条,则由各支部、分部自发。伍君所主张之法,非本部常例,如海外各埠均以此法为良善,亦可由本部另订新章办理。但各埠既有支部、分部,则本部只对于支部、分部各部长交涉,支部、分部对于党员交涉,较为妥善。他日赏勋酬劳,亦容易调查,因本部办事人员一遇革命得手,则全数入内地,分往各省担任职务,此时军事旁午,难以会合商办党事,故对于海外党员,当以各支部、分部为交通点。倘各支部、分部恐当地党员有不信用者,当由党员公举理财员,汇款至本部,得回总收条,昭示大众,当无不信也。另望支部、分部造详细征信录以示大众,而备考查,则他日偿债酬勋,俱易泾渭如法矣。至于党员入会基本金,则与军需捐不同,将来由党务部发回党证,交给各党员,即不必另发收据也。

　　兹将两次收条寄致尊处,即乞察收。顺颂

公安

　　　　　　　　　　　　　　　　　　　　孙　文

　　经收一千三百九十二元五角七分。

据《国父全集》第三册(转录史委会藏影印原件)

致吴敬恒书[*]

（一九一四年）

稚晖先生左右：

　　沪上一别年余，不获时通笺候，其憾事也。比有友人为述沪报载公论政事手书中有"东京革命党自号元勋公民"之语，弟恨未得亲诵原文。然关于此节，甚欲详论其故，以免远道传闻之误。盖元勋公民之名，弟草定于革命党新章，所以许首义之党人于宪政未布之时期内有优先之选举权，盖几经反复详审，而认为非过举者也。顾旧日一二同志亦有致疑者，其最重要之理由，则谓不宜提倡权利。意以为今度之革命，由政府问题而起，政治问题大抵以权利为基础，言政治而不言权利，不可通之说也，故薄权利而不言者，亦当兼废言政治。有如进德会中最纯粹之数人，盖超出于政治之外，恒薄权利而不言。然以今日之中国，则之〔此〕数人者，亦未尝认政治为可以立废无余，故溥泉兄投身参议院，而公等不以为非。当溥泉为院长时，其于同党议员占席之多寡，尤不能无所措意。然则今日救中国，不能不言政治；既不能不言政治，即不能不言权利，亦甚明矣。若曰心虽欲之，而不可以明言，是则中国数千年伪善者之习惯，吾辈当力矫而正之者也。

　　以革命党人而论，其真能绝对高尚不好权利者，为至少数，固

---

　　* 此件未署日期。函中云："沪上一别年余，不获时通笺候。"按孙中山于一九一三年八月二日离沪南下，经福州转赴日本。函内又云："元勋公民之名，弟草定于革命党新章"，并解释"元勋公民"之事，系指一九一四年七月孙中山在日本组建中华革命党时所拟章程内容。据此推断，此函当写于一九一四年。

不能以此至少数之思想律之于人人。于是有犯百难、冒十死之士，幸观革命之成功，乃欲其掉弃一切权利，实无以平其心。当第一次革命南京政府前后时代，党人之离本党而他图树其势力者，皆不平之士也；甚者且献身于敌，而倒行逆施，为问一般魁梧奇伟之士，皆可使之淡然无欲否耶？

论者见第一次革命时，同盟会员有暴戾骄人取憎当世者，则谓若假以优先之权利，其骄横将更甚，弟亦以为不然，盖彼惟半生勠力，而一不得报偿于社会，而当时所谓官僚派种种人物，反得踞其上而蔑视之，而一部分人如章炳麟、黎元洪，更倡为"革命军兴，革命党销"之说，沮抑过甚，则其激抗横溢，殆非无故，是何如立之范围，予以当得之权利之为愈耶。自非道德粹然之人，未有施而不望报者，稽勋酬劳，有国者所不废。然五等之爵，既非民国所宜，黄金厚禄，尤生人倚赖之性，今惟以其有为政治革命首义之功，因而报以政治上优先之权利，初未见其不当也。

自弟倡言革命以来，同志之流血者多矣，然见杀于敌，一死成仁，一或可以瞑目。所最奇者，则革命成功，而革命党乃纷纷见杀于附和革命、赞成共和之人，如东三省、河南、安徽、湖北、湖南、贵州等处，一一稽考其故，可为痛哭流涕。他日第三次革命，自不能不稍谋保障此辈人之方法，前车已覆，吾辈宁犯私于党人之谤，不欲好广人教主之名矣。且弟意尤不止此，破坏之后便须建设，而民国有如婴孩，其在初期，惟有使党人立于保姆之地位，指导而提携之，否则颠坠如往者之失败矣。革命党人未必皆有政治之才能，而比较上可信为热心爱护民国者。革命党以外未必无长才之士，而可信其爱护民国必不如革命党，则国本未甚巩固之时期，后彼而先此，其庶几无反复捣乱之虞，至于宪政既成，则举而还之齐民。盖当尊君主义至盛时代，有阿衡之志，则遂可以放太甲于桐。吾人亦本素所怀抱平等自由之主义,行权于建设之初期,为公乎? 为私乎? 以待天下后世之论定可耳。

由上所述,则为党为国,皆有不容已之理由,此弟所以审虑至再三,而认为非过举也。深恐传闻异解,或竟引与窃尊号自娱者比,故敢缕陈,倘更有疑点,亦望赐教。

孙　文

据《国父全集》第三册(转录史委会藏剪报)

致 居 正 函
(一九一四年)

觉生兄鉴:

兹有同志谢君,欲经营联络南洋航路各船,组织分部,以便交通而张党势,特来请领誓约并任状等件,请与接洽,幸甚。

孙　文

据《国父全集》第三册(转录史委会藏影印原件)

批查昆臣函*
(一九一五年一月三日)

总务、军事、江西支部三部审查答复。

据黄季陆编《革命文献》第四十八辑《中华革命党时期
函牍》(台北一九六九年版,转录史委会藏毛笔原件)

---

* 原函请委余子厚为江西革命军总司令,并报告江西省军事计划。此件所标时间为来函收到日期。

批曾集棠函

（一九一五年一月四日）

　　觉生答之，嘉奖其志，并本党现已设立统一机关，凡愿效力于革命，须就各地支部或分〈部〉立誓加盟，由部长荐去候用。

据《国父全集》第四册（转录史委会藏原件）

命总务部等核委李容恢职务令

（一九一五年一月六日）

　　李容恢君自请效力往南洋联络，可否给予委任，着总务部长、副部长、党务部长与江西支部长会议，从详查核施行。此令。

　　准正月初九以前答复。

总理孙文令

据《国父全集》第四册（转录史委会藏影印原件）

批傅铁民函[*]

（一九一五年一月九日）

　　可准行。正副名誉部长总理委；其他由党务部长委任。

据黄编《总理全集》下册

---

　　* 傅铁民在中华革命党吉礁支部工作。原函呈请委任名誉正副部长及各科正副长事。

批 刘 平 函[*]

（一九一五年一月九日）

总理阅过。交总务部、军事部会同审查。

据黄编《总理全集》下册

批怡保某君函^{**}

（一九一五年一月十一日）

待答，并发给收条。

答以本党自开办以来，对于海外筹款，只发给总收条；其分收条，当由各支部、分部自发。伍平一君所主张之法，非本部之意，如海外各部若以此法为良善，亦可由本部另订新章办理。但各埠既自立支部、分部，本部只对于支部、分部各长交涉。支部、分部，对于党员较为妥善，他日赏勋酬劳，亦容易调查。因本部办事人员，一遇革命得手，则全数入内地，分往各省担任职务，如此，则恐难再行会商党事也。故对海外党员，当以支部及分部为交通点，倘各支部、分部恐当地党员不信用，当由党员公举理财员，汇款至本部，得回总收条，昭示大众，当无不信也。另由支部、分部造详细征信，以示大众及备考，则他日偿债筹划，亦由支部经理便可。

据黄编《总理全集》下册

---

[*]　原函报告江西军事布置情形，并建议迅速武装起义。刘平时任职于军事部。

^{**}　原函询问关于发给海外筹款收条办法事。

批王孟荟函[*]

（一九一五年一月十五日）

交觉生、梓琴代答，劝他写誓约。

据黄编《总理全集》下册

批 居 正 呈^{**}

（一九一五年一月十九日）

可以准行。

此事已直达〔答〕巴城，并无其事，此乃刘擅行自立。

据黄编《总理全集》下册

致邓泽如函^{***}

（一九一五年一月二十五日）

泽如我兄大鉴：

　　兹有友人曹亚伯君，系多年同志，曾在英国学矿毕业。近以国事被嫌，不能复返故土，却乘此余暇欲到南洋考察矿业，用为介绍

---

　　* 　原函请函召失败之张汇滔回来，加以劝勉，以备他日之用。

　　** 　原呈请示可否委任吉礁名誉部长，并据巴达维亚支部函询刘子芬在港设立机关是否奉孙中山命令事。时居正任中华革命党党务部长。

　　*** 　另有同日致李源水、郑螺生函，除个别字稍异外，全文与此函同。（载黄警顽等编《南洋霹雳华侨革命史迹》）

书,如有可资其参观之机会,敬乞指导勿辞。专此,即颂

道安

孙文　一月廿五日

据《孙中山先生廿年来手札》影印原函

批许崇智等呈*

(一九一五年一月二十六日)

着照办理。

据黄编《总理全集》下册

复宿务同志函

(一九一五年一月二十六日)

宿务同志公鉴:

　　得一月九日手书,诵悉。承公等注念,甚感。惟日报所载刺客事,毫无故实,其谣言捏造,始自沪上,继而港澳亦复有之,美洲各埠并以电询,袁氏殆故为此,以摇惑人心耶?日本警察甚严密,对于弟等之保护,尤为周至,决无意外之虞,爱我诸同志可无过虑。专复,即颂

公安

孙文　一月二十六日

据《国父全集》第三册(转录史委会藏影印原函)

----

　*　原呈请委蔡济民为湖北革命军司令长官事。许崇智时任中华革命党军事部长。

批许崇智等函 *

（一九一五年一月二十七日）

着照办理。

据黄编《总理全集》下册

批杨熙续函 **

（一九一五年一月二十七日）

调查应否补助。

据黄编《总理全集》下册

批陈其美许崇智呈 ***

（一九一五年一月三十一日）

所拟适当，着即日施行。惟以前已领委任状者，按时地宜否酌量办理就是。总理批。正月卅一日。

据《国父全集》第四册（转录史委会藏原件）

---

　*　　原函呈请委任夏尔玙为中华革命军浙江司令长官事。
　**　　原函请求给予接济钱财事。
　***　　原呈为拟定军事服务状式请示核办事。时陈其美任中华革命党总务部长。

批许崇智周应时呈*

（一九一五年二月一日）

准照办理。

据《革命文献》第四十八辑《中华革命党时期
函牍》（转录史委会藏毛笔原件）

批许崇智周应时呈**

（一九一五年二月三日）

准照办理。

据《革命文献》第四十八辑《中华革命党时期
函牍》（转录史委会藏毛笔原件）

批许崇智周应时呈二件***

（一九一五年二月四日）

---

　　* 　原呈请委庞三杰为鲁豫淮游击司令官并规定主要任务事。时周应时任中华革命党军事部副部长。此件所标时间系来呈收到日期。

　　** 　原呈请委哈在田为徐州革命军司令官、臧在新为淮上革命军司令官，丁明清为海州革命军司令官，程壮为通州革命军司令官、詹炳炎为扬州革命军司令官，并请从速拨款事。此件所标时间系来呈收到日期。

　　*** 　原呈一系据浙江革命军司令长官夏尔玙请委任郑炳垣为浙江革命军第一旅长，蒋介石为浙江革命军宁波司令官，邵元冲为浙江革命军绍兴司令官，金维系为浙江革命军严州司令官事。原呈二系转据湖北革命军司令长官蔡济民请委任吴醒汉为湖北革命军司令长官部参谋长、江炳灵为副官长事。此二件所标时间系来呈收到日期。

一

除蒋介石外，悉着照议办理。

二

着照办理。

据《革命文献》第四十八辑《中华革命党时期
函牍》(转录史委会藏毛笔原件)

批卢耀堂函[*]
（一九一五年二月七日）

答以弟并未有嘱托买山园之事，此事弟实不知情由，请为详示。徐人〔君〕往南洋全为个人计，并未何种党务委托也。

据《国父全集》第四册(转录史委会藏原件)

批许崇智等呈[**]
（一九一五年二月十四日）

着总务部长酌量办理。总理批。

据《国父全集》第四册(转录史委会藏原件)

---

　　[*]　原函询问是否曾命徐朗西到南洋购买山园以为办事地方事。此件所标时间系来函日期。
　　[**]　原呈为请核江苏全省进行计划事。此件所标时间系原呈日期。

致海防同志函

（一九一五年二月十四日）

各位同志大鉴：

　　得隆生①兄信，闻渠以在粤经手公款受疑，不能自由。查此款乃前分汇京沪各处，系已出之物，而藉此偿还者也。故不止海防旧欠未及还（亦以锺、张等军人从中阻挠，故即时截止），即海外多埠之款，亦同此例也。此款当局者毫无沾染，隆生更无从中饱。惟弟对于昔日赞助诸君，久未归赵，实为歉然；故此次规定新章，一俟功成，不问新旧之款，悉从优偿还，吾人亦止有惟一之期望而已。两地隔阂，书函不便。顺此奉候

近安

孙文　二月十四日

据《国父全集》第三册（转录史委会藏影印原函）

给黄壬戌委任状

（一九一五年二月二十日）

　　委任状：委任黄壬戌为仰光支部总务科副主任。此状。

中华革命党总理　　　孙　文
总 务 部 部 长　　　陈其美
党 务 部 部 长　　　居　正

---

①　隆生：即黄隆生。

中华民国四年二月二十日

据《国父全集》第四册（转录史委会藏影印原件）

批 居 正 呈*
（一九一五年二月二十五日）

俟派员往南洋切实调查后再行办理。总理批。

据《国父全集》第四册（转录史委会藏原件）

批许崇智等呈**
（一九一五年二月二十七日）

总理批：江西司令长官尚未定当，俟司令长官定人后，由长官推荐，以成统系为妥。

据《国父全集》第四册（转录史委会藏原件）

致南洋同志函
（一九一五年三月九日）

南洋同志公鉴：

与兄等暌别以来，寒暑迭更，而旧雨之怀，未尝一日去我心曲也。

国本未固，民贼忽张，偕党人避迹于东，又两年矣。弟睹祖国之濒危与海内外同胞所受之苦难，以为非急倒彼恶政府，无以挽

---

*　原呈请求加委弓长杰为荷属联络委员事。

**　原呈为请委赖天球为江西革命军赣南司令官事。

救。而往事之失，则当引为鉴戒，是以一面日图进取，一面重整党务，以企完全负责统一进行。

比来海内是非渐明，人心日去彼而就我，加以内地同志奋发不懈，海外同志力予扶持，民国不亡，共和必复，此可预决者。惟弟与同志诸兄各居异地，虽其间书信往来，可以道达情意，吾人为目的而集合，孚感在于精神；然关于党事进行各节，不获相聚一处，商榷尽言，诚为歉憾。且近颇闻有人怀挟私异，故作违言，此纵不能惑我同志诸兄，而中立者间为所动，则亦于大业有妨。兹故特传许君崇智、叶君夏声、何君天炯、宋君振偕到南洋，与兄等接洽，并宣布弟近日之所怀。四君皆党中要人，其历史不待赘述，特各予公函，为证其行。专此，并颂

各同志公安

孙文　三月九日

据《孙中山先生廿年来手札》影印原函

致邓泽如函

（一九一五年三月十四日）

泽如兄鉴：

兹派许君崇智等南来，联络同志，扩张党势，并报告进行各情，到时请为接洽，并带往各埠介绍于各热心同志为荷。

又：许君等动程时，刚值公款支绌，所带旅费无多，如有所需，望兄处设法筹垫，作公款所支。所支若干，即向许君取回收据，他日汇款前来本部财政部，将收据寄来，财政部长当如数发给债票也。此致，即候

大安不一

各同志统此问好。

孙文　三月十四日

据《孙中山先生廿年来手札》影印原函

复周应时电 *

（一九一五年三月十五日）

无延期之议，惟款源忽滞耳，当另力筹。中日交涉，想必无事，但无论如何，吾党方针不变。文。

据《国父全集》第三册（转录史委会藏亲笔原件）

致康德黎夫人函

（一九一五年三月十九日）

亲爱的康德黎夫人：

二月十七日来函收悉，不胜感激。我颇能理解夫人此时的忙碌，并对英国身为母亲的女士们极为同情。

我也很忙，正以全部时间倾全力于我的工作，但在目前尚不能按计划开始我们的行动。由于英国政府的干预及其保守影响，日本政府未敢给我们以友好支持。我们正不靠外援，独立工作，深信必能成功。

夫人，倘能使英国公众明了英国若帮助袁世凯即无异间接为德国利益效劳，便能给我以莫大帮助。袁世凯作风之暴戾，对权力之贪婪，其本性之自私，与德皇毫无二致。袁世凯乃一彻头彻尾亲

---

* 周应时兼江苏革命军司令长官。

德人物,德国若在此次战争中获胜,中国必将沦为德国之附庸。英国若支持袁世凯,非但会一无所获,而且会丧失在中国既有之地位,请务必使贵国人民知晓:袁世凯其人亲德。

在此次战争中,我对英国同情最深。得知贵国每日均有无数青年丧生,至感哀痛。而此次战争,纯系一贪得无餍之国家强加于贵国的流血灾祸。

谨向夫人和康德黎博士致最良好的祝愿。

您诚挚的孙逸仙

一九一五年三月十九日

东京赤阪灵南阪 26 号

据《国父全集》第五册英文函(转录史委会藏原函影印件)译出

致叶独醒等函

(一九一五年三月三十日)

独醒、尚铨、实珊①三兄大鉴:

得支部同志报告,组织进行各事,深赖三兄之力,曷胜纫感。独醒、尚铨两兄矢志革命有年,武汉起义,力任提倡捐助军费,功不可没。此次更得实珊兄之赞成,以助长支部之发达,此可为一班党员之矜式矣。愿更奋励前途,终达目的而后已。专此,即颂
公安

孙文　三月三十

据《国父全集》第三册(转录史委会藏影印原函)

---

①　尚铨、实珊:即伍尚铨、梁实珊。叶独醒、伍尚铨时任中华革命党菲律宾宿务支部正副支部长。

复宿务同志函

（一九一五年三月三十日）

宿务同志公鉴：

手书诵悉。叶、伍、梁三君向能为人所难，兹已致函奖励，请转交为幸。

党员入会，其力不能缴纳入会捐者，由支部查确实情，自可予之通融。来书所请甚合，请由贵支部权衡斟酌。专此即复。即颂公安

孙文　三月三十

据《国父全集》第三册（转录史委会藏影印原函）

致黄兴函*

（一九一五年三月）

前由英士沥陈近况，迟迟未得还云，甚怅甚怅！

文关怀祖国，见于政府之专制、政治之不良，清夜自思，每用痛心！癸丑之役，文主之最力，所以失败者，非袁氏兵力之强，实同党人心之涣。犹忆钝初死后之五日，英士、觉生等在公寓所讨论国事及钝初刺死之由，公谓民国已经成立，法律非无效力，对此问题宜持以冷静态度，而待正当之解决。时天仇在侧，力持不可。公非难

---

* 此函自日本东京寄往美国费城。

之至再，以为南方武力不足恃，苟或发难，必致大局糜烂。文当时颇以公言为不然，公不之听。及其后也，烈武、协和①等相继被黜，静山②观望于八闽，组安③反覆于三湘，介人④复盘据两浙，而分南方之势，以掣我肘。文不胜一朝之忿，乃饬英士奋起沪滨，更檄章梓倡议金陵。文于此时本拟亲统六师，观兵建康，公忽投袂而起，以为文不善戎伍，措置稍乖，遗祸匪浅。文雅不欲于兵戈扰攘之秋，启兄弟同室之阋，乃退而任公。公去几日，冯、张⑤之兵联翩南下。夫以金陵帝王之都，龙蟠虎踞，苟得效死以守，则大江以北，决不致闻风瓦解，而英士、铁生⑥亦岂至一蹶不振？乃公以饷绌之故，贸然一走，三军无主，卒以失败。尧卿、海鸣⑦难为善后，而如火如荼之民气，于是歼灭无遗。推原其故，文之非欤？公之咎欤？固不待智者而后知之矣。

东渡以来，日夕共谋，非欲雪癸丑之耻，实欲竟辛亥之功。而公又与英士等互相龃龉，溥泉⑧、海鸣复从而煽之，公不维始终之义，遂作中道之弃。离日以后，深虞失援，英士明达，复以函问，而公又置不与复。是公不复以同志为念耶？

二十年间，文与公奔走海外，流离播迁，同气之应，匪伊朝夕。癸丑之不利，非战之罪也。且世之所谓英雄者，不以挫抑而灰心，

---

① 烈武、协和：即柏文蔚、李烈钧。
② 静山：一作静珊，即孙道仁。
③ 组安：一作组庵，即谭延闿。
④ 介人：朱瑞。
⑤ 冯、张：指冯国璋、张勋。
⑥ 铁生：钮惕生，即钮永建。
⑦ 尧卿、海鸣：张尧卿、何海鸣。
⑧ 溥泉：张继。

不以失败而退怯。广州、萍醴几经危难，以公未尝一变厥志者，岂必至今日而反退缩不前乎？中国当此外患侵逼、内政紊乱之秋，正我辈奋戈饮弹、碎肉喋血之时。公革命之健者，正宜同心一致，乘机以起。若公以徘徊为知机，以观望为识时，以缓进为稳健，以万全为商榷，则文虽至愚，不知其可。临纸神驰，祈公即日言旋，慎勿以文为孟浪而菲薄之，斯则革命前途之幸云〔也〕。

据邹鲁编著《中国国民党史稿》(上海民智书局一九二九年版)

复陈铁伍函[*]

（一九一五年四月三日）

铁伍仁兄同志大鉴：

得接手书，即以电复。旋诵第二次来书，并谂兄奔走海外，犹为国事尽力不懈，曷胜欣佩！

兹将收据一纸寄上，乞察存为幸。国内同志进行，纯倚海外同志之赞助，故仍望极力提倡鼓吹，俾党史蒸进，同济难离，则大业可成，民贼可去也。专此，即颂

公安

孙文　四月三日

据《国父全集》第三册(转录史委会藏抄件。该抄件原注："谨按：此函系据陈铁伍同志申请证明革命勋绩案内所送原件录出者")

────────────

[*]　陈铁伍时任中华革命党泗水支部支部长。

批蔡济民呈[*]

（一九一五年四月十日）

着即发委任状。其款俟有着时乃给。此批。总理字。

据《国父全集》第四册（转录史委会藏原件）

批党务部呈^{**}

（一九一五年四月十二日）

准照办理。着委为英国利物浦支部长、副支部长可也。总理批。

据《国父全集》第四册（转录史委会藏原件）

复饶潜川等函

（一九一五年四月十六日）

潜川、德源、攻坚先生均鉴：

来函均悉。现民国尚未稳固，党务尤宜扩充，公等当力任其难，勿萌归志，以维大局。刻雷（瑞庭）、曹（华璧）等既已被举为新任职员，假觉民书报社以办事，则刻社准可认为公共团体，冀于筹饷前途有所补助。至中华革命党党员，多属中坚之士，维持国事，

---

　　* 原呈请改调湖北第一、第二、第四、第五各区司令官，并接济费用事。蔡济民时任湖北革命军司令长官。

　　** 原呈请求委派陆孟飞、骆谭为中华革命党利物浦正副支部长事。

蹶功甚伟,尚望暗中固结团体,以为异日奋斗之实力。今各同志既推定公等负维持之责,希即切实办理,随时函报前来可也。此复,并颂

均安

孙文启

据《国父全集》第三册(转录史委会藏原件)

批叶独醒函 *

(一九一五年四月二十三日)

交回总务部复。看后,关于飞机人员,此间无从酌夺,请该员自行裁夺,或贵埠同志与他酌夺可也。

再:复函,对于谭根不置可否乃妥。

据《国父全集》第四册(转录史委会藏原件)

批周应时函 **

(一九一五年五月二日)

惠生①代答以所言极是,当照来函意,作救国通告一章。

据《国父全集》第四册(转录史委会藏原件)

---

　*　原函为推荐谭根、欧阳尧事。此件所标时间系来函所署日期。

　**　原函主张党务部第二通告宜补行宣示国人,以救国者决不卖国;并声明未与他国订约事。此件所标时间系来函所署日期。

　①　惠生:谢持。

批陈慕徐函[*]

（一九一五年五月八日）

谢惠生代答云：此间无款，已函着上海同志代筹，如筹得多少，当由周君接济也。

据《国父全集》第四册（转录史委会藏原件）

致区慎刚等函

（一九一五年五月十日）

区〔慎〕刚、泽如、螺生、源水先生暨各位同志大鉴：

袁氏与某某密相结托，昨日要求条件，悉已通过（其第五项亦非撤回，但作为悬案，随后谈判秘密承认，以避人耳目耳），袁旦夕将称帝，已授意北京商会电询上海商会意见。从此中华民国名义，亦将归消灭。内地不平之声甚烈，即袁所部如冯、段辈亦表示反对（观其严诘外交一电可知），比较满清末年铁道国有风潮，尤易激动全国，洵为吾党不可失之时机。

至于沿江数省，自前年以来，极力筹备，至此时运动已成，更与机会人心相应。党中重要人物，已冒险深入内地，急思发动。成败在此一举，不能复待，敬望我同志相助。固知英属势成强弩之末，然过此不图，则事势难料；且已派入之人员、已布置之机关及已运

---

* 此件所标时间系来函所署日期。

动之军队会党，亦骤难维持收束也。望以此实情转告有心之同志，共筹尽力，副我期望，幸甚。专此，即颂

公安

孙文　五月初十

据《南洋霹雳华侨革命史迹》影印原件

复伍平一函[*]

（一九一五年五月十五日）

平一我兄大鉴：

手示诵悉。兄所作联络各埠之事，既征得力，此时不必东行，盖勤党事有如炊米为饭，半熟而舍之，往往前功并废也。岷埠[①]弟已许立第二支部后，前素无隔阂，但吾人遇彼此之有意见者，仍宜极力疏通排解之。克强等持缓进主义，故猝难一致。至弟与伊私交，则丝毫无损。

相现在时局，袁氏大失人心，近来交涉经过，人心益为激昂，甚于清季铁路问题，若吾人实力稍足，不患不去此民贼也。专复，即颂

旅安

孙文　五月十五

据《国父全集》第三册（转录史委会藏原函照片）

---

[*]　伍平一时任中华革命党菲律宾联络委员。

[①]　岷埠：即菲律宾马尼拉。

批 葛 庞 函*

（一九一五年五月十六日）

惠生代答以不能再为力。

据黄编《总理全集》下册

致区慎刚等函

（一九一五年五月二十五日）

慎刚、螺生、源水、赤霓、八尧、孝章、怡益、增坡①我兄暨各同志公鉴：

许、宋二君报告，具道贵埠同志团结之坚，南洋各埠视为中心，悉以兄等提倡之力，曷胜感佩！

迩来各埠共议集款救亡之策，马六甲、麻坡已议定募捐及征抽出产品店伴工资之办法，想贵埠亦已在策划进行中。以贵埠同志之素养，足知收效尤大，似此众擎并举，一致扶同，真民国前途之幸也。自中日交涉经过，夫己氏卖国证迹已彰，内地人心异常激昂，将视满清末年铁路风潮为烈，吾人当此时局，允宜急速进行。现在沿江各省准备颇周，若经济问题稍能解决，定可如意发展，望兄等速图之，毋失良会。专此，即颂

---

*　原函恳请再借千元作为遣散同志费用事。

①　赤霓、八尧、孝章、怡益、增坡：即朱赤霓、谢八尧（伯瑶）、李孝章、黄怡益、陈增坡。

公安

孙文　五月二十五日

据《南洋霹雳华侨革命史迹》影印原函

批 黄 实 函[*]

（一九一五年五月二十六日）

　　惠生代复：此事可以办到，惟必当一次了之乃可。

据黄编《总理全集》下册

致南洋同志函

（一九一五年五月二十六日）

南洋同志公鉴：

　　自交涉经过^①，袁氏卖国证迹昭然，内地人心异常愤激。我党当此时局，尤不能不急速进行。现在需款甚殷，而同志之力甚形竭蹶。查辛亥同盟余款存庇能者（除经手人被蒙吞之外）尚有二万余元，置有大屋二间，请即商同庇能同志，将此屋业变卖，统汇东京本部应用。在昔辛亥广州三月二十九之役，温哥华、域多利两埠俱将致公堂物产变卖，以助军需，海内外壮其义举。矧兹存款，本为党中公积，则当务之急，以为军用，更无疑义。见书请即商略执行，勿缓为盼。专此，即颂

公安

---

　　*　原函请接济郑经纶学费四十金，并告己身学费无着，请玉成事。

　　①　交涉经过：指"二十一条"交涉事。

孙文　五月二十六日

据《南洋霹雳华侨革命史迹》影印原函

致邓泽如函[*]

（一九一五年五月二十六日）

泽如我兄大鉴：

五月十日手书诵悉。收支各节，当由财政部详细函复。庇能款今日移书新政等，另函致怡保督促其办理矣。此款乃党中公积，原非一埠之事，即兄等亦有责问之权也。△△^①政府自△△^②当局即趋向夫己氏，故有此番秘密关系，凡所要求既经承认，且除公布外，另有密约四条，所以为报酬者既如是，则夫己氏之求援，亦必实践。惟驱逐党人一节，则外交上之黠者不以为然。现时我辈对于△△，实无何等奢望，弟以此地与内国消息较灵，取道返国较便，现时方着手进行，则碍难他去。△△国民与政府意见歧而为二，将来若果有事，政府即怀恶意，亦难实行，犹之满清季年，元老本欲干涉我国革命，卒以民党反对而止，是其前例也。夫己氏于去月曾授意京总商会，电询帝袁之事于沪商会，求其同意，此后乃未见发表，或以内地愤交涉失败，人心激昂，故不敢遽然做去耳。专复，即颂

大安

孙文　五月二十六日

据《孙中山先生廿年来手札》原件影印

＊　此件未署年份，据函中有"夫己氏于去月曾授意京总商会，电询帝袁之事于沪商会，求其同意"判断，此函当写于一九一五年。《国父全集》注为一九一六年，误。

①　△△：指日本政府。

②　△△：指大隈重信内阁。

复阮本畴函

（一九一五年五月三十一日）

本畴先生大鉴：

叠接来书，均悉一切。昨承寄美金百元，已照收到。该款收条应列何名，望示知，俾嘱焕庭照发。前说请代托叶君竞生催收钱债案事，经代函及，料叶君当能为兄设法也。

办报一节，刻值时局未定，在内地开办，尚非其时，希审慎行之。此复，并颂
台安

孙文　五月三十一日

据《国父全集》第三册（转录史委会藏影印原函）

复北京学生书*

（一九一五年五月）

得览手书，知君等于勤学之际，忧国不忘，至足感佩！

关于此事①，各方面来书颇多，而君等言之尤为婉挚。虽然，惜君等未尝知交涉之内容也，知之则必不如来函所云云，而愤慨之情，将无异弟。盖弟平日爱国家爱和平之志，自信不居人后，常不

---

*　原函未署月日，据函中有"此次交涉，实由彼请之"，及"俟日人增加强硬之态度，然后承认"语，和函中所引十二日《万朝报》、《时事新报》情况，可断此函写于五月九日袁承认"二十一条件"后不久，故酌定为五月。

①　关于此事：指中日"二十一条"交涉事。

惜有重大之牺牲。故当第一次革命，解职推袁，以免流血之祸；张、方之难，身自入都而为之解，宣言十年不预政治，俾国人专心信托之，即东游一月，不啻为袁氏游说也。迨"宋案"发生，弟始翻然悟彼奸人非恒情所测，且必有破坏共和之心，而后动于恶，故一念主张讨贼，以爱国之故，不能复爱和平也。彼战胜而骄，益无忌惮，二年以来，莫非倒行逆施，国人憔悴于虐政之下，至不可言状。欧洲战争，不遑东顾，乃乘间僭帝而求助于日本。此次交涉，实由彼请之。日人提出条件，彼知相当之报酬为不可却，则思全以秘密从事。迨外报发表，舆论沸腾，所亲如段、冯亦出反对，乃不得不迁延作态，俟日人增加强硬之态度，然后承认，示人以国力无可如何。

由日本要求条件观之，如山东、如满洲、如东蒙、如福建、如汉冶萍煤铁，皆为利权之重大者。而袁于未得最后通牒以前，固已无甚龃龉。至第五项，则我国实为第二高丽，城下之盟，局外亦讶其〈非〉①者。因日本审国民都无战意，而国际上宜取圆滑之手段，故假为让步，谓俟他日协商。何期袁氏回答文中乃有左之一节：

第五号五项（即顾问、军器、学校、病院、南满铁道、宗教五问题）承认日本政府之提案，惟民国政府希望中日两国永远平和，愿将此等一切悬案速为解决。（见《万朝报》十二日报）

是山东、满蒙、福建廿一条件，日人所急欲得者，固承认不遑；即其为暂时之让步者，亦惟恐其不速攫取以去，是真别有肺肠者矣。上海《大陆报》云："据北京电报，中日条约于公布外，有密约四条。"盖仿中俄密约之先例。日本报纸亦云："此次条件，以条约及附属公文、宣言书三种，为约束条文中一部分，从支那政府之希望，为密约不公布。"（见十二日《时事新报》等）

---

① 原处空白，据《国父全集》增补"非"字。

就以上观之，则袁氏以求僭帝位之故，甘心卖国而不辞，祸首罪魁，岂异人任？传曰："国必自灭，而后人灭之。"故有国者，恒自爱其国。侵略兼并，只视其力所能为，而大盗在室，乃如取如携，祸本不清，遑言扞外？彼方以是为求扰得扰，将莫予毒，而乃望以一致为国，相去万里，何止径庭？果然沪上消息传来，则北京商会以功〔改〕进之言，电求沪商会同意，新室王莽与拿破仑第三故事不久将复现。呜呼！区区民国之名义，吾国民以无量数之牺牲而搏得之者，亦归于澌灭，尚何言哉，尚何言哉！辱承来书奖饰，更加责备，谓不宜忍视甚艰难缔造之民国坐致沉沦，弟不敏，请事斯语。专复，即颂

学安

孙　文

据胡编《总理全集》第三集《民国四年为中日交涉复北京学生书》

复叶独醒函

（一九一五年五月）

独醒仁兄同志鉴：

五月十二日惠书，敬悉一切。承询第一、二两次捐款何以不发债券一节，查第三次捐款名单寄来在先，故先办先寄。而尊处所开三次捐款人名总单，系四月二十三日始由飞岛寄来，本月初旬始行收到。且尊处所开系三次总计之数，而不知此间已照第三次捐款名单先办债券寄上，故就来单所开，应将第三次各人所捐数目除出，然后照发债券，其数始符，所以延迟，职是之故。此节已于昨日财政部致函说明，望向众人解释，俾毋疑虑。此间办事，一秉至公，无后先歧视之理也。专此奉复，并请

大安

孙　文

据《国父全集》第三册（转录史委会藏影印原函）

致叶独醒函

（一九一五年六月四日）

独醒我兄大鉴：

手书诵悉。弟于内容虽未尽了，亦已知兄一片苦心为不可及矣。袁贼卖国，证迹彰明，内地人亦甚激昂，我党宜乘时奋起。惟款饷不足，令人焦愤。盖在进中，虑失时机，而普通人虽一时极热，久之则事过情迁，将复冷却也，还望兄等鼎力助我。今日根本救〈国〉，舍倒去恶劣政府，更无他术。家有巨盗，则外贼日至，如取如携，国势阽危，更何能待耶。专复，即颂

公安

孙文　六月四日

据《国父全集》第三册（转录史委会藏影印原函）

致邓泽如函

（一九一五年六月十六日）

泽如先生鉴：

许、宋①两君归，备述款接之殷，公谊私情，感铭五内！现在时机利在急进，而各处零星小款，皆不足以图大事，故复遣许君等前

---

① 许、宋：即许崇智、宋振。

赴飞律滨群岛,筹措巨资,约一阅月,即当再返南洋,冀收成裘之
效,到时尚须仰仗大力,为之周旋,属在知交,不敢言谢。弟身体精
神,强健逾旧,洵堪告慰也。专此,敬请
大安

孙文　六月十六日

据《孙中山先生廿年来手札》影印原函

致郑螺生等函

(一九一五年六月十六日)

螺生、源水、孝章、仁甫①、八尧、赤霓同志鉴:

　　许崇智、宋振两君自南洋归,备道诸兄招待盛意,无任感谢。
此间以积极进行,刻不容缓,故遣许、宋、黄数君前赴飞律滨群岛,
一以视察党务,一以筹措军资,事竣之后,当再有南洋之行也。谨
此鸣谢,并请
大安

孙文　六月十六日

据《南洋霹雳华侨革命史迹》影印原函

批中华革命党金山支部函

(一九一五年六月二十三日)

　　指模本定用左正指,金山支部大约为避洪门之底号,故改用右
正指。但吾党以指纹为重,倘前已用了左指者,将来如有查对,则

---

① 仁甫:即区仁甫。

说明右指便可。以前宜一律用左指为妥。

据《国父全集》第四册（转录史委会藏原件）

批 居 正 呈 [*]

（一九一五年七月五日）

除菲律宾一处暂行缓办外，一概准行。

【又于原呈菲律宾一节眉端批】此处暂行缓办，待专派员许崇智回来报告再酌。

据《革命文献》第四十八辑《中华革命党时期
函牍》（转录史委会藏毛笔原件）

批驻英利物浦国民党
支部评议部函

（一九一五年七月十二日）

一、写信郑螺生、李源〈水〉并寄原函去。近来各地热心同志急欲进，故各派人回内地组织机关，以图进行，热诚实为可嘉。惟不统一之弊，则从此生矣，故香港有数十机关，各不统一，则多半由外

---

[*]　原呈转请分别委任林连称、郑太奇、许清源为巨港支部总务、党务、财务各科主任；吴公辅、陈柏鹏、锺莽珊、李逊三、锺公任为巴城支部总务、党务、调查、交际各科主任；麦炳初、邓培生、梁英、邓泽如为芙蓉支部总务、党务、财务各科主任及评议部长；谢汉兴、傅子政、陈伯豪、刘谦祥、杨仲平为宿雾支部总务、党务、财务、交际各科主任及评议部长；饶潜川、郑士铨、黄德源、蓝磊、曾省三为仰光支部总务、党务、财务、调查各科主任及评议部长；李思辕、张本汉、黄燮泰、冯伯罹、陈天扶、王忠诚为菲律宾第二支部正副部长，总务、党务、财务各科主任及评议部长；林偶然、蔡怀安、林有祥、陈英担、李引□、郑玉池为吉礁支部总务、党务、财务、调查、交际各科主任及评议部长事。

洋热心同志所派回者,如公等派林师肇君同为一例,一旦机关完成,进行有望,则断难联合矣。

二、同办一事不能联合,久而久之,自然生出冲突,此时欲救无法矣。故对于第三次革命,弟力任其难,发起中华革命党,设本部于日本东京,为全国之枢纽。请公等及各埠同志如物识有可为之人物,宜直接介绍前来本部差遣,以归统一,庶于大局有补。

据《国父全集》第四册(转录史委会藏原件)

致吕俊德等函

(一九一五年七月十四日)

双合、渭生仁兄同鉴:

叠接许、宋、黄三君函电,盛称贤昆仲慷慨热烈,赞助义举,远道闻风,无任钦佩!

袁氏擅权辱国,妇孺切齿,矧在明达,悲愤可知。吾党力创共和,理无中辍,现正重整旗鼓,以期扫除腐败,图根本之救亡。睹兹大势,时机已熟,冒险勇进,责在内地诸人;而捐款输财,端赖海外同志。既承兄等努力筹捐,仍望迅速收集,克期汇付,毋使一篑功亏,致失机会为祷。专此,敬请

大安

孙文　四年七月十四日

据《国父全集》第三册(转录史委会藏影印原函)

批居正呈二件[*]

（一九一五年七月十五日）

一

江西派人从缓；彭养光照委。总理批。

二

所委六人均改为菲律宾联络委员。总理批。

据《国父全集》第四册（转录史委会藏原件）

致叶独醒函

（一九一五年七月十七日）

独醒先生大鉴：

六月二十日手书，诵悉壹是。足下热心为国，奔走运动，不遗余力，至为感佩！国步艰难，民贼逞恶，吾人于此，惟有一致猛向前进，党内手足，岂复有意见之可言。足下能见其大，力予消融，竟收良果，甚可喜也。许君^①等亦有书来报告，并详述厚谊，无任慰谢。专复，即颂

---

* 原呈一、为转据江西支部长徐苏中催派徐鉴往江西各地视察党务，又请委彭养光为长崎联络委员事。二、为拟请委员李思辕为菲律宾支部主监正委员，张本汉为副委员，黄燮泰为总务委员，冯万罹为党务委员，陈天扶为财务委员，甄佑为联络委员事。

① 许君：指许崇智。

公安

孙文　七月十七日

据《国父全集》第三册(转录史委会藏影印原函)

复南洋同志函

（一九一五年八月四日）

同志惠鉴：

　　手书备悉。张君民达亦已面晤。其一种肫挚冒险之精神，实与足下热心救国，虚衷荐贤，同深钦佩。理应玉成其志，以壮吾党之声威，为一般同志畏死者劝。然论事当权其轻重，舍生必期其取义，昔张良椎击秦政，人莫不称其勇，黄石公见之，则以纳履折其气，教之以大道，卒成汉业。可知轻重取舍之间，非有卓识者不能判断也。今张君民达有志学其祖先，椎击残贼，洵可嘉尚；吾则不欲其徒学一椎之勇，而欲其成莫大之功。

　　夫中国今日之革命，纯视经济力为转移，经济力大，则成功速，经济力少，则成功迟；若无经济力，则直不能革命，无可讳也。本部成立以来，尝赖海外同志资助，俾革命运动继续进行，以至今日各处机关林立，准备完全，中间以经济力不足而遭失败者，正复不少。然前仆后继，毫无间断，俾革命之权威于以不坠，海外同志筹饷之力居多。但以车薪之火，终非可以一杯水救之也，海外侨胞，谅明斯旨，所以迟疑观望而仍不肯出资者，则以不明革命之利益与本部筹划革命之苦心，而无由激起其热心也。

　　本部尝思派人南来，与各侨胞说明一切，每以不得其人为歉。前月曾派许崇智君等与各侨胞接洽，后以行期匆促，亦多不尽之感，终不能收绝大之效果。闻近日南洋方面，邪说纷起，人多摇惑，于筹款又多掣肘。本部统筹全局，积极进行，只以资力不充，计划刻难实现，无以慰侨胞之望，良用疚心。然出资出力，责任尤贵分担，今内地同志准备实行，几有刻不容缓之势，（先是许君南游，云七月间可以大举，只以款项不敷分配，海军要求较巨，故不能即起。）而经济力之支绌仍如故，此所以日夜焦思，而不得不有望于海外之侨胞也。用是特派张君为联络委员，即命南旋，对各侨胞现身说法，激劝之，鼓舞之，使人人如张君之热心，以牺牲为本旨，则以百万侨胞同心协力，袁政府可立碎也。况以侨胞之地位，为现在利益之牺牲者正不在多，例如每人各出资一元，百万巨资不难立集，以此制敌，何敌不摧，以此图功，何功不克，故吾所希望于张君成莫大之功者在此，即希望侨胞成莫大之功者亦在此。

张君此次亲到本部，吾已告知一切，张君亦有所见，欣然就道，愿足下有以辅益之。并托转告各侨胞，共肩责任，宏济艰难，救民于水火之中，建国如苞桑之固，本部幸甚，中国幸甚。书不宣意，即希亮察，并颂

乂安

孙文　中华民国四年八月四日

据《国父全集》第三册（转录史委会藏影印原函）

复杨汉孙函[*]

（一九一五年八月四日）

汉孙先生大鉴：

七月三日手书诵悉。所属望于联络进行者，意志深远，顾其始

---

　*　杨汉孙时任中华革命党巴东支部长。

末,有当为足下言者。

自第二次革命失败后,弟鉴于党事之不统一,负责之无人,至以全盛之民党,据有数省之财力兵力,而内溃逃亡,敌不攻而自破,惩前毖后,故有中华革命党之改组,立誓约,订新章,一切皆有鉴于前车,而以统一事权、服从命令为主要。其时李协和、柏烈武俱在东京,李即以牺牲一己自由附从党魁为屈辱;柏既受盟立誓,卒为人所动摇,不过问党事;谭石屏①之主张,略同于李;陈竞存在南洋,弟前后数以书招之,亦不肯来。察此数人之言,大抵谓以党魁统一事权,则近于专制;以党员服从命令,则为丧失自由。夫一国三公,只足败事,政治上专制之名词,乃政府对于一般人民而后有之,若于其所属之官吏,则惟有使服从命令而已,不闻自由意思也。故有言某国政府行专制于其官吏者,此直不成名词。而政权统一,与所谓专制政体,实截然两事,不可同日而语。

吾人立党,即为未来国家之雏形,而在秘密时期、军事进行时期,党魁特权,统一一切,党员各就其职务能力,服从命令,此安得妄以专制为诟病,以不自由为屈辱者?陈、李、柏、谭始终强执,苟非不明,则我不识其何所用心矣。故天下苟有人能以其耳目手足为革命致力者,弟无不欢迎之,企其一致进行。而所谓一致者,要如身之使臂,臂之使指,一体一志,无有差贰,而不可徒用虚名,不然,则是虚与委蛇者也,强为撮合者也。陶成章、章炳麟非皆同盟会会员乎?乃首先反对于党内,俾敌党得以乘之,而其为害乃更烈,此正如来书所云,他日功成,更益以争权争利之私见为可患也。

足下谓:凡人同在患难之中,则杯酒可以释嫌。此言良是。然

---

① 谭石屏:即谭人凤。

弟于此数人，绝无私恨，惟弟以统一事权、服从命令为必要，而彼则以为不然，又岂可以苟且弥缝勉强联络者？语曰："以前种种，都如昨日死；以后种种，方如今日生。"第二次革命，夫己氏之暴，不足言矣；而吾党之当事司兵者，尚将誓师讨贼、伸大义于天下，乃不战而去，坐视数省之善良，恣受荼毒，曾不负其责任，苟以清夜之辰，反躬自问，则枕戈待旦，卷土重来，将有一息不能自安者。

　　吾爱吾友，吾尤爱公理，其犹能同一宗旨目的，一致进行，则痛洗前耻，灭贼朝食，所以告无罪于国民者，宁有他道？而为此大事，有所牺牲，亦宁足惮。若夫怀挟意见，不泯其私，藉有可为之资，不为讨贼之军，先树异色之帜，如谭石屏所云殊途同归者，途则殊矣，亦听其所归可耳。足下谓并以收罗天下之英俊；弟意亦重视天下未来之英俊，而不敢谓可与言大事者，只前兹曾有资格地位之人，而所以能有资格地位者，亦只由党造成之，正宜复为党用之，否则无以为未来之英俊劝；若名为党员，而依然自用，尤非劝也。然而海外遥隔，彼一是非，此亦是非，侨胞之视听，有时混惑而不识所从，则见垣一方，不能不赖卓越之士为之是正。今为足下畅言之，即所以望也。专此，即颂

道安

　　　　　　　　　　　孙文　八月四日

据《国父全集》第三册（转录史委会藏油印原件）

致金一清函

（一九一五年八月十三日）

一清兄大鉴：

　　得南洋特派员报告书云"弓长杰持反对意见，并出委任状示

人,谓伊本受委任,今见中山不能办事,故不复附和"云云。可谓悖谬之至。弓长杰如果反对,即不应复受委任;既受委任,而借以反噬,天下宁有是理耶? 查弓氏曾由兄介绍,今请兄即向彼追回委任状寄来,无得任其借端蛊惑。盖此等反侧之人,最为弟生平所不恕也。专此,即颂

近安,并乞速复。

　　适得来书,具悉一是,已交党务部分别致函矣。

孙文　八月十三

据《国父全集》第三册(转录史委会藏影印原函)

给黄德源等委任状二件

(一九一五年八月十九日)

一

　　委任状:委任黄德源为仰光筹饷局长。此状。

中华革命党总理　　孙　文

总 务 部 部 长　　陈其美

财 政 部 部 长　　张人杰

中华民国四年八月十九日

二

　　委任状:委任何荫三为仰光筹饷局监督。此状。

中华革命党总理　　孙　文

总 务 部 部 长　　陈其美

财 政 部 部 长　　张人杰

中华民国四年八月十九日

据《国父全集》第四册(转录史委会藏影印原件)

给黄壬戌等委任状四件

(一九一五年八月二十二日)

一

委任状:委任黄壬戌为仰光筹饷局董事。此状。

中华革命党总理　　孙　文

总　务　部　部　长　　陈其美

财　政　部　部　长　　张人杰

中华民国四年八月二十二日

二

委任状:委任黄德源为仰光筹饷局理财员。此状。

中华革命党总理　　孙　文

总　务　部　部　长　　陈其美

财　政　部　部　长　　张人杰

中华民国四年八月二十二日

三

委任状:委任陈甘敏为仰光筹饷局董事。此状。

中华革命党总理　　孙　文

总　务　部　部　长　　陈其美

财　政　部　部　长　　张人杰

中华民国四年八月二十二日

四

委任状:委任梁卓贵为仰光筹饷局董事。此状。

中华革命党总理　　　孙　文

总 务 部 部 长　　　陈其美

财 政 部 部 长　　　张人杰

中华民国四年八月二十二日

据《国父全集》第四册(转录史委会藏原件)

致宿务同志函

(一九一五年八月二十八日)

宿务同志公鉴:

自袁氏专政以来,满清官僚复活,共和民政,一切荡然,海内人民,惨遭荼毒。近更私与□人①结托,急欲制其王冠,公然为卖国之举。以我同胞竭无数生命财产之牺牲,收复河山于满人之手,岂可听二三民贼,甘心破坏,自致沦亡。弟为是誓起义师,申讨此贼,以企重造共和,图内外同胞之幸福。

此次许君等代表到埠,荷蒙兄等热心欢迎,并尽力提倡臂助,爱国之诚,与见义勇为之素,令人纫感不置。昨郑君由岷东来,具论壹是,因便专函奉候,惟兄等一心祖国,固非私人所能言谢也。草此,即颂

公安

---

① □人:指日本人。

孙文　八月二十八日

据《国父全集》第三册(转录史委会藏影印原函)

复旅美同志函

(一九一五年八月三十一日)

同志公鉴:

近得阮伦、阮本畴两君来函(由李绮庵兄转来),具谂君等热心国事,不计成败利钝,必欲达到共和之宗旨,曷胜纫佩!

兹当欧洲风云大起,不暇东顾之际,而袁氏势力日坠,信用日失,海内人心跃跃欲动,此正吾人推倒彼恶政府之机会。近已由金山大埠派人到东美,联络同志,协力救国,望贵埠同志各矢热诚,共同赞助。此次改革,当由吾党负完全之责任,宜鉴于前失,不容放弃,惟我同志共勉之。兹当发动之始,万事以经济为前提,海外能多助一分之力,即海内多收十分之效,不胜厚望。专此,即颂公安

孙文　八月卅一

据《国父全集》第三册(转录史委会藏影印原函)

复叶独醒函 *

(一九一五年八月)

独醒仁兄惠鉴:

―――――――

* 原函未署时间,据函中"七月廿三日、卅一日及八月七日致书,……均经妥收"推断,此函写于八月间。

七月廿三日、卅一日及八月七日致书,内并夹入汇票一张,计千壹百叁拾贰圆四十叁钱,均经妥收。所有收条暨关于财政各事项,已属财政部转致,敬祈接洽。读尊函有"倘有用处,不敢自外"语,足见精神魄力所在。吾党于中国大局,责任艰巨,得如足下者相与图谋,革命前途,庶几有赖矣。专此奉复,并请

大安

孙　文

据《国父全集》第三册(转录史委会藏影印原函)

批马杰瑞函

(一九一五年九月二日)

着速将款寄金山筹饷局,以便早日汇寄前来应急。

据《国父全集》第四册(转录史委会藏原件)

复古宗尧陈铁伍函

(一九一五年九月三日)

宗尧、铁伍仁兄同志惠鉴:

八月十二日致书并汇单一纸,计日币三百圆,经已妥收。兹寄上财政部收条一张,祈核存。温寿生函一并寄由兄处转交,当较妥也。

北京近有筹安会之设,盛倡帝制之说,有反对者竟被逮捕。袁氏积恶至此,将来反动,比之满清末年尤大。吾党处此,当更努力,望与兄等共勉之。专此奉复,并请

大安

　　　　　　　　　孙文　九月三日

债券本月中当可办就寄奉。

　　再者：尊处筹饷局成立，已举支部长古君宗尧兼充，可谓良选，其委任状当由财政部寄上。但照定章应尚有监督一人，应请再行举员请委。至足下于筹饷事宜，深资臂助，拟屈驾充筹饷联络员，委状并由财政部寄奉。匆匆。又及。

据《国父全集》第三册（转录史委会藏抄件。该抄件原
注："谨按：此函亦系据陈铁伍同志申请证明革命勋
绩案内所送原件录出者"）

致王敬祥函
（一九一五年九月六日）

敬祥先生大鉴：

　　得杨君寿彭手书提议借款一节，事甚可行，请力图之。至其条件，当由债权者提出，吾人无从悬定。在我一方固宜审重，而彼一方则必求相当之报偿，要之，视其价值如〈何〉以为判；若于我国主权无碍，则重大之利益亦不必靳也。专此，即颂
大安

　　　　　　　　　孙文　九月六日

据《国父全集》第三册（转录史委会藏原件）

批班林书函[*]

（一九一五年九月七日）

所言若果诚心，可准其办理，惟费不得过应用之数。

据《国父全集》第四册（转录史委会藏原件）

致郑螺生等函

（一九一五年九月十一日）

螺生、源水、慎刚、怡领、炽三、道舜列位同志大鉴：

比来袁贼于国内信用大失，又值欧洲战乱，诚吾党恢复大业之机。维我海外同志热心不懈，故望兄等能鼎力提倡筹款，以济军需。前寄上筹款章程，想已达览。

此次吾人办事，鉴于前失，要取最统一之办法，庶事无所纷歧，事后不致冲突，对内对外方有完全之美果。所虑旧日同志未见及此，一时辄欲为一方面计，出外运动，筹款办事，其用心未必尽非，而于事实则殊无裨益。现在本部统筹全局，南洋、美洲设局筹款，俱直接汇到本部，以得本部弟亲发收据为凭。其有以他种名义未经本部承认与未得本部收据者，将来概不负责。谨此通知，并乞传语同志。专此，即颂

大安

———————————

　　* 原函报告回国计划事。班林书时任中华革命党代理山东支部长。此件所标时间系来函日期。

孙文　九月十一日

据《南洋霹雳华侨革命史迹》影印原函

复黄吉宸徐统雄函 *

（一九一五年九月十五日）

吉宸、统雄仁兄大鉴：

惠书诵悉。款项事已由财政部奉复，兹不再赘。此后汇款，请照本部通告新迁住址，书付银行，当无错误也。宋、黄两君抵叻后，诸荷鼎力赞助，铭感不置。专此，敬请

大安

日〔同〕事诸君均候。

孙文　九月十五日

据《国父全集》第三册（转录史委会藏亲笔原函）

批马杰瑞等函 **

（一九一五年九月二十二日）

着速将款寄金山筹饷局，以便早日汇寄前来应急。

据黄编《总理全集》下册

致王敬祥函

（一九一五年九月二十七日）

敬祥先生大鉴：

前周倩英士奉商筹措之款，恳速鼎力，因各方面事情甚急，亟须有以应付也。黄展云君当已晤面，如捐募等方法咄嗟未办，则望设法暂垫，俾得维持。此为时日问题，大局即受赐不浅，幸速为之，无任祷盼。专此，即颂

公安

黄大椿信，想传闻者过。惟夏重民向与黄伯群有恶感，伯群前曾入公民党为干事，多夸张无实之举动；夏以党事嫉之已甚，故二人交恶。而两方之言，类多过实。伯群此次往闽，系专听刘佐成指挥。伯群曾在弟处，承其以前作事之失，然伊决不足以独当一方面，刘佐成亦知之，陈自觉则偏于伯群者。至谓重民造谣，破坏大局，当不至是也。

孙文　九月二十七日

据《国父全集》第三册（转录史委会藏原件）

致南洋同志函

（一九一五年九月三十日）

敬启者：二次军兴，吾党早揭破袁氏之隐衷，而借债、杀人之罪状，尤为国人所共弃者，故癸丑一役，例以民史正名之义，不得认为南北之争战，而当认为共和与帝制之争战之发轫也。

　　不幸失败以来，国内同志死亡枕藉，困苦流离，而爱国深忧，天日可矢，一种凌厉无前之气，磅礴积郁，不可磨灭，亘两年于兹，风尘荏苒，无日不图谋再举。至袁氏窃柄自雄，野心纵恣，称帝求庇，献媚邻国，黑幕披露，大利已亡，举国痛心，犹不自戢，而乃指示鹰犬，组织筹安会，簧鼓天下，诛锄异己，压抑舆论，并欲借用救国储金，以供百用。嗟夫！以先烈无量之头颅、无量之热血所获得之共和两字空名，行将归于消灭，是可忍，熟不可忍？深恐国体变更，国运亦随之而斩矣，此正吾人振作奋发、急起直追、起兵除奸、舍身救国之秋也，是以本党决意积极进行，举年来所希望、所预备者，决定大举计划，务期一举即达吾党素志。

　　惟举义要件，不外乎兵力财力；而扩充本党之势力，则整理党务更为必要。且国内同志虽有舍身为国之毅力，而财力上之补助，不能不望国外同志之协力输将，是以本党特派陈其美、胡汉民、许崇智、杨庶堪、宋振、郑鹤年、邓铿七君，分赴南洋各属，筹募起义军饷及协办整理党务之事宜。诸同志热诚爱国，素为弟等所钦佩，国民所素仰，当此革命事业急待进行之时，务望与此次特派诸君协力办理，俾筹款及整理党务两事，早一日就绪，即可早一日起兵。国事危急，迫不及待，言短意长，诸维心谅。即候

公安

孙　文

据《国父全集》第三册(转录史委会藏影印原函)

致邓泽如函

（一九一五年十月三日）

泽如先生大鉴：

不〔袁〕①氏自卖国之交涉经过，近日竟嗾其爪牙公然为帝政之运动，内外人心，愤激异常，即袁素所亲信者，亦多叛离，吾人手创共和，更复何能忍是？顾两年以来，谋之非不急，任事者亦各致其力，乃辄因经济支绌，往往功败垂成。今兹拟厚集吾力，乘时大起，非先筹有巨宗款项不办，故派委陈英士君、许汝为君、邓仲原〔元〕②君南行，至英荷及暹罗各属筹措饷需，其意尤注重荷属。许、邓二君，曾与先生接洽；陈君为吾党健者，第一次革命，于沪上握东南之锁钥，其功最大；至第二次革命后，志意极为坚锐，本部成立，以掌总务，实能代弟任劳任怨。兹行望先生匡勤不逮，为指导一切，不胜感激。专此，即颂

大安

汉民兄日问亦往小吕宋筹款。

孙文　十月三日

据《孙中山先生廿年来手札》影印原函

批总务部复邓子瑜函*

（一九一五年十月六日）

委足下为总司理，各旧股东为董事，代本部办理该栈。

据《国父全集》第四册（转录史委会藏原件）

---

①　据黄编《总理全集》校改。
②　据史委会编《国父全集》校改。
*　原函为中华革命党总务部部长陈其美请派邓子瑜为新加坡民安栈总司理事。

复叶独醒函

（一九一五年十月六日）

独醒仁兄同志鉴：

九月十一日惠书，敬悉一切。袁氏运动帝制，明目张胆，海内人心，不胜愤激；即袁氏素所依赖以为长城者，亦复各萌退志，不甘与袁同罪，可谓天怒人怨，众叛亲离。吾党负保障共和之责，兴师讨贼，急不容〈缓〉。刻拟再遣胡君汉民（前广东都督）、杨君庶堪（前四川民政长）偕宋君亚藩前赴飞岛，筹备军资，务期得达巨额，以与南洋、金山各处捐款相应。一面命令内地同人，准备款集即发，当此时机，必能有济于事，深望吾兄于筹款一着，再三加意也。第四次捐款，已由财政部照尊处开列名单，发给债券，于九月九日付邮寄上，想既收到。此事所以迟迟办理者，因债券皆送往飞律滨南洋各处，须候新制成者到后始有可办也。专此奉复，敬请

大安

伯豪兄均此。

孙文　十月六日

据《国父全集》第三册（转录史委会藏影印原函）

致王敬祥函

（一九一五年十月七日）

敬祥先生大鉴：

许汝为兄归，并得手书，足下为国为党，苦心不已，纫感何似。

兹如嘱寄上弟签名收单贰纸，望即速办理，迅电东京，俾得应急，盼甚。专此奉复，即颂

公安

孙文　十月七日

据《国父全集》第三册（转录史委会藏亲笔原函）

批周应时呈*

（一九一五年十月十五日）

着与英士酌量，由英士决夺办理。总理批。十月十五日封。

据《国父全集》第四册（转录史委会藏原件）

复希炉革命党人函

（一九一五年十月十五日）

希炉同志大鉴：

九月三十手书具悉，并日银壹仟贰百捌拾陆元伍毫收到。我同志热诚爱国，始终不懈，曷胜纫佩。袁氏假托共和，实行专制，以播其恶于民国，其始用彼金钱势力，少数无识未尝不附和之。今则食言而肥，真相毕露，大多数人俱切齿反对，民贼之亡，当在旦夕。近更值欧洲战乱，无暇东顾，彼伦向所恃为外债军伙〔火〕之接济者，已绝其来源，此正吾党光复大业之机会，所企我同志共励进行，彼此扶助，以底于成也。杨广达原是旧同志之曾任事者，故弟先委

　　＊　原呈请求取消所担任的中华革命党军事部副部长及江苏司令长官职务，另派贤能来沪接管事。

为筹饷员，惟近得正埠同志书，多不满于杨，而杨又对于谢苢原等有微词，究莫知其真相。国民捐一款，已由杨汇来，弟已照付收据，杨当可披示于众，以释群疑。至正埠既有组织，自可进行，亦不必因个人感情，致沮大事也。专此，即颂

大安

孙文　十月十五日

据《国父全集》第三册（转录史委会藏亲笔原函）

批杨汉孙函 *

（一九一五年十月二十三日）

（关于电码之事）答以现当欧战之际，凡经英国管治下之电局，检查甚严，所有不明白之电，皆不准发。则照来信所言，以商场通话编成密码，若简单则不敷于用，若详细则编制为难；且一电之语气，前后不接者，英电局亦必不发。是以以电报传时局之变，恐不能尽达其意，自后当着接洽海外同志局员，频频致书，将国内时局详报就是。

据《国父全集》第四册（转录史委会藏原件）

与宋庆龄婚姻誓约书 **

（一九一五年十月二十五日）

此次孙文与宋庆琳之间缔结婚约，并订立以下诸誓约：

　＊　原函报告捐款及汇款情形，并请编一密码电本事。杨汉孙时任中华革命党巴东支部长。此件所标时期系来函日期。

　＊＊　原件系日文。孙中山和宋庆龄于一九一五年十月二十五日在日本东京结婚，此为办理登记手续后所签的法律誓约书。

一、尽速办理符合中国法律的正式婚姻手续。

二、将来永远保持夫妇关系,共同努力增进相互间之幸福。

三、万一发生违反本誓约之行为,即使受到法律上、社会上的任何制裁,亦不得有任何异议;而且为了保持各自之名声,即使任何一方之亲属采取何等措施,亦不得有任何怨言。

上述诸条誓约,均系在见证人和田瑞面前各自的誓言,誓约之履行亦系和田瑞从中之协助督促。

本誓约书制成三份:誓约者各持一份,另一份存于见证人手中。

誓约人　　孙　文(章)

立约人　　宋庆琳

见证人　　和田瑞(章)

千九百十五年十月二十六日①

据中国历史博物馆藏原件译出(李锡经、马秀银译)

复叶独醒函

（一九一五年十月二十七日）

独醒同志仁兄大鉴:

即接阁下暨尊夫人来书,均经敬悉,日前内子过岷时,蒙君等种种招待,高谊隆情,感谢无既。兹读大函,对于内子复过承奖许,愧何克当。尊夫人在雾,能力辟颓风,造福世界,其热心处,良足与阁下之奔走国事,互相辉映。至所嘱内子以影片寄上一节,现因内

_____

① 日本风俗以双日是吉日,孙中山、宋庆龄接受律师和田瑞的建议将二十五日写为二十六日。

子方在乡居,觅人摄影,殊为不便,异日若摄就后,当再寄呈也。专此致谢,并候

均安

各同志并希代为道谢。

孙文谨候 十月二十七号

据《国父全集》第三册(转录史委会藏影印原函)

给李源水等委任状二件

(一九一五年十月二十八日)

一

委任状:委任李源水为霹雳筹饷局理财。此状。

中华革命党总理　　孙　文(印)

总　务　部　部　长　　陈其美(印)

财　政　部　部　长　　张人杰(印)

中华民国四年十月二十八日

二

委任状:委任郑螺生为霹雳筹饷局监督。此状。

中华革命党总理　　孙　文(印)

总　务　部　部　长　　陈其美(印)

财　政　部　部　长　　张人杰(印)

中华民国四年十月二十八日

据《南洋霹雳华侨革命史迹》影印原件

复邓泽如函[*]

（一九一五年秋）

泽如仁兄同志鉴：

　　六月十三日惠书并巴城致函，均经诵悉。巴城另有函来，并同此意，刻已作复，并请其即将存款汇东矣。南洋各属，得兄鼓吹，效力自有可见。款项直接汇沪之说，前因事急，故允照办。但该方面事，非同时有十万金不济，今既无有，仍当汇存此间，以为积集，策应较便，计算较易也。陆军段总长去职，次长被劾，皆确有其事，北京内讧正烈，猜慊正深，及时一举，当具冲天之势。汝为函来述小吕宋方面认捐踊跃，十万之数，冀可达到。南洋一带，倘由吾兄加以策励，同时汇集，则此间所定计划，当能实现也。弟离东之说，全属虚构，倘局面仍旧，我不致他行也。专此，敬请

大安

孙　文

据《孙中山先生廿年来手札》影印原函

致叶独醒等函

（一九一五年十一月四日）

独醒先生暨诸同志先生公鉴：

----

　　* 原函未署日期。函中有"陆军段总长去职……确有其事"句，按段祺瑞是八月廿九日被袁世凯免去总长职，据此推断，此函当写于一九一五年秋。

敬启者：时局危急，风云日紧，吾党进行，迫不及待，是以决定计划，图谋大举。惟是筹款及整理党务两项，为事前准备之大端，是以特派胡君汉民、杨君庶堪、宋君振定于本月十二日由日本［日］起程，转赴菲岛各埠，与同志诸公会同办理。胡君历史为诸公所深悉，杨君为前四川民政长，宋君为前福建海军司令、闽海关监督，均本党健者。诸同志热诚爱国爱党，当此一发千钧之时，务望于三君到后会同协力进行，俾筹款及整理党务两事，早日就绪，则可早日举兵，以恢复共和，芟除国贼。至于一切办法，当由三君与诸公面述。言短意长，不能尽意，诸维谅察。顺颂

团祺不具

孙文　十一月四日

据《国父全集》第三册（转录史委会藏影印原函）

批容星桥函*

（一九一五年十一月九日）

代答以陈君春生虽久主笔政，然对于革命仍是门外汉。其所收藏不免街谈巷语，挂一漏万，殊不足为革命之史料。本党不能代为印行，并将原件寄回。交总务部。

据《国父全集》第四册（转录史委会藏原件）

---

* 来函请将陈春生所集一八九五年以来革命事迹之史稿一书刊印事。

批郭汉图函[*]

（一九一五年十一月九日）

　　心准代复，以应酬语嘉勉之。

据黄编《总理全集》下册

复希炉革命党人函

（一九一五年十一月十日）

希炉同志诸兄公鉴：

　　手书诵悉。旧日党人免收基金一节，总章有此规定。惟金山大埠对于美属党员，则悉以捐金过十圆者，方予从新宣誓入党；檀埠支部当系一体照办，非违碍总章也。

　　袁贼自立筹安会以来，逆迹昭彰，竟公然篡改国体，内外人心异常愤激。而袁以金钱武力为可恃，日日进行，近日遂有四国之警告。袁以势成骑虎，仅有支吾，四国盖侦得中华必有大变，故为将来地步，作外交资源，但亦足寒老奸之心，而今彼进退维谷。彼之内部自生溃裂，如冯国璋、张勋、朱瑞、汤芗铭、陆荣廷等皆有起与反抗之谋，并各派人与吾党接洽，联络举事。惟弟只认此为一种机会（从来官僚不足深恃），主动仍须在我，故现在厚集吾力，乘此时机，先发制人。陕西已发动，破十余城；四川之党军亦屡败官兵；而滇、黔、湘、鄂，蕴蓄尤厚，必有大成，先从西南造我根据。至长江各

---

　　*　原函报告经商发达情况并请代为招股事。

省，纵彼官僚反正，我亦必占据要地，不落人后。计袁贼之覆亡，不出数月，中原大局不难定也，所望兄等各抒伟力，为海外之后援，共襄大业。不尽欲白，即颂

近安

孙文　十一月初十

据《国父全集》第三册（转录史委会藏影印原函）

批潘祯初函 *
（一九一五年十一月十二日）

代答以函悉，热诚可嘉。并询其事何业？长于何技？着向利物浦或伦〈敦〉中华革命党分部注名入党，到时便可投效军前也。

据《国父全集》第四册（转录史委会藏原件）

复叶独醒函
（一九一五年十一月十五日）

独醒同志仁兄大鉴：

接十月二十三日来书，已悉。袁氏素藉金钱以作恶，故屡次滥借外款，最为可恨。然今全国人情已群趋革命，加之吾党种种猛进，不遗余力，想此贼罪恶贯盈，其授首之期，当必不久矣。

本处前日已得消息，上海镇守使郑汝成为党人炸毙，此贼既去，则沪事当更易得手矣。尊处近拟设立陆军速成学校，此事甚为有益，望竭力成之，俾能多获军事人才，于吾党不无所补也。此间

---

    *　原函提出愿担任马前差使事。

所派胡汉民君等，此时当将抵岷，筹款诸事，尚希竭力襄助为荷。此复，即候

义安

孙文　十一月十五日

据《国父全集》第三册（转录史委会藏影印原函）

复吕双合函

（一九一五年十一月十五日）

双合仁兄同志鉴：

十月二十日惠书，诵悉一切。前月二十五日已由薛汉英兄汇来日币三千圆，际此活动时期，裨益不鲜。

胡、宋两君计已抵岷，晤谈时想已将此间最近进行情形详为叙述矣。前日接沪电，镇守使郑汝成卒被轰毙，日报纪载甚详，谓郑手足均被炸烂，身受枪弹十余处，而吾党勇士二人①从容就捕，且行且语曰："吾志已成，虽死无憾。"此等气魄，真足令人生敬。沪去此贼，事大可为。现在陕西革军尚能持久；四川一省已纷纷起事（邛州离省城甚近，已起兵变）；此外携款内渡者计期将到，一月以内当可发动。惟湘、赣、闽、粤四省尚待款项，不能同时着手，殊为憾事。吾党刻正得机得势，加以人心趋向有过于辛亥，前事应请奋力提倡，捐款济用，毋使九仞之功亏于一篑为祷。专此，敬请

大安

渭生、愧生兄均此奉候。

孙文　十一月十五

据《国父全集》第三册（转录史委会藏影印原函）

---

① 勇士二人：指王晓峰、王铭山（明山）。

致宿务同志函

（一九一五年十一月十八日）

宿雾同志列位公鉴：

手书诵悉。同志热心爱国之诚意，令人纫佩。现在粤事已发动，各省同志皆急于进行，本部需款支付甚急，见书请将尊处之款悉数汇来，横滨密迩东京，电汇横滨，即可照收也。从前因各处机关办理未善，弟此次力矫其弊，取统一办法，各处之款悉汇东京本部，由弟亲发收据，各省之用款则由本部支付，现在美洲金山各埠俱如此办理。专复。即颂

公安，更祈进步百益

孙文　十八日

据《国父全集》第三册（转录史委会藏影印原函）

致戴德律函

（一九一五年十一月十八日）

亲爱的戴德律先生：

久未收到先生的音讯，深为系念。自获先生彼得格勒来电，便期待着先生随时光临，及至得悉先生前往纽约之计划，始放弃会晤的希望。

不知先生商谈贷款之事结果如何，是否有成功之机会？请便

中尽速示知,因我想要……①一俟得到先生的消息,我当详叙我的工作及其进展。

谨向先生和夫人致最良好的祝愿!

你真诚的孙逸仙

一九一五年十一月十八日

东京青山原宿 109

据《国父全集》第五册英文函(转录史委会藏原函影印件)译出

批王敬祥函*

(一九一五年十一月十九日)

答以前拟以南洋之款寄到乃还,但近因粤以起事需款极急,南款已着直汇香港,以应粤需。阁下所借之四〔银〕②数,现尚无的款可以指定,未知阁下能否另行设法代还。如其不能,则此间当另行设法。万一不得手,则请设法转期三月,或先还多少,到时或可为力也。

据《国父全集》第四册(转录史委会藏原件)

致咸马里夫人函

(一九一五年十一月二十日)

亲爱的咸马里夫人:

七月二十八日及八月二十四日来函均已收悉,迟复乞谅。工

---

①　此处原信毁损。

*　来函请筹还代借之款事。

②　据黄编《总理全集》校改。

作繁忙，需我亲自料理之事甚多，几无空闲可言。未即作答，决非不以为意。夫人信示，几乎每日萦怀，只盼有暇执笔为报，并以前次发信以后工作近况奉告。

我相信，由于夫人关怀至深，定会乐于知道，我的全部计划，按预期和实际情势，进展十分顺利，而不仅仅是良好。

因此，革命行动可以随时开始，凡我同志均愿为夺取自由而进行不获全胜便壮烈捐躯之斗争。

对于帝制运动，中国人民已无可再忍，但缺乏表达其感情和意志之喉舌。已被收买而专事歪曲真相之有影响外商报纸，自然是几无一日不在报道全体中国人民渴望恢复帝制。然而五大国警告照会当能证明，此种言论极不真实。五大国之所以发出警告，皆因深知我国局势动荡，虑及此种倒行逆施之举或将激起全民反抗。日本内阁改组以来，其对华政策显然有所改变——大隈虽仍坚决支持袁世凯，但阁员多数对袁之为人及其才干均不表信任。故而面临激烈反对之大隈不得不违背其本人心愿，服从多数，而在最后时刻对中国发出警告照会。当然，此种警告不可能是出于对袁的友好支持。

由于我在此地开展工作极为顺利，而此种工作又为我们一切活动之中心，我已完全放弃前往美国作旅行演讲之计划。我确信，我此刻留在此地较之前往世界任何一地更为有益。所以目前请不必为我旅美之事分心，一旦时机成熟，我当致电奉告。

函件请寄下列地址。望常来信。谨致最亲切的问候。

你真挚的朋友孙逸仙

一九一五年十一月二十日

东京青山原宿 109 号

据《研究中山先生的史料与史学》所附英文函
（转录史委会藏原函影印件）译出

给郑螺生委任状

（一九一五年十一月二十一日）

委任状：委任郑螺生为霹雳支部正部长。此状。

中华革命党总理　　　孙　文（印）

总 务 部 部 长　　　陈其美（印）

党 务 部 部 长　　　居　正（印）

中华民国四年十一月二十一日

据《南洋霹雳华侨革命史迹》影印原件

复叶独醒函

（一九一五年十一月二十三日）

独醒仁兄大鉴：

十一月六日惠缄，敬悉一切。

李箕兄以身殉事，可谓吾党忠良，惜其志愿未竟，遽遭凶变，言之不觉痛心。

某国①窥伺闽省已非一日，但果行吞并，必招列强之忌，而干涉即来。且彼虽号称雄长，然当国无伟大之英雄，治兵无充裕之财力，非常事业不易举行，外侮之乘，无足深虑。所可虑者，惟袁氏欲人承认帝制，不惜牺牲一切，拱手让诸他人，以为交换条件耳。郑君鹤年已随许汝为、邓仲元两兄赴南洋一带筹捐军资，首途已将匝

---

① 某国：指日本。

月。陈竞存于本党所为,多所抨击,此人险诈,难与共事,所谓通融者直诳语耳。陕、蜀两军声势日大,南方一动,局面即成。袁氏末运,去兹不远矣。专此奉复,敬请

大安

孙文　十一月二十三日

据《国父全集》第三册(转录史委会藏影印原函)

复某某函

(一九一五年十一月二十四日)

某某仁兄同志鉴:

　　十月二十日惠书,并捐款五拾镑,伸日金肆百陆拾柒元拾五钱,均经妥收。伍君洪培抵东后,屡称尊处各同志热心爱国,不胜欣慰。现在海内风云,以袁氏称帝之故,愈趋愈急,夫己氏股肱诸将亦有土崩瓦解之势,乘时蹶起,机不可失。陕西革军倡之于前,四川义师应之于后,声势所及,互数十城。沪镇守使郑汝成为吾党二勇士所要〔邀〕击,身受炸弹手枪创者三十余处,沪去此贼,阻力潜消。中南各省将大举以援西北,燎原之势,顷刻可办,望尊处竭力筹集巨款,汇济军用。专此,敬请

大安

　　财政部收条并以寄上。

孙文　四年十一月廿四日

据《国父全集》第三册(转录史委会藏亲笔原件)

批吴铁城函*

（一九一五年十一月二十六日）

复信檀山支部并希炉分部致哀，并吊慰其家人。

据《国父全集》第四册（转录史委会藏原件）

复宿务同志函

（一九一五年十一月二十七日）

宿雾同志大鉴：

公函两通俱收到，并款壹千元，兹缮收据寄上，乞察存为荷。我同志爱国热诚，俱堪感佩，至刘君谦祥，乃一经纪中人，认捐全年辛金千元，尤为难能也。横滨在东京附近，如汇兑只通于横滨，则在横滨收款亦无不可。粤事已发动，惟终以经济困人，一时未能如意，殊属恨事。然此次三炸省垣，而惠州、高州、阳江、新宁及广府各属同时发难，亦足以寒袁贼之胆，而唤起中国人心也。专复，即颂

公安

奖谢刘君手书，乞转交为幸。

孙文　十一月二十七日

据《国父全集》第三册（转录史委会藏影印原函）

---

　　* 来函报告中华革命党檀香山支部希炉分部长兼筹饷局长黎协，于一九一五年十一月十九日被刺遇难。吴铁城时任中华革命党檀香山特派委员。此件所标时间系来函日期。

颁给黄馥生奖状

（一九一五年十二月一日）

二等有功章奖状：黄馥生君慷慨从戎，赞襄义举，赍兹永宝，用彰厥功。

中华民国四年十二月一日

中华革命党总理孙文（印）

据《国父全集》第四册（转录史委会藏影印原件）

致陈其美等函

（一九一五年十二月一日）

英士兄暨各同志大鉴：

兹寄上委任状一纸，系檀埠杨君缴回者，可即注销。另小吕宋捐银名单乙纸，请暂为存好（尚未发收据者）。专，即颂

公安

孙文　十二月一日

据《国父全集》第三册（转录史委会藏亲笔原件）

批日本神田代木君函

（一九一五年十二月八日）

心准代答：约以十二月十日午后二时来见。

据黄编《总理全集》下册

致黄景南等函

（一九一五年十二月十三日）

景南、区流、赞臣、渚舟、白刃、松楠同志先生均鉴：

　　径启者：自本月十二日帝政实施，祖国前途，顿增黑暗，以先烈手造之共和，转而为袁氏一家之私产，四亿同胞吞声咽泪，稍有元良者，莫不以三次革命为救国良药。但革命之举，事属非常，欲求成功，不能不求所以致成功之办法。

　　癸丑失败以还，文鉴于前车，惩于覆辙，知已往弊害，全坐不服从、无统一两大端，故本党之立，标宗明义，一就规约，则心腹以之。至于谬称同志，实怀野心，阳嘘敌忾之词，阴煽同室之哄，似此徒辈，行等奸邪，苟非自固藩篱，必至纷无头绪。盖以军国大事，必如万派朝宗，方能风起水涌，维兹要点，夙夜兢〔兢〕兢〔兢〕，两年以来，渐收良效，凡百作事，先贵有决心，后贵有方针，诸同志对于革命进行，既先下决心，看透亡国即无家可归，而作毁家纾难之想，然后认定本部所委任或豫函介绍之特派员接洽，事事商酌办理，则胸有成竹，自不致无所牵从。各埠机关均以此谆谆告诚，区区意见，祈诸公亮察之。此启，并颂

时祉

十二月十三日

据《国父全集》第三册（转录史委会藏原件）

致高标勋等函[*]

（一九一五年十二月十三日）

　　径启者：久企丰裁，时违把晤，海天延祝，愿臻福履为颂。近自帝政发生，举国舆论，莫不引为诟病。财源日竭，国权外溢，强邻警告挟迫，险象迭呈，不识自振，不能自防，物腐虫生，孰贻伊戚。果真为民意乎？则外人讥我国无共和程度，固当俯首受之；若假托民意乎？则叛国贼政，天下共诛。迩来司马心迹，路人共见。只图个人子孙基业，不惜亡国灭种，先烈有灵，应亦恫矣。吾党拥护民权、民生，知非以武力破坏，不足以铲除专制恶焰而颠覆其已成帝政之局，虽人民不免涂苦，商工不免停滞，财产不免牺牲，而为一劳永逸计，谅同胞亦能共亮也。是以三次革命，乃全国人民心理所公认，若决江河，一泻千里。现值时机切迫，风动马鸣，上海小试端倪，虽因众寡关系，未能奏效，而全局把握，确如骊珠在抱，所稍稍棘手者，事前饷需不足，恐不能指挥如意耳。公等大义热忱，遐迩素著，再造民国，久具深衷。前闻陈君民钟极函称道，因知鼎力前途，无任仰仗，以后尚希精神接洽，极力辅导，以达真正救国之目的，是所切祷也。并望时锡教言，以匡不逮为荷。专此敬启，并颂
时祉

据《国父全集》第三册（转录史委会藏原稿）

---

　　*　收信人另有蔡联耕、叶达甫、林永来三人，均为怡朗商会工作人员。

致希炉同志函

（一九一五年十二月十四日）

　　径启者：接檀香山筹饷局长吴君铁城十一月二十六日来函，内称贵分部长兼筹饷局长黎君协倏于上月十九日为凶人所害，噩闻之下，痛悼殊深。查黎君奔走国事，不避艰瘁，两年以来，党务倚重甚力，现值讨贼在即，遽遭惨变，致令其志未终，饮恨地下，同志悲悌，曷可胜言。兹望诸君从速催请法廷〔庭〕，将凶犯严讯治罪；并代向黎君家属申意吊唁，温辞抚慰，以安黎君在天之灵。至分部、饷局，双方进行，刻不容缓，即望召集同志，另举相当者接续办理，以重党务而专责成，实为至盼。此启。

　　希炉分部、希炉筹饷局同志诸公均鉴。并颂
时祉

孙文　十二月十四日

据《国父全集》第三册（转录史委会藏亲笔原件）

复区慎刚等函

（一九一五年十二月二十日）

慎刚、螺生、赤霓、源水先生均鉴：

　　径复者：十一月二十日来函敬悉。怡埠自邓、许二君到后，筹募军糈已达万金，诸公辅导进行，深资仰赖。以后顺循各埠，尤望竭力鼓励侨胞，踊跃输助。军事方面，自有内地同志积极进行，各尽天职，各负责任，总冀达到推倒恶劣政府，建设真正共和为惟一之目的。近值帝政实现，民心愤恚，舆论激昂，大可促风云之密集；更兼上海一役，内容略露端倪，一班人民盛称革命运动之广，小试虽未奏效，而申部势力全在，其影响各方，实增出多少作用。若能巨款早集，则指挥自不难如意矣。专此复闻，并颂

时祉

孙文　十二月二十日

据《南洋霹雳华侨革命史迹》影印原函

复徐统雄函

（一九一五年十二月二十日）

统雄先生鉴：

径覆者：十一月一日第十二号公函展悉。居留政府因帝政风潮紧急，侦伺吾党行动，于进行上不无阻碍。然诸君办事，练达沉重，决无有予法律上以可疑之口实。若平常通信，乃权利所应有，不得以居留地之人而夺其自由，嗣后随时注意，谅不致对于吾党而特加检查也，望转达执事诸同志，幸勿过于畏葸为盼。吴君被逐出境，现在行踪如何？为国而受一时之屈，总望国强，可以永久吐气。目前患难不能避，实不敢避也，否则革命之精神，不足以增著其价值矣。以后本部对支部，如有可以节省之手续，自当通知各部力避烦重，以利进行。其余已经行之既久而无他弊者，仍祈照旧办理，免乱次第。除持原函交党务部详复外，顺此致问，并颂

时祉

孙文　十二月二十日

据《国父全集》第三册（转录史委会藏亲笔原件）

批 梁 愚 函[*]

（一九一五年十二月二十一日）

答以沪款收到，良牧款并由此追认。请竭力再筹应急。

据《国父全集》第四册（转录史委会藏原件）

批 刘 崛 函[**]

（一九一五年十二月二十四日）

答以现款难得，临时军费，因粮为必要；地方一切货物、钱财，悉发收据，定以时价，尽为收买，由我管藏之，则民间亦当向我取求，而钱银自归于我矣。我有货物，如盐、米、油、茶、烟、酒、布、帛等大宗养命必需之货在掌握之中，则币票可通行无碍矣。此物此间已印就，一得地点能交通，海外当能直送到也。

据黄编《总理全集》下册

批傅天民函[***]

（一九一五年十二月二十四日）

可准行，正副名誉部长总理委，其他由党务部长委任。

据《国父全集》第四册（转录史委会藏原件）

---

[*]　此件所标时间系来函日期。

[**]　原函报告筹划工作进行顺利，请准备款项及选择军事、政治干部，俟电到即派回广西襄助工作事。刘崛时任广西革命军司令长官。

[***]　傅天民时任职中华革命党吉樵支部。

致朱执信电

（一九一五年十二月二十五日）

秋谷①鉴：何敬甫之款，决定在君，如君需款，余等亦能寄多数
之款项。

据《国父全集》第三册（转录史委会藏《总理亲笔录存电稿》）

致 林 森 电

（一九一五年十二月二十五日）

沪电五省合抗袁事，确得真信。滇黔长官电袁云："民意反对，
请罢帝制，杀杨、孙②。"一面派兵川湘边界，约三星期内声讨。鄂
有款即发。南北各需甚急。沪虽增兵一旅，尚易着手，有五万即能
十分成功云，请勉筹速汇。事机至此，赴美非要着。文有友驻美京
办交涉，勿虑。一万元收。

据《国父全集》第三册（转录史委会藏《总理亲笔录存电稿》）

致马尼拉薛汉英电

（一九一五年十二月二十五日）

沪电五省合抗袁事，确得真信。滇黔长官电袁云："民意反对，

---

① 秋谷：朱执信的化名。
② 杨、孙，即杨度、孙毓筠。

请罢帝制,杀杨、孙。"一面派兵川湘边界,约三星期内声讨。鄂有款即发。南北各需其急。沪虽增兵一旅,尚易着手,有五万即能十分成功云,请勉筹速汇,由东转文。

据《国父全集》第三册(转录史委会藏《总理亲笔录存电稿》)

致旧金山革命党人电
(一九一五年十二月二十六日)

云、贵确布独立。苏、赣、沪、鄂皆备即发。文。

据《国父全集》第三册(转录史委会藏《总理亲笔录存电稿》)

批郑振春函*
(一九一五年十二月二十七日)

党务部代答云:分部本无限制,可并驾而驰,以图扩张党势。本部之于职员,当视效果之大小,以论功绩,望各勉力进行可也。

据黄编《总理全集》下册

批周之贞函**
(一九一五年十二月二十七日)

答以各事可听执信计划而行。

据黄编《总理全集》下册

---

* 原函请求取消陈侠农委任状事。郑振春时任职于中华革命党广东琼州分部。

** 原函报告陈炯明在粤活动情形,提出不可不谋先发制人事。

致上海革命党人电

（一九一五年十二月二十七日）

即由汇丰电田中壹万五千元。鄂屡告急请款，如确可动，请照给三千元。确否宜察，勿轻与。

据《国父全集》第三册（转录史委会藏《总理亲笔录存电稿》）

致上海革命党人电

（一九一五年十二月二十八日）

此间确息，唐、蔡①已动，滇款毋庸给。既有首难，则袁之信用已破。此后吾党当力图万全而后动，务期一动即握重要之势力。孙文。俭。

据《国父全集》第三册（转录史委会藏《总理亲笔录存电稿》）

致胡汉民函*

（一九一五年十二月二十九日）

苏、沪、赣、鄂发旦夕。执②昨电请万元，已勉凑汇。刻需款急，请催汇。总支部趁兄在，速组织。文。

据《国父全集》第三册（转录史委会藏《总理亲笔录存电稿》）

---

① 唐、蔡：唐继尧、蔡锷。

* 胡汉民于九月底奉派赴南洋等地筹措讨袁军饷，时在马尼拉。

② 执：似指朱执信。时朱执信在香港与邓铿策划革命军起义讨袁。

致火奴鲁鲁革命党人电
（一九一五年十二月二十九日）

沪、粤需款急，请力筹应，须待沪得乃回。

据《国父全集》第三册（转录史委会藏《总理亲笔录存电稿》）

致香港 Yokashi 电[*]
（一九一五年十二月二十九日）

香港 Yokashi：关于你的营业，请与 Ghowkok Boyama^① 商酌。

据《国父全集》第五册英文电稿（转录史委会藏
《总理亲笔录存电稿》）译出

致上海革命党人电
（一九一五年十二月三十日）

赣久未发，究如何？刘世均入党，于赣稍有力，能统一否？鲁首要数人即来东，面商后再赴青岛。苏事如何？

据《国父全集》第三册（转录史委会藏《总理亲笔录存电稿》）

---

* Yokashi：未能查出日文姓名根据，故保留原电文所用拉丁化拼音。
① Chowkok Boyama：未能查出日文姓名根据，故保留原电所用拉丁化拼音。

致香港 Chowkok 电[*]

（一九一五年十二月三十日）

　　香港 Chowkok：如 Yokashi 之营业可行，让他试向汇丰银行申请一万元。

据《国父全集》第五册英文电稿（转录史委会藏
《总理亲笔录存电稿》）译出

复巴城□镜湖函^{**}

（一九一四至一九一五年间）

　　径复者：来函备悉。巴城支部既与该埠书报社同志商同组织成立，具征联络苦心，无任嘉慰。嗣后机关既立，进行自有把握，海外计划，以筹款为第一要义。据该支部直接报告，将来尚易为力，仍望热心维持，以期发达。所有应发印章、委任状各件，已嘱党务部办理矣。至书报社原存款五千，既为刘君芝芬提用，前事可作罢论，以后无论何处款项，应直接汇寄东京本部，酌量分别支配，以昭划一，即烦代达各处为盼。此复。

据《国父全集》第三册（转录史委会藏
《中华革命党史料汇编文献类》）

---

　　*　Chowkok：全名为 Chowkok Boyama。Boyama 疑为 Toyama（头山）之误。

　　**　原函未注明时间。按函中"巴城支部与该埠书报社同志商同组织成立"，"所有应发印章、委任状各件，已嘱党务部办理"判断，当在一九一四至一九一五年间。

复巴达斐亚支部函[*]

（一九一四至一九一五年间）

　　径复者：接阅来翰，统悉一切。侨巴同志自接前函及金一清君携到各件，即克日将支部组织成立，爱国热忱，具征素抱，无任嘉赞。始基甫创，即进党员百余，以后协力扩张，不难蒸蒸日上，诚有如来书所云者，尚祈当事诸君，积极进行，以达政治革命之目的，实为翘企。所有一切商办手续，均属党务部详细具复，嗣后各种情形，尚希随时函告。所由汇丰银行汇来千元，已照数收到，所发正式收条，亦祈查收。后凡筹集各种款项，俱望直接汇寄东京本部，以昭划一办法。专此致复，并询

日祉

据《国父全集》第三册（转录史委会藏
《中华革命党史料汇编文献类》）

批宿务革命党人函

（一九一四至一九一五年间）

　　复函并寄誓约，着各人再填。因所寄之约不合式，今暂存此地，俟订正之约寄到后，或消毁，或寄回，随同志酌夺。收到几分，当于答函列明。

据《国父全集》第四册（转录史委会藏原件）。原编者
注："来函未见，批在空信封上，应在民国三、四年间。"

---

　　[*]　原函未注明时间。按函中"即克日将支部组织成立"，"以达政治革命之目的"判断，当在一九一四至一九一五年间。

颁给郑螺生李源水奖状二件[*]

(一九一五年)

一

二等有功章奖状：郑螺生君慷慨捐资，赞襄义举，赍兹永宝，用彰厥功。

中华民国　年　月　日

中华革命党总理孙文（印）

二

二等有功章奖状：李源水君慷慨捐资，赞襄义举，赍兹永宝，用彰厥功。

中华民国　年　月　日

中华革命党总理孙文（印）

据《南洋霹雳华侨革命史迹》影印原件

致域多利望多立支部函^{**}

(一九一五年)

同志公鉴：

＊　原件均未填年月，据奖状内容，并参照《颁给黄馥生奖状》（一九一五年十二月一日）判断，应为一九一五年。

＊＊　原函未注明时间。据函中"去十一月十三日……以及组织第三次之开幕历史，均陈概略"判断，当在一九一五年。

　　径启者：去十一月十三日曾由关君宝华代布一函，凡国情政况，公论人心，以及组织第三次之开幕历史，均陈概略，谅鉴苦衷。

　　兹值欧战方酣，时机若错过不图，必遭挫抑。幸海内外同志，烛玄明微，兴亡与责，自秋徂冬，进益凌厉，粤机勃发，敌已智穷，蜀锋正交，滇将为辅。成败则英杰难期，义勇自天日可矢，造因必果，众志斯城。刻拟春风雷动，大张讨伐，解除民劫，还我共和。惟道高魔重，实力是竞，不树先声，莫由寒敌；不守法制，莫由信民；能鉴前辙之覆，实启来〔遵〕轸之遭，故第三次事前预备，虽不克云藻周虑密，亦不敢遗纲弛目废也。

　　迩者海外侨胞，诚格斯应，如景率从，团体以义集，心理以爱成，革命热潮，沸不可遏。机关完备，既达十数，相继组织，各自并驱，基础如是，前途把握，当无俟筮决也。域多利一埠，人物殷赡，工商频繁，同志急公爱国，令声卓著，有见共明。窃恐山障水迢，情形隔阂，本部经营，未征底蕴，提倡无人，必怀观望。前函未复，耿耿于今，为此一再致辞，重申大旨，务乞诸公多方传播，启发前途，立支部以树声援，建大计以匡不逮，是则临风盼望，伫听好音。书不尽言，专候惠复。此启，并颂
时祉

　　高云山、吴宝华两先生均候。

据《国父全集》第三册（转录史委会藏
《中华革命党史料汇编文献类》）

批伍平一函[*]

（一九一五年）

答函要点：

一、此事之错，在文一接兄函即发委任状，破例即犯例也。弟所以如此者，信兄之深也。同时属以写约寄来，望兄接信之日，即写即寄，便可弥缝也。乃兄不会此意，而自写于国字部内，而又久不抽出寄来。今受人攻击，本部职员一查，兄确未有誓约，文不能不对本部认错，所以有着兄在岷立誓，预料兄一定难从，所以只有着兄来东之一法耳。

二、文不特对本部要认错，对于岷支部亦不能不认错，非关于筹款之多少也。文虽为总理，亦不能违例，此所以不同于专制也。

三、兄既接三号之信，而明知文以私人情谊破例行之，而犹不晓，即将誓约一张寄来以为补救，是于无意中扬揭文之违例也。此事一扬，文不认错便是违法专制矣，兄将何以教我？

四、事既错矣，而兄今日之信，犹欲文强承兄之约已寄到东京，以瞒岷支部，是教我行恶也。

据《国父全集》第四册（转录史委会藏原件）

---

* 原函报告遵命停止吸收会员事。

致赵平鸣函[*]

（一九一五年）

平鸣兄鉴：

　　八月十一日惠书，诵悉一切。澳洲同志得兄于彼邦为之尽力，将来党务必能蒸蒸日上。此间所急，在筹备军资，军资充实，无难除彼凶暴，望注意此节，极力游说。致郭、黄、余、周诸君函，已寄黄国民兄转致。知念并及。专此，敬请

大安

孙　文

据《总理全书》之十《函札》上册

致巴城□镜湖函

（一九一五年）

镜湖兄大鉴：

　　得手书，藉谂一是。李容恢大言不惭，而心术诡诈，前到东捏造报告，谓兄私自发行债券，幸不为所惑。今其人已为使馆买收，则更不足道矣。泗水刘君热心毅力，至足钦佩，已交财政部存记，予以奖励，以劝来者。专复，即颂

---

　　[*]　原函未注明时间。按函中"八月十一日惠书，诵悉一切"，及促其筹募讨袁军饷判断，当在一九一五年。底本注为一九一六年，误。

旅安

　　关于预算需款一节，另由财政部议复。

孙　文

据《国父全集》第三册（转录史委会藏影印原件）

致上海革命党人电

（一九一六年一月一日）

　　山田①"三岛丸"来，三井款不能速，因政府近有佳意，各皆欲待其方针决定而后行。九日约，亦以此滞，然希望佳。现请竭力联陆军。海军当行王统之策。粤将发，鄂、赣着速动，沪当图万全。鲁交涉妥，彼等不来，可速回去。周、吴②电请万元济苏用，刻难应之。请电新疆动。

据《国父全集》第三册（转录史委会藏《总理亲笔录存电稿》）

复旧金山革命党人电

（一九一六年一月二日）

　　回期尚未定。需款急，速汇。

据《国父全集》第三册（转录史委会藏《总理亲笔录存电稿》）

---

①　山田：指日本人山田纯三郎。
②　周、吴：即周应时、吴藻华，时分任中华革命党江苏司令长官及江苏支部长。

批尹子柱等函[*]
（一九一六年一月三日）

答以函悉。江西司令长之事，文当有主张，现尚不便发表，必俟事发之后方可公布，到时无论何人，总望公等协力襄助，以成大事云云。总理批。

据《国父全集》第四册（转录史委会藏原件）

复上海陈其美电
（一九一六年一月三日）

即前同山田所用之密 30[①]。

据《国父全集》第三册（转录史委会藏《总理亲笔录存电稿》）

批□□伟致谢持函
（一九一六年一月四日）

慧生代答以本已有策划，并嘉其热心。

据黄编《总理全集》下册

---

　　* 原函请对于推举欧阳豪或董福开继夏之麒司令办理赣省党务者俱作罢论，另委贤能接充。尹子柱是江西中华革命党人。

　　① "密 30"：指密电码。

复薛汉英电[*]

（一九一六年一月四日）

万元妥收。南北各省皆图发动，款尚缺。

据《国父全集》第三册（转录史委会藏《总理亲笔录存电稿》）

致上海革命党人电

（一九一六年一月八日）

即由台湾银行电田中日金一万圆。款尽汇沪，陕款下次汇还，请转朗西^①。文。庚。

据《国父全集》第三册（转录史委会藏《总理亲笔录存电稿》）

致马尼拉革命党人电

（一九一六年一月八日）

闽请款为谁？当由此酌拨，不可由岷直拨，方能统一。

据《国父全集》第三册（转录史委会藏《总理亲笔录存电稿》）

---

* 薛汉英时担任中华革命党菲律宾筹饷委员。

① 朗西：徐朗西。

复上海革命党人电

（一九一六年一月九日）

丁密恐不密，改用仓伯码13。邓①到，函悉。苏又失约。鄂前云有三千即动，昨电再要万元，令人难信，究如何？实复。日府派青木中将②来沪调查，而后定方针，宜秘密间接图利之。

据《国父全集》第三册(转录史委会藏《总理亲笔录存电稿》)

批胡汉民签转香港某某函

（一九一六年一月十日）

至紧！复函奖励，并着执信、海云③与接洽。

据黄编《总理全集》下册

批 梁 愚 函[*]

（一九一六年一月十一日）

答以沪款收到，良款亦由此追认，请竭力再筹应急。

据黄编《总理全集》下册

---

① 邓：邓铿。

② 青木中将：即青木宣纯，曾任日本驻华武官。

③ 执信、海云：朱执信、李海云。李时任中华革命党广东高雷两阳恩开新等处区司令。

* 原函报告款项除前寄香港良款外，余数已汇上海陈其美收。梁愚时担任中华革命党南洋日里正支部长。

致咸马里夫人函

（一九一六年一月十一日）

亲爱的咸马里夫人：

十二月三十日来函已得收读。欣悉夫人服务于某一矿务机构。我正希望夫人能和美国矿业界人士有所结识，所指并非投机商人，而是工程技术专家和管理人员，能于我国创办事业有所助益之人才。我国将兴办和开发矿产事业，并将鼓励人民效法，故具有此类才能之人员实为急需，请代为留意罗致。

时机正在迫近，我深信我们全部希望即将实现。夫人当已从报刊得知，有些省已宣布独立，其他省正在相继响应，一如第一次革命时之情景。事实将首先证明，我两年之苦心经营在我国内并非毫无结果，而且纵然我国人民貌似冷漠，毕竟不乏良知与爱国热忱。

此次运动之任务较第一次革命更为艰巨，而成果亦当更加宏伟，由于对人性有更深之理解，兼得以往经验之助，我们应付各种事务之才智已大有长进。

袁世凯现已僭登帝位，其实此人末日，如所共知，已屈指可待。或许此函尚未奉达，我国内同志已有惊人之举。

希望不久再获佳音。来函可径寄东京。

谨致最热烈的问候。

你忠实的孙逸仙

一九一六年一月十一日

东京青山原宿 109

据《研究中山先生的史料与史学》所附英文函
（转录史委会藏原函影印件）译出

复马尼拉革命党人电

（一九一六年一月十一日）

电悉。款由万国银行电汇横滨孙文收。

据《国父全集》第三册（转录史委会藏《亲笔电稿》）

致□瑞祥等函

（一九一六年一月十二日）

瑞祥仁兄并同志公鉴：

惠书诵悉。许君、邓君①到哩，荷承热情照拂，至堪铭感。

前汇上海陈英士兄肆千叁百两，已由陈英士兄函电声明收到。至尊处前寄香港谢良牧收用贰千元，当由此间追认，但嗣后各同志所捐款项，应请汇交本部指定机关，或直接汇交本部为妥。云、贵独立，四川军队多数赞成，东南各省现在急图响应。惟需款浩繁，非赖海外同志出力不可，务望奋勇筹措巨资，以济军用。专此，敬请

大安

诸同志均此致意。

---

①　许君、邓君：即许崇智、邓铿。

民国五年元月十二日

据《国父全集》第三册（转录史委会藏《总理亲笔录存原稿》）

批薛汉英函

（一九一六年一月十三日）

答以薛君借出飞船公司之款，因谭根君欲由公司填还，故未发收条。若飞船公司不能，当由本部认归公款开销，发还收条就是。

据《国父全集》第四册（转录史委会藏原件）

致上海革命党人电

（一九一六年一月十三日）

粤人款请速买正金票，用 Bearer 票，不可指人名，因港严制吾党款，前电已不妥。票买后专遣妥密可信人速带港，交干诺道十九号公慎隆陈耀平转执信。孙文。元。

据《国父全集》第三册（转录史委会藏《总理亲笔录存电稿》）

批吴铁城函[*]

（一九一六年一月十四日）

复函嘉勉，并照开列各会馆，各致一函奖励，并任委郑成功为希炉筹饷局长。交仲恺办理。

据《国父全集》第四册（转录史委会藏原件）

---

[*]　原函推荐郑成功为希炉筹饷局长，并报告劝募年饷情形及请奖励四大都会馆事。吴铁城时任中华革命党檀香山特派委员。

批冯自由函*

（一九一六年一月十四日）

复函着致力筹款，待有号令招乃可回。岑①日内来日本，报上所传不实。仲恺办理。

据《国父全集》第四册（转录史委会藏原件）

批许直臣呈**

（一九一六年一月十四日）

仲恺办理，复函嘉勉。

据黄编《总理全集》下册

致叶独醒函

（一九一六年一月十八日）

独醒仁兄惠鉴：

　　去腊廿五日致书，诵悉一切。云、贵独立，现已进兵四川，占领叙州、綦江，重庆不日可陷。粤省外府，刻已陆续发动，而福建之事，亦由许君着手办理。但军需浩繁，非巨款莫济，尊函谓如福建

---

　　*　原函报告筹款情形，并谈粤事如发动必就道回国事。

　　①　岑：岑春煊。

　　**　原呈报告该处支部选举正副部长及筹款情形。许直臣时任中华革命党檀香山副支部长。

再倡独立,务埠①可揽兑五六万元。具见魄力。现在闽事正需此款,倘款能为助,事无不济,请竭力筹措,无虚此愿也。务埠应否再设筹饷局,请就商汉民先生决定,函复此间为要。

依里岸职员表,已交党务部存册矣。此复,并候

大安

各同志均此道候。

　　　　　　　　　　　　孙文　民国五年元月十八日

　　　　　　　　　据《国父全集》第三册(转录史委会藏影印原件)

致康德黎夫人函

(一九一六年一月十八日)

亲爱的康德黎夫人:

十一月二十八日来示敬悉,至为感激。约在同时,我曾寄上一函,由安布伦斯学院(The Colllge of Ambulance)转交,谅已安然送达。欧洲人士虽正处于困苦之境,对中国现状亦当有所知晓。近来新闻传播极为迅速,不待我预测局势之函件达览,夫人或已得悉此间近况。

云南已率先宣布独立,其他省正迅速响应,一如第一次革命推翻满清统治时之情景。袁世凯虽头戴滑稽王冠,自称"大皇帝",仍无法压制人民之呼声,其自吹统一国家之雄才与权威,而今安在?

诚如夫人所言,袁世凯欺骗了不少外国使节,但无法蒙蔽本国人民,虽盗用人民名义,宣称"此即民意",亦属徒劳而已。英国竟无视袁世凯昭然若揭之亲德倾向而甘受愚弄,实令人诧异。

---

　　①　务埠:即菲律宾宿务。

　　香港、上海及新加坡等地之英国官员，居然与袁世凯合作而热衷于迫害我爱国同胞；其行动似乎乃受命于袁世凯，而非本国政府，视袁世凯直若其主子或上司。此种行径必贻英国政府以不良之后果。因我中国年轻一代之进步人士，即将取得政权。故而恳请夫人敦促贵国议会中之友人，尽速将此一问题，以坚决而强烈之方式向贵国政府提出。

　　我国人民素以友邦视英国，无论何时何地，均以友谊回报友谊。英国官员若不改弦更张，停止上述迫害行动，则中国人民亦将不得已而改变态度。目前英国继续迫害我爱国同胞，实为自取羞辱、自招损害之行为，且已成为我国人民前进之障碍。

　　英国政府若愿获得中国年轻一代之友谊而非憎恶，则不该鼠目寸光，而当高瞻远瞩。我辈前途虽有障碍，但我确信，不久定可成功，且较一般人之预期为早。

　　夫人与康德黎博士为崇高而有益之事业鼎力协助，备极辛劳，愿贤伉俪身体安康。

　　来示请仍寄此函所用地址，如有变更，当另函奉闻。

　　谨致最诚挚之敬意。

你真诚的孙逸仙

一九一六年一月十八日

东京青山原宿 109

据《国父全集》第五册英文函（转录史委会藏原函影印件）译出

致邓泽如函

（一九一六年一月二十日）

泽如仁兄大鉴：

去腊许、邓两君仓卒言归，许君留沪，筹备闽事，邓君独行东来，报告一切，日间当再南渡，襄助执信，经营粤事。云、贵独立后，鄂、赣、苏、杭等处均准备发动，其中虽稍有泄破，然势力仍在，元气无伤。但长江一带，敌屯重兵，且有津浦、京汉两线运输之利，急与争衡，过费资力。刻下决注全力于粤省，旁及福建。闽、粤一下，与云、贵打成一片，南方局势，已足自活，沿江各省，自然动摇。至于北方经营，现亦大有头绪，陕西革军，断难扑灭，而内蒙马贼，与乎宗社党徒，大足为吾党牵制，使北兵不能多数南下。南方军械补足，即图大举北发，现在定计大略如此。但军需浩繁，非巨款莫济，去年各处汇款，尽用于云、贵、川、陕及沿江各地方。许、邓两君行后，今年南洋来款，不如去腊之继续，而以荷属各地方为最滞。许、邓两君行后，已担认而未出款汇东者居大半。际此着手施行新策之会，万不可使办事者虽决心而有棘手，致亏全功于一篑，务请鼓舞各处筹饷局，速催未汇之款，使其即汇东京或香港，以裨军用。其已汇齐者，则请其竭力再筹，源源接济为荷。专此，敬请

大安

各同志均此候好。

孙文　五年一月二十日
据《孙中山先生廿年来手札》影印原件

复黄根刘安函

（一九一六年一月二十五日）

黄根、刘安两先生大鉴：

复函已悉。黎君①惨遭奸人毒手，弟敬闻之下，曷胜惋惜之至。贵分部开会追悼，弟以远隔万里，未能躬与盛会，尤为憾事。所望黎君虽死，公等继志有人，以竟黎君未竟之志，则黎君虽死之日，犹生之年，愿公等努力前途。

贵处信箱，弟当另行存记，他日有函，自必按址寄上，请勿系念。

贵处前后军饷，已叠由美支部转来，公等热心捐输，同人无任纫佩。目下内地革命，风云日急，需款浩繁，仍望公等踊跃筹济，则将来驱除国贼，还我自由，皆诸公之力也。匆此，并叩

团安

　　　　　　孙文　民国五年一月二十五日

据《国父全集》第三册（转录史委会藏亲笔原件）

复杨寿彭函

（一九一六年一月二十六日）

寿彭仁兄同志惠鉴：

汇来捐款叁千元，已由财政部收领。现在各省活动渐臻成熟，军需所急，端在巨款。尊处鼎力鼓舞，其结果当不让南洋、美洲各埠，盖以消息易通，见事较敏也。务望竭力相助，以资进行。专此奉复，并请

大安

旅神户诸同人均候。

---

① 黎君：指黎协。

孙文　元月二十六日

据《国父全集》第三册(转录史委会藏原件)

致袁军征滇总司令某函[*]

（一九一六年一月）

某某足下：

　　自癸丑以还，不以文字语言与国人相见者两年于兹矣。是非一乱，政本全乖，外侮频来，内忧方大。近乃由国体问题，趋入存亡问题矣，以足下之练达英武，中间利害，宁待深言？

　　今则滇、黔崛起义师，声罪讨逆，风声所树，薄海同钦，顺逆之势既殊，成败之局可睹，国脉未死，民气一苏。中国国体之是否适宜共和？解决国体之是否全国真正民意？帝制实行之是否不生内乱？变更国体之能否巩固外交地位？袁世凯式之一人政治是否真能利民福国，适于二十世纪之生存？皆可于此时下一判断。语曰："千人所指，无病而死。"此千人者，决非御用派之奴隶鹰〈犬〉以至无是非无羞恶之人类，而可嫚以自欺、援以自壮曰民意、民意以涂饰中外耳目者也。故万恶政府之唯一产物，是曰革命，此非国人之好乱，实恶政治之自身有以造成之。

　　公等义全大局，服从于共和国体之下，袁氏四年来之伪共和，当夙知之。其叛国卖国之险诈，驭下之羁縻猜忌，不诚不信，当夙知之。以足下之功高不赏，其为忌嫉，岂待讦言？乃者勋爵五等，遍及军人，厮养羊头，滥于更始，纵加爵号，究复何荣？而足下服从

---

　　* 此件上海《民国日报》在正文前说："袁军征滇总司令某氏，于赴宜昌之先，曾得邮递一书，其署名为中华革命党领袖某某。"袁军某氏，当指曹锟。

神圣共和之初心，又将为盗国神奸之所由利用，巍巍名将，岂为家奴？谅足下之练达英武，必不出此。往年一客燕都，幸与足下有握纳之欢，退自私叹，当今名将，必数足下。至于今日，举足轻重，大局所关，转危为安，在此一举。乃闻袁氏且派足下率师以捍滇、黔，此名此义，对于民国，犹曰效忠；对于今日盗国卖国之独夫，实为助逆。人心向背，得失是非，不待观望徘徊而知其无幸矣。

为今之计，三湘健儿，民气素张，公为中坚，又握魁柄，大可及时提挈，倡树义帜，拥护共和，建盖世之功名，播威声于中外，流芬芳于史册，此计之最上者也。拥兵逗遛，沉机观变，坐使势成鹬蚌，利归渔人，计之下者也。以共和名将，不保障公器之国家，而甘为一姓之臣奴，作梁翀之虎，效灵公之　，即使胜利，人格已非，万一挫衄，名实俱丧，计之最下者也。

吾党灼观大势，痛矢天良，锐身护国，何敢稍后于人。足下而有意于大局，无重悖于世界之趋势也，必行最上之策，乘有为之势，始终贯彻于一主义。西南各省，吾党凤布实力，必能与足下义旗呼吸响应，互为声援。事职所在，间不容发，稍纵即逝，惟足下裁之。

据上海《民国日报》一九一六年一月二十九日《革命党寓书总司令》

致上海革命党人电 *

（一九一六年二月二日）

我挚爱之同胞及建造共和之同志鉴：顷者邮奉一函，此仆以血诚书之者，望诸君三覆而审读之，且望将此函与同志诸同胞共读

之。此函计一星期内可递到,届时请答仆一电。设有延误,仆当再寄一函。

据上海《民国日报》一九一六年二月二日《孙中山致上海党人电》

给夏次岩经费手谕

（一九一六年二月七日）

见票即交夏次岩君亲收日金壹万七千元正。孙文。

据《国父全集》第四册(转录史委会藏孙中山手谕原件第一号)

电送香港朱超经费手谕

（一九一六年二月八日）

请电送香港朱超收日金壹万元也。孙文。

据《国父全集》第四册(转录史委会藏孙中山手谕原件第二号)

令汇款东京手谕

（一九一六年二月八日）

票汇东京孙文收日金六万元也。孙文。

据《国父全集》第四册(转录史委会藏孙中山手谕原件第三号)

交吴藻华经费手谕

（一九一六年二月十五日）

即交吴藻华君亲收日金五千元也。孙文。

据《国父全集》第四册(转录史委会藏孙中山手谕原件第四号)

交吴藻华经费手谕

（一九一六年二月十八日）

即交吴藻华君亲收日金四千元也。孙文。

据《国父全集》第四册（转录史委会藏孙中山手谕原件第五号）

交周淡游经费手谕[*]

（一九一六年二月十八日）

即交周淡游君亲收日金五百元也。孙文。

据《国父全集》第四册（转录史委会藏孙中山手谕原件第六号）

批邓居文函[**]

（一九一六年二月十九日）

交惠生调查后，约来见。

据《革命文献》第四十八辑《中华革命党
时期函牍》（转录史委会藏原件）

---

　　* 　周淡游是陈其美助手，负责长江一带秘密联络事宜。

　　** 　此件所标时间系来函日期。邓居文为吉林留美学生，来函自述生平，请求"以私人名义，叩而问教"。

交刘友敏经费手谕
（一九一六年二月二十日）

即交刘友敏君亲收日金叁千五百元也。孙文。（由吴藻华君介绍前来）

据《国父全集》第四册（转录史委会藏
孙中山手谕原件第八号）

给刘谦祥委任状
（一九一六年二月二十日）

委任状：委任刘谦祥为宿务筹饷局董事。此状。

中华革命党总理	孙　文
总　务　部　部　长	陈其美
财　政　部　部　长	张人杰

中华民国五年二月二十日

据《国父全集》第四册（转录史委会藏原件）

致久原房之助函
（一九一六年二月二十二日）

久原先生道鉴：

敬启者：文夙昔以图东洋平和及中日亲善为务，兹兹于是业已有年，区区三寸志，当蒙洞鉴。兹为达此目的，荷承不弃，予以援助,前日所交下日金柒拾万元已收到,当即呈上借款证书,想必达左右矣。兹次文所计划之事业,倘能因阁下之援助得以成功,所有转借金额,文必负如数偿还之责。至今后关于中国之一切实业,阁下如有所计划,文及文之同志,必能尽其所能,使民国之政府及实业家赞助阁下之事业,以报好意于万一。专此肃函奉谢盛意,并颂道安不一

孙文　二月二十二日

据《国父全集》第三册(转录史委会藏影印原件)

复陈其美函

(一九一六年二月二十三日)

高野①我兄大鉴:

十八日手书诵悉。昨发电请兄为江、浙、皖、赣四省总司令,以便于调度。至于湘、鄂等处,应就近接洽具□,兹仍请便公洽之。连日日报电言湘鄂事俱不得手,惟有此影响,亦足摇彼军心。仲元②日间动程,当先赴沪,面商粤事(预定万元之款,切勿移挪)。东人意见渐趋一致,惟视势力而动,则诚如来□所云。岑氏③来此晤过一次,无其要领,渠常与东人相见,至有何结果,则无从知,以间接之见闻推之,似都无把握耳。周孝怀④相见数次,渠自居超然派,而以调和为任,究竟目前无切实之办法,则亦空言而已。山东

---

① 高野:为陈其美化名。
② 仲元:即邓铿。
③ 岑氏:即岑春煊。
④ 周孝怀:周善培。

方面因各派不能统一，故专使觉生兄往沪上，有图齐鲁事者，乞劝其人并归统一为幸。专此，即颂

近安

孙文　二月二十三

据《国父全集》第三册（转录史委会藏影印原件）

通告南洋澳洲等处同志函

（一九一六年二月二十四日）

通启者：自滇黔起义以来，各省切实筹画，陆续响应者比比皆是，幽燕一隅，危如累卵，袁贼世凯，命在旦夕。惟当此军事旁午、一发千钧之时，非得大宗款项，不足以歼灭万恶政府，而奠定民国邦基，诸君深明大义，必能踊跃捐输。兹特派冯君自由前来南洋、澳洲等处，宣布国内进行情形，筹集巨款。该员到时，务望妥为接洽。特此通告，并颂

筹安

孙文　二月二十四日

据《总理全书》之十《函札》上册

批陈煊雷瑞廷等函 *

（一九一六年三月五日）

着军事部代复，奖其热心，并着稍候沿海得有根据之后，当函

召回来效力也。

据《国父全集》第四册(转录史委会藏原件)

批小吕宋吴宗明函 *

(一九一六年三月六日)

仲恺办理,并复。

据黄编《总理全集》下册

致东北军革命党人电

(一九一六年三月十日)

沪复电,吴①奔津,留□沪,不愿趋连。文。蒸。

据《国父全集》第三册(转录史委会藏《东北军卷来电底稿》)

复上海革命党人电

(一九一六年三月十二日)

电悉。一二日当如数电二十万,为江、浙及第二舰队用,请速着手。

据《国父全集》第三册(转录史委会藏《亲笔电稿》)

---

　*　原函请电达筹饷局长薛汉英拨出军债票一千元,交明自己设法招售,以还《公理报》之旧欠。

　①　吴:指吴大洲。

复 居 正 电

（一九一六年三月十二日）

电悉。款如得手，可照办。文。

据《中央党务月刊》第八期（南京一九二九年
一月一日出版）

致直鲁晋省革命同志函

（一九一六年三月十三日）

同志公鉴：

袁氏柄政以来，全凭藉直隶总督之余孽，作福作威，毒遍四海，固不待筹安会发生，而知其必叛民国也久矣。吾党自癸丑失败，惨淡经营，日不暇给。上海发难而后，云、贵踵起，竖讨袁义旗，作共和之保障，此吾人所中夜欣祝者也。惟是云、贵军局限一隅，胜败之机，尚难预决。故欲缩短战争之期间，保全国家之元气，事半功倍，犹解倒悬，非从袁氏根本地推翻不可。加以北方健儿、山东豪杰，并起亡秦，殆指顾间事耳。文实有鉴于此，特派居正为中华革命军东北军总司令，统筹直隶、山东、山西革命军进行事宜，前来与诸同志相见。务希各披肝胆，协力同心，义勇奉公，精诚服务，以达吾党远大之目的，文实有厚望焉。专此布达，并颂

公安

孙 文

据《国父全集》第三册（转录史委会藏原件）

复 居 正 函

（一九一六年三月十三日）

觉兄大鉴：

三月七日手书诵悉。又得□来电云萱野款成，请拨半数为东北用，经已复电照办。但此款如即往日指为山东用途者，则竟可完全拨用，不必划分。甚望此方面能于月内速动，宜急切着手起事，当先取济南。因外交极有希望，彼方已决意倒□，在东之宪兵警察，已与接洽，可得自由利便。今日得港朱执兄来电，广州已起事，但电文简略（原来广州只为一部分，尚有高州、肇庆等方面，当系同时着手）。粤事须得占省垣，方有大影响，而山东、上海方面则不然。云、贵战况不佳，须有新生气，以振起全局。兄到青岛后，宜报知通电、通信机关，以便能从速直接各事。

英兄来函云：山西方面，前派四川同志谢百城往，此次约有刘仁甫偕来沪。刘在晋管理铁道多年，现尚在职，亦旧日同盟中人，与阎锡山极契。谢之胞弟，又为阎司密电，均谓阎思旧情殷，向未伤害同志，拟请致函于阎，晓以大义与时局。并云特派谢、刘到晋，商筹一切（已依所请由此间缮函，寄英兄转达），然后谢、刘返晋，与之接洽。英兄已告谢、刘后此与兄接头，因请函告尊处。又云：师长孔庚前遣章昰往，已面晤之，孔表赞同，而自嫌力薄，谓得五万金，当可有为，此亦可注意之事也。专此，即颂

近安

　　　　　　　　　　　孙文　三月十三日

又：沪函云：有周耀武为同盟旧人，与李凤鸣、何绪甫、续西峰

诸人运动于山、陕间,李、何皆曾居陆建章幕下,报载李已举义于陕西。何方有事于北京,景梅九之被捕,即渠等小挫之一端,已由沧伯①邀周入党。周于辛亥起义有力,癸丑后往来山、陕、新、甘,朴诚可靠,并可由周以约李、何入党云。

据《中央党务月刊》第八期

复上海革命党人电

(一九一六年三月十三日)

五日函悉。款先得五十万,余俟王统海军获后乃可得。沪事当俟王统动后方可发,王极有把握,当不落空。鄂事由田②试办,如得手,则委之也。文。

据《国父全集》第三册(转录史委会藏《总理亲笔录存电稿》)

致上海革命党人电二件

(一九一六年三月十六日)

一

今日由三井银行汇兑收廿一万元,以万元给梓琴。务谋万全。文。

二

今日由正金电汇陈其美收日金廿一万元,请拨梓琴沪洋万元。

---

① 沧伯:即杨庶堪。
② 田:即田桐。

诸事望慎而图之，务期万全效果。文。铣。

据《国父全集》第三册（转录史委会藏《总理亲笔录存电稿》）

致陈其美电
（一九一六年三月十九日）

即委夏奉天司令长官。江苏司令如何？无党员可任，请兄兼之。覃振请款，可由湘款内拨洋二千为要。十二来函悉，对哲谋①不约而同。

据《国父全集》第三册（转录史委会藏《总理亲笔录存电稿》）

致居正电*
（一九一六年三月十九日）

萱兄②嘱购壳子枪，是否急需？荻野款何无消息？速复。念日由正金电五千，请收。谋天津有门径否？〈并〉复。文。

据《中央党务月刊》第八期

批史明民函**
（一九一六年三月二十日）

惠生代复，着他来见。

据黄编《总理全集》下册

---

① 哲谋：周应时。
* 此件所标时间系收到日期。
** 原函为请求急图东三省事。
② 萱兄：萱野长知。

复上海革命党人电

（一九一六年三月二十日）

不必给款少贞，若有余，当多助仲元较有益。下电转展云①：闽事已委汝为②司令长，所有外洋汇闽用款，委由汝为指拨，以归统一而利进行。切勿贻误。孙文。

据《国父全集》第三册（转录史委会藏《总理亲笔录存电稿》）

致马尼拉革命党人电

（一九一六年三月二十日）

闽事已委许崇智专办，款应归许支配，以便统一。嗣后闽军饷，请汇东转许，勿汇他人。祈转告怡朗③。文。苪。

据《国父全集》第三册（转录史委会藏《总理亲笔录存电稿》）

致 居 正 电*

（一九一六年三月二十日）

萱兄函快〔悉〕。宫崎统价金额须〈一〉度交足。田中借款未成，尊处能筹二万，请速汇东，残额此间筹付。陕西事望觉兄速详

---

①　展云：黄展云，中华革命党福建支部长。
②　汝为：许崇智。
③　怡朗：菲律宾地名。
*　此件所标时间系收到日期。

报，阅后始定。

据《中央党务月刊》第八期

致旧金山《少年中国报》电

（一九一六年三月二十一日）

同志公鉴：请将存款尽买百马力以上适军用之飞机十数台，速付来。并着能飞之同志及林森、邓家彦等回来。孙文。

据《国父全集》第三册（转录史委会藏《总理亲笔录存电稿》）

批朱霁青致谢持函*

（一九一六年三月二十二日）

可据实答之，并着再来见。

据黄编《总理全集》下册

复上海革命党人电二件

（一九一六年三月二十三日）

一

电悉。时机至此，可速发制人，不必待王也。兹电二万，款当专用于沪，切勿再行分散。沪能得手，则万事皆就，望奋励图之。尚需款否？

　＊　原函陈述对于党务、国事之感想，并问子弹事。

二

二万由台湾行电山田收。此较不能通粤电，除龙[1]事由兄电仲元可也。孙文。梗。

据《国父全集》第三册（转录史委会藏《总理亲笔录存电稿》）

复马尼拉革命党人电

（一九一六年三月二十三日）

电悉。飞机除尊处及内埠出款外，此间出款六千。应使谭[2]将款交还吾党，否则飞机仍吾党物，谭不能携去。谭既叛党，应以对待叛党者之法待之。请告忠诚。

据《国父全集》第三册（转录史委会藏《总理亲笔录存电稿》）

致 居 正 电 *

（一九一六年三月二十三日）

二十由正金电五千，收否？铳已交易，速运送。定船后再电告接洽。

据《中央党务月刊》第八期

---

① 龙：指龙济光。
② 谭：谭根，飞行技师，曾被委为中华革命军航空队司令长官。
* 此件所标时间系收到日期。

致马尼拉革命党人电

（一九一六年三月二十四日）

　　谭根款未写收条，恐于法律无效，不必拘控。只以常理追讨，观其如何回答，另行设法对待。

据《国父全集》第三册（转录史委会藏《总理亲笔录存电稿》）

复汉口革命党人电

（一九一六年三月二十四日）

　　苟〔哿〕电悉。望即以得之英士之款竭力进行可也。文。迥。

据《国父全集》第三册（转录史委会藏《总理亲笔录存电稿》）

复旧金山《少年中国报》电

（一九一六年三月二十五日）

　　电悉。机价太贵，可否改买百六马力之加的士机？价约美金万元，因机以多为妙。债券等已托日本丸带。

据《国父全集》第三册（转录史委会藏《总理亲笔录存电稿》）

复陈其美电

（一九一六年三月二十五日）

　　电悉。前因沪欲急动，海军已另谋全策。今沪虽先动，亦无防

〔妨〕也。王不必来商，各可相机而动。惟一三舰队，兄处切勿接洽为要。文。有。

据《国父全集》第三册（转录史委会藏《总理亲笔录存电稿》）

致上海革命党人电

（一九一六年三月二十六日）

京信：莫利逊①策袁暂退，使黎②代，俟欧战终，乃借英力复出。故沪事当发于袁退之前乃可。文。

据《国父全集》第三册（转录史委会藏《总理亲笔录存电稿》）

致马尼拉革命党人电

（一九一六年三月二十六日）

谭反复难靠，应逼偿款，阻止归粤助敌。

据《国父全集》第三册（转录史委会藏《总理亲笔录存电稿》）

致马尼拉革命党人电二件

（一九一六年三月二十七日）

一

许电称闽尚需款，请筹汇东转沪。并请转告怡朗。文。

---

① 莫利逊：英国人，袁世凯的政治顾问。
② 黎：指黎元洪。

二

沪电乃崇智所发,勿疑。文。

据《国父全集》第三册(转录史委会藏《总理亲笔录存电稿》)

致上海革命党人电二件

(一九一六年三月二十八日)

一

王统日内当来沪会商。第二舰队运动至如何程度?速复。孙文。俭。

二

款难分拨,此时务注全力于沪,以求万全。沪得后则款械自易。文。

据《国父全集》第三册(转录史委会藏《总理亲笔录存电稿》)

致叶独醒函

(一九一六年三月二十九日)

独醒仁兄同志惠鉴:

久不通候,想精神日益健进。比接范君警支〔文〕①函,力推足

---

①　据《国父年谱》增订本(转引自《中华革命党总务部机要处文件分发簿》)校改。范警文时任中华革命党宿务筹饷委员。

下充当宿务总劝募员。足下热心办事，不辞劳怨，为此间所素仰，今以警支〔文〕力荐，本部虽无总劝募员名义，当特设此席以待，望勿辞。委状当由财政部奉寄也。专此致意，敬请

大安

孙文　三月二十九日

据《国父全集》第三册（转录史委会藏影印原件）

致上海革命党人电

（一九一六年三月二十九日）

田桐赴鄂后，沪给款共若干？彼来电云只领沪款三千。确否？文。艳。

据《国父全集》第三册（转录史委会藏《总理亲笔录存电稿》）

复 居 正 电*

（一九一六年三月二十九日）

五师①果有自动之意，宜速派人往联络，如彼能纯归本党范围，可许以事后赏主动者百万，及全师加双饷至终身。如有谐，文当亲来指挥。如何？速复。备为营款械地步，荷物定妥，再报。开办费需多少？

据《中央党务月刊》第八期

---

* 此件所标时间系收到日期。

① 五师：指北洋第五师，驻山东，师长张树元。

致 居 正 函

（一九一六年三月三十日）

觉生我兄鉴：

　　顷得黄大伟兄来函，即转上，已复电嘱其来东矣。闻刘大同亦返山东，此人胡闹，宜避之。前信述山西刘仁甫，现任有重要职务，宜秘密之。既惧危刘，又恐误彼一方面事也。草此，顺候

近安

孙文　三月三十日

据《中央党务月刊》第八期

复上海革命党人电

（一九一六年三月三十日）

　　电悉。款即设法，成否未知。军队以袁退而反观望，殊出意外。恐终难靠，无已，则俟王统得手，沪乃进行。万已到，款无可拨。怡朗允筹数万办闽事，得即尽汇。陈民钟[①]过沪宜善接洽，请转汝为。再潮州军队动，是否仲元经手？能电询否？文。

据《国父全集》第三册（转录史委会藏《总理亲笔录存电稿》）

---

① 陈民钟：时任中华革命党怡朗支部长。

致槟榔屿吴世荣等电
（一九一六年三月三十日）

转吴世荣、黄金庆、徐瑞林鉴：闻兄等尽力向闽帮筹款，能多得济大局，幸甚。极盼好音。文。

据《国父全集》第三册（转录史委会藏《总理亲笔录存电稿》）

复 居 正 电 [*]
（一九一六年三月三十日）

五万当力筹，可速着手。并详查帝制取消后，军队有无退志？即复。

据《中央党务月刊》第八期

致上海革命党人电二件
（一九一六年三月三十一日）

一

北方来电，帝制取消，军心益振，而沪反因〈之〉观〈望〉，恐前联络之人皆多不实，故托此为辞，欲再得款耳。望兄详察，勿受其欺。幸甚。孙文。

据《国父全集》第三册（转录史委会藏《总理亲笔录存电稿》）

---

[*]　此件所标时间系收到日期。

二

　　仲元电促洪兆麟回，但洪难在港登陆。如需洪往潮，则往台湾转赴汕较妥。请电商仲元。

据《国父全集》第三册（转录史委会藏原稿）

复 居 正 函

（一九一六年三月）

觉生兄鉴：

　　十八、二十两日寄书均悉。柏①已宣誓入党，最近亦有书来达意，果到青岛，请当日人面与之会见，叩其服从弟命令否？如彼唯唯，则兄应以总司令地位临之，使就范围。否则，当托萱兄设法去之②，毋使纷扰。柏虽曾充都督，然以较内务部次长，未免稍逊，望勿自馁。津事此间已得门径，京、津、保定三处事，兄暂不必兼顾（俟此间头绪弄清，即行介绍至兄处，再加审查定夺），请着意经营山东，毋落人后。萱兄赴青岛前，力言青岛方面可筹十万，即以此款办山东事，所需者惟统一之人，故烦兄负此艰巨。接兄前电云云，弟以为萱野前言可以实现，窃为之喜。今接书，始知所指，爽然自失。此间筹得五十万，皆与前途预约，指定用处，交款之后，依次分拨，所存仅数万元，本期留作经营京、津、保定经费，嗣以兄电催购枪械甚急，遂举全数充枪价，盖售主不允挂账，无如何也。

　　前晚得兄电，谓"吕款□□即电汇东"，想指前允汇还枪价之二

---

　　①　柏：即柏文蔚。
　　②　此句原为："否则，当设法去之，托萱兄"，现据《国父全集》第三册校改。

万元,山东既需款,应以此二万元充用,不必汇东。至萱野前言十万之款,务请办到,以免预定计划有所更易,致碍进行。专此,并候安好

旅青岛诸同志均候。

孙　文

据《中央党务月刊》第八期

致上海革命党人电
（一九一六年四月一日）

由台湾行电山田六千金,请收交汝为。

据《国父全集》第三册(转录史委会藏《总理亲笔录存电稿》)

致马尼拉革命党人电
（一九一六年四月一日）

四千元已收,即转汇许①。文。

据《国父全集》第三册(转录史委会藏《总理亲笔录存电稿》)

致 居 正 电*
（一九一六年四月一日）

廖②电悉。前印票后〔印〕刷不精,恐滋弊,决不用。济南得

---

①　许:指许崇智。

*　《中央党务月刊》第八期原编者按:"电中疑有误"。此件所标时间系收到日期。

②　廖:指廖仲恺。

后，百万现款必能借到。孙文。

据《中央党务月刊》第八期

复 居 正 函

（一九一六年四月四日）

觉生我兄大鉴：

　　顷得诵三十日手书，藉悉。前电原文，另纸录上。今日午前汇银五万元，祈察收。

　　枪械等之运送（机关枪不能用，不能修理，只可除去），因商人等尚有颇繁之手续，据云须初十左右方能付去。现在比较各处形势，不特山东为握〔扼〕要，且觉最有望，故欲兄以全副精神对之，期以必占济南，则东北全局可迎刃而解。前函曾述天津等处先由此间接洽，俟得其端绪，然后拨归兄处。正因此等门路，有可靠者，有不可靠者，此时头绪纷繁，日与为缘，适以扰兄专对之精神也。广东报告，朱所发遣者，不能如其原来之规划。仲元返去，原为运动潮汕军队，此次发动，尚无电来。以沪所闻，则似属他系，大抵会党之力尚微，而军队之情太幻，二语可括广东最近之真相。沪上军队，则因袁已取消帝制，颇怀观望（认为目的可达，趋于缓和）。鄂事据梓琴报告，情况至佳，弟需款五六万以上，一时无从应付。现在弟认济南为至重要地点，若济南一得，弟当亲来。大约得济南，则两师之军械，一二百万以上之现款，俱可于此间筹取，持此以往，足能号召天下，幸勿忽视。专此，即颂

大安

　　　　　　　　　　　　　孙文　四月四日

　　后此如遇电文翻译不通，宜即时发电询问，指明第几字，以汉

字数计,庶免贻误。

据《中央党务月刊》第八期

致上海革命党人电

（一九一六年四月四日）

能动即动,若彼等政府成立,吾党外交更失地位。王统昨晚离京,其事廿前后可发。山东消息甚佳,月内当动。孙文。支。

据《国父全集》第三册（转录史委会藏《总理亲笔录存电稿》）

致汕头革命党人电

（一九一六年四月四日）

英士报兄已入汕,近情如何？望详报,以备谋械接济。电由日本领事转便可。湘臣①明日发,经台湾来汕。文。

据《国父全集》第三册（转录史委会藏《总理亲笔录存电稿》）

致 居 正 电

（一九一六年四月四日）

即由正金电萱野转五万金,收复。荷物由仓地以寄青岛军政官名义,届出神奈川县警部认可始能运,恐八日船尚难办到。藤田②子弹速追取,以填前拂款。

据《国父全集》第三册（转录史委会藏《总理亲笔录存电稿》）

---

① 湘臣:洪兆麟。
② 藤田:即日人藤田礼造,时在大连。

致上海革命党人电

（一九一六年四月五日）

报传驻沪北军调往粤，此军是否同志？如系同志，沪当速发，勿使沪失此力。如非同志，则当调离后乃发。总望相机而动，切勿错过。并望着粤详报汕事，以备筹援。文。

据《国父全集》第三册（转录史委会藏《总理亲笔录存电稿》）

复汕头革命党人电

（一九一六年四月五日）

电悉。事已至此，务望翼群①等毅力支持，以待他方发展。湘臣今日起程由台湾来汕。此间力谋械，如得手，有何地点可接？速复。孙文。

据《国父全集》第三册（转录史委会藏《总理亲笔录存电稿》）

致居正并转吴大洲电

（一九一六年四月五日）

大洲电："取空白委状，俟冈津带。"大洲有事宜商兄，用密电。下电译转大洲：电悉。空白委状当寄居交。以后有事当商之居兄，

———————————

①　翼群：罗翼群。

由彼用密电转。孙文。

据《国父全集》第三册(转录史委会藏《总理亲笔录存电稿》)

致上海革命党人电

(一九一六年四月七日)

终日奔走,夜半回寓,始接急电。明晨当竭力筹之,然骤恐难得十万。若沪得后,可立致百万。着即委统^①总司令。孙文。阳。

据《国父全集》第三册(转录史委会藏《总理亲笔录存电稿》)

致汉口革命党人电

(一九一六年四月七日)

即由正金电一万金,请用 Teuto 名问收。

据《国父全集》第三册(转录史委会藏《总理亲笔录存电稿》)

致汕头革命党人电

(一九一六年四月七日)

现得三十年式枪五千,可运到惠、潮沿海一带,兄能率众到何地点相接?复。湘臣六号起程,由台湾来汕。

据《国父全集》第三册(转录史委会藏《总理亲笔录存电稿》)

---

① 统:即王统。

致 居 正 电[*]

（一九一六年四月七日）

　　荷物已托谋部外省设法，西京丸不及寄。南方消息大佳。山东事宜慎重，必待械到乃发。文。

据《中央党务月刊》第八期

致上海革命党人电

（一九一六年四月八日）

　　今日两次共电十一万。切望捷音，行当率同志齐来。

据《国父全集》第三册(转录史委会藏《总理亲笔录存电稿》)

致 居 正 电^{**}

（一九一六年四月八日）

　　已定□租船运来，大约十四日可到。文。齐。

据《中央党务月刊》第八期

---

　*　此件所标时间系收到日期。
　**　此件所标时间系收到日期。

致上海革命党人电

（一九一六年四月九日）

昨款多汇万元，适覃振催款急，如有余，请拨给数千。

据《国父全集》第三册（转录史委会藏《总理亲笔录存电稿》）

致旧金山《少年中国报》电

（一九一六年四月九日）

飞机寄时用 Osaki Ukitern 名义，并电告船名。如有款，请多购百五以上马力发动机寄东，装机体较廉。美、加同志曾习军操决心效力者，请资遣先来东。文。佳。

据《国父全集》第三册（转录史委会藏《总理亲笔录存电稿》）

批 陈 某 函*

（一九一六年四月十日）

惠生答：答以办当有统系，湘事既归林、覃担任，当就彼商乃可，否则纷乱矣。

据《国父全集》第四册（转录史委会藏原件）

---

* 原函请示关于办理湖南事情。来函发自日本乡汤岛一丁目八番地鹈泽万。

致邓泽如等函

（一九一六年四月十日）

泽如我兄暨诸同志公鉴：

比来夫己氏一落千丈，自取消帝制以来，益无搏挽大局之势力，内外交迫，此伧必倒，殆已不成问题。顾我等责任，则由此而益形重大。此盖鉴于辛亥之往事，以倒袁为成功者，实与往日以倒满为成功者同一比例。非真民党，不能任维持共和，振兴民国，一般官僚复活，即与第二第三袁氏无异也。今即以粤事言，龙氏是何毒物，论其罪恶，决不稍轻于袁，今为四面民党，革军所迫，乃亦宣告独立，此较之辛亥时张鸣岐之伪独立，尤难假借。弟另已面谕主任诸人，仍前反对，进行勿怠。至其他本非民党气脉，无与创造共和之劳，无有保爱民国之诚意者，虽其目前为利害所迫，且偶得机会，遂复嚣然自张，是亦吾辈所不能信任者。逆料中国前途纷纠，决未易言骤定，故吾辈须不避艰巨，努力赴之。弟等在外已较从前易为活动，而言念将来，则凡百事体，皆须以自己之人物为中心。

国是未定，则吾人须有不可侮之实力，质言之，即是武力。如何创有组织或驾驭原有之师旅，皆须以敢死得力之同志为本位，然后坚固不摇，战胜一切。南洋同志，久受熏淘〔陶〕，且不乏壮勇可造之资，是以专函奉托注意，速为物色此等人士，资遣到东（此时地点尚未确定，特先定此计划，尊处同志一面招徕，日间当再以地点告知），再加以军事上之训练，用备他日中下级军官之选。此策甚关重要，幸祈加意毋忽。至于军旅之外敢死有为之士，正好乘此时机用之，而对待毒虫猛兽，须兼用直捷了当功夫，亦望物色其人为要。

　　粤事详情，港、澳当另有函告，兹不赘。沿江各省暨东北方面，日内当有好消息。专此，即颂

近安

　　同志诸兄均此。

孙文　四月十日
据《孙中山先生廿年来手札》影印原件

复胡维垲函 *

（一九一六年四月十日）

维垲仁兄同志惠鉴：

　　三月十八日惠书，诵悉种切。尊处前汇香港五十二元，为温、锺两烈士[①]恤款，未悉寄由何处何人转交？望详细查复。夏君重民刻尚居东，不赴他处也。领袖支部来报，积存各处来款贰万余金，已电饬其代购飞机，以备军用。惟现时机价极昂，只能购两座，望诸同志竭力筹捐，俾得款多购。尊处少年同志曾学兵操，有志效力不避艰苦者，请择尤资遣来东备用。至岑椿〔春〕煊，本旧官僚，见识思想均极愚陋，断不足维持中国，奉之者不过借为傀儡而已。专此奉复，敬请

大安

孙文　四月十日
据《国父全集》第三册（转录史委会藏抄件）

　　＊　　胡维垲是旅居加拿大中华革命党党员，加属华侨敢死先锋队队员。

　　①　　温、锺两烈士：即温森尧，一九一五年六月在广东运输炸弹时牺牲；锺明光，一九一五年七月十七日刺伤粤督龙济光，被捕遇害。

致陈其美电

（一九一六年四月十一日）

付兄全权与一三舰队接洽，见机行事，毋待王统。文。

据《国父全集》第三册（转录史委会藏《总理亲笔录存电稿》）

致 居 正 电

（一九一六年四月十二日）

吴大洲辞职，当照准。孙文。

据《国父全集》第三册（转录史委会藏《总理亲笔录存电稿》）

致上海革命党人电

（一九一六年四月十三日）

　　胡毅生用赵蘅斋名，乘"伏见丸"二等十四号房赴沪，请派人用沧伯名字往接。沪所企图，今日见号外，系由菊池告报馆。请切嘱山田，嗣后未发现事毋电他处，否则误事不少，人皆视吾党为儿戏也。至要。文。元。

据《国父全集》第三册（转录史委会藏《总理亲笔录存电稿》）

致汉口革命党人电

（一九一六年四月十三日）

　　文电悉，佳电尚未接。现适款竭，亦无人可派，请兄等勉力为之。如大得手，弟可亲来也。文。元。

据《国父全集》第三册（转录史委会藏《总理亲笔录存电稿》）

致上海革命党人并转发周应时电

（一九一六年四月十三日）

　　徐朗西款三千，如未送，请即拨还。下哲谋电，请译转藻华；涛电悉。苏事迫时，归恐不及。扬、镇、苏、常、清既可恃，请即商高公[①]临机处置。周应时。元。

据《国父全集》第三册（转录史委会藏《总理亲笔录存电稿》）

致马尼拉革命党人电

（一九一六年四月十三日）

　　金华览：款仍寄许汝为交，方能统一。文。

据《国父全集》第三册（转录史委会藏《总理亲笔录存电稿》）

---

①　高公：陈其美化名高野。

致 Iloilo 电

（一九一六年四月十三日）

可照行也。文。

据《国父全集》第三册（转录史委会藏《总理亲笔录存电稿》）

致汉口革命党人电

（一九一六年四月十四日）

顷由正金电斋藤玄收日币二万，明早电一万，收复。报传浙独立举王文庆为都督，请兄电王接洽。并请王直接将独立后情形报告于我，当为彼谋种种利便也。电托日领转。文。寒。

据《国父全集》第三册（转录史委会藏《总理亲笔录存电稿》）

致上海革命党人电

（一九一六年四月十五日）

展堂用陈国荣名搭"天津丸"来，请派妥人接，并嘱毅生少待。文。

据《国父全集》第三册（转录史委会藏《总理亲笔录存电稿》）

致汉口革命党人电

（一九一六年四月十五日）

即由正金电斋藤玄万金。企候佳音。咸。

据《国父全集》第三册（转录史委会藏《总理亲笔录存电稿》）

致陈其美王统一电

（一九一六年四月十六日）

英士、统一两兄鉴：闻王兄到沪，嘉慰无极。自后海军事悉由王兄指挥，务望两兄协力。得军舰，即先将机器局袭取，立吾党基础〔础〕。

据《国父全集》第三册（转录史委会藏《总理亲笔录存电稿》）

批刘煜焕函[*]

（一九一六年四月十八日）

复函鼓励。

据黄编《总理全集》下册

---

[*]　原函报告党务及墨西哥政府苛待华侨事，并请设法早派外交官保护。

致上海革命党人电

（一九一六年四月十八日）

　　袁谋甚狡，以独立为消民党气焰，故陕宜缓动，以待全局筹备同时而发。文。

据《国父全集》第三册（转录史委会藏《总理亲笔录存电稿》）

致　田　桐　电

（一九一六年四月十八日）

　　款难再筹，务期勉力发动，否则信用全失矣。

据《国父全集》第三册（转录史委会藏《总理亲笔录存电稿》）

致上海革命党人电

（一九一六年四月十九日）

　　浙江近情如何？海外同志多欲回国效力，并备有飞机饷械。请兄与浙政府妥商，借宁波为登陆地，否则令吾党军占领之。能否？查实即复。

据《国父全集》第三册（转录史委会藏《总理亲笔录存电稿》）

致陈其美电

（一九一六年四月十九日）

兄何时能动？近情如何？望时时详报，以便统筹全局。至要。孙文。皓。

据《国父全集》第三册（转录史委会藏《总理亲笔录存电稿》）

致居正电二件[*]

（一九一六年四月二十日）

一

不必忙急，务期切实准备。彼虽独立，我仍攻之，更易得手也。荷物已到否？复。文。

二

电悉。闻岩城要得陆军当局同意乃借款。按吾党已借巨款，至今尚未生效，彼当局有烦言，恐不能再得同意。然已托朗山①交涉。

据《中央党务月刊》第八期

---

* 此两件其一所标时间系收到日期。其二《国父全集》第三册署为四月二十一日。

① 朗山：似指头山满。

批刘灯维函[*]

（一九一六年四月二十一日）

答书鼓励，并着改为中华革命党。因共和等为官僚借用，以混乱吾党故也。

据罗家伦主编《国父批牍墨迹》（台北中央文物供应社
正中书局一九五五年十一月版）

致上海革命党人电

（一九一六年四月二十一日）

十九致山中电，收否？海军计划为应募人泄漏，报上连载，有无阻碍进行？甚念。兄到沪后，各方情形如何？有闻望详报。

据《国父全集》第三册（转录史委会藏《总理亲笔录存电稿》）

给叶独醒委任状

（一九一六年四月二十二日）

委任状：委任叶独醒为宿务筹饷局总劝募员。此状。

中华革命党总理　　　孙　文
总务部部长　　　陈其美

---

[*]　刘灯维为澳洲墨尔本华侨。原函报告该埠华侨反对帝制、拥护共和，已组织中华共和会，并正在筹款；他日款项汇到，请签名回复。此件所标日期系来函收到日期，来函发于三月二十四日。

　　　　　　財　政　部　部　长　　　　张人杰

中华民国五年四月二十二日

据《国父全集》第四册（转录史委会藏影印原件）

致旧金山《少年中国报》电
（一九一六年四月二十二日）

　　时事日非，袁党以假独立抵制民党，文非亲入内地，恐吾党不能造大势力，故决意廿七回国。飞机及各同志速回。如有余款，望速汇应急。东京本部由谢持权理，横滨交通部由谢心准主持，余抵内地再电。文。

据《国父全集》第三册（转录史委会藏《总理亲笔录存电稿》）

致 居 正 电
（一九一六年四月二十二日）

　　兄迫〔致〕①靳云鹏②电文内有萱野名，靳电北京，向日使交涉，日使请训政府，〈政府〉甚为难，或令萱野出境未定。要之，此电无益有损。以后表面宜避与日人有关系，乃不招各国之忌，而免障碍。切嘱。文。

据《中央党务月刊》第八期

---

①　据黄编《总理全集》校改。
②　靳云鹏时任山东将军。

致熊理函

（一九一六年四月二十三日）

恒三先生足下大鉴：

　　径启者：接泗水同志来书，藉悉足下近膺学务总会视学员之职，遥企台旌，莫名驰系。年来国内战祸频经，学风废弛已极，足下究心于教育事业，为士林之所依归，彼一般侨胞之能知眷爱祖国者，亦未始非足下陶铸之功也。吾党宗旨光明，中外人士之所共见。足下为吾党耆英，前猷昭著，值此国家多故，党务积极进行之秋，尚冀足下不坠初衷，有所策励。海天在望，怀想为劳。顺颂
崇安
　　诸维雅照。

　　　　　　　　孙文启　四月二十三日　五月二十日复

　　　　　　　　据《国父全集》第三册（转录史委会藏影印原件）

致上海革命党人电二件

（一九一六年四月二十四日）

一

　　前费巨款无效，不能昭信于人，无法再筹。军官索款，可许以

事后倍给，事前毋轻掷。文偕廖、戴①廿七"近江丸"返沪。夏②往杭有回信否。盼速复。文。

二

文廿七日"近江丸"返沪。敬。

据《国父全集》第三册（转录史委会藏《总理亲笔录存电稿》）

致汉口革命党人电

（一九一六年四月二十四日）

文廿七"近江丸"往沪。如汉得利，当亲来汉。敬。

据《国父全集》第三册（转录史委会藏《总理亲笔录存电稿》）

致火奴鲁鲁吴铁城密交
黄兴邓家彦电

（一九一六年四月二十四日）

密。交黄克强、邓孟硕鉴：请两兄直乘原船到沪相会为盼。孙文。敬。

据《国父全集》第三册（转录史委会藏《总理亲笔录存电稿》）

---

① 廖、戴：即廖仲恺、戴季陶。
② 夏：即夏尔玙，字次崖，时任中华革命军浙江司令官，后遭屈映光杀害。

致 居 正 电

（一九一六年四月二十四日）

文廿七日返沪，到后电闻。济南得手，文〈或〉来鲁。既准备出发，不必理商会也。文。

据《中央党务月刊》第八期

复邓泽如等函

（一九一六年四月二十六日）

泽如、卓平同志仁兄惠鉴：

三月廿二日惠书，诵悉种切。简英甫①兄热心助饷，同人钦佩至深，前此已叠次寄函奖励。兹读来书，欲于将来粤局大定后，举充粤省实业之职，以资格及助力言，良堪当选，惟此际正军事倥偬，群贼削平，尚须时日，此事一俟粤局已定后，再为商酌未晚也。

龙贼伪布独立，图骗一时，此中用心，路人可见。今吾党继续进行，仍未有已，月来颇获极佳之消息，想尊处当亦略有所闻也。此外各省布置，亦甚见进步，并以告慰。专此致复，并候

义安

孙文　四月二十六日

据《孙中山先生廿年来手札》影印原件

---

① 简英甫：南洋兄弟烟草公司股东，时任中华革命党新加坡联络委员。

致上海革命党人电

（一九一六年四月二十六日）

若沪、浙能入吾党范围，则大局可定矣。文乘"近江丸"回，着山田通知青木中将，若彼派人来接船，须与山田同来便可。

据《国父全集》第三册（转录史委会藏《总理亲笔录存电稿》）

复国民党部等团体函

（一九一六年四月二十八日）

国民党部暨民国报社、阅书报社同志均鉴：

三月二十四日惠书，并汇票一纸，计壹百拾四磅〔镑〕贰先零六皮士，均经妥收。承诸同志热心援助，至为欣慰。龙济光伪称独立，以图敷衍，吾粤受龙毒害，以较受诸袁氏者尤为深切。经已策励粤军，必除此蠹。浙江独立，以吾党势力为多，江苏各处亦陆续发动。惟望兄等竭力筹济，以响义师。电汇项，请用下开英字便妥：Sunwen Tokyo。此复，敬请

大安

财政部收条并以奉寄。

孙文　四月二十八日

据《总理全书》之十《函札》上册

致居正电*

（一九一六年四月三十日）

　　山东方面对党内、党外请竭力联络，文赴沪之目的亦在此。不然，不能得外助也。详情函达。

据《中央党务月刊》第八期

在东京与某某的谈话**

（一九一六年四月）

　　先生慨然曰：君亦有与仆同一之乐观乎？

　　余曰：唯。请闻其说。

　　先生曰：约法与国会，共和国之命脉也，命脉不存，体将安托？明达之士，当袁世凯破坏约法、解散国会之时，当早知其必有称帝之一日，而能烛其先机、大声反对者，乃绝无其人。余于此时实抱无上之悲观，乃以革命二字，供献于吾同胞，俾为根本解决。吾同胞心直〔慈〕手软，谓袁世凯未必至此，余因是不得不听良心之主张，组织中华革命党，冀尽愚忠于祖国，成则民国赖之，败则少数人殉之。天佑吾国，自筹安会发起，国之豪俊，恍然警醒，群起义师，讨袁世凯破坏约法、解散国会之罪。罪首诛则约法复，约法复则民国苏，此余所以对于始误终醒之同胞而为中华民国抱无上之乐观

---

　　*　　此电发自日本门司。

　　**　　本文记述者自署为"东京归客"。谈话在东京进行，当在孙中山归国前。

者也！

先生言至此，状至愉穆，余因进而问先生对于今后中国之观感。

先生笑曰：辱君下问，余惟有以简括之辞答君曰：中国有此义勇无双、感觉灵敏之人民，实为中国不亡之福音，故余实为纯粹抱乐观主义之一人。

余曰：然则，将来建设之术如何乎？

先生曰：至诚相向，无难不破。国民今后自当一心一德，共任艰巨。君行矣！愿各奋前程，早置中华民国于巩固之域也。

据上海《民国日报》一九一六年五月六日《中山先生之乐观》

致 林 森 电[*]
（一九一六年四月）

子超兄鉴：祸迫，事在必举，弟决内渡。请代面求克强，借十万济急。允否？即复。文。

据《国父全集》第三册（转录史委会藏亲笔原稿）

批陈中孚函^{**}
（一九一六年春）

即发电云：此物甚急用，望查明何式，并马力如何，价钱如何，即复。

据《国父全集》第四册（转录史委会藏原件）

讨 袁 宣 言

（一九一六年五月九日）

　　文自癸丑讨逆之师失败以还，不获亲承我父老昆弟之教诲者，于今三年矣。奸人窃柄，国论混淆，文于是时亦殊不乐以空言与国人相见。今海内喁喁有望治声矣，文虽不敏，固尝为父老昆弟所属役，复自颠沛不忘祖国者，则请继今一二为国人谈也。

　　文持三民主义廿有余年，先后与国人号呼奔走，期以达厥志。辛亥武昌首义，举国应之，五族共和，遂深注于四亿同胞之心目。文适被举为一时公仆，军书旁午，万端草创，文所靖献于国民者，固甚恨不能罄其悃忱。然国号改建，纪元维新，且本之真正民意，以颁布我民国约法，其基础不可谓不已大定。故清帝退位，南北统一，文乃辞职，介举袁氏于参议院。盖信其能服从大多数之民心，听义师之要求，以赞共和，则必能效忠民国，践履约法，而昭守其信誓也。当南北两方情志未孚时，文尝任调和，躬至北京，并有"愿袁氏十年为总统"之宣言。何期袁氏逆谋终不自掩，残杀善良，弁髦法律，坏社会之道德，夺人民之生计。文故主兴讨贼之师，所以维国法而伸正义，成败利钝所不计也。袁氏既挟金钱势力，肆用诈术，而逆迹未彰，国人鲜悟，以致五省挠败，而袁氏之恶乃益逞矣。

　　文虽蛰居海外，而忧国之志未尝少衰。以为袁氏若存，国将不保；吾人既主讨贼，而一蹶不振，非只暴弃，其于谋国亦至不忠。故亟图积极进行之计，辄与诸同志谋之。顾败丧之余，群思持重，缓进之说，十人而五。还视国中，则犹有信赖袁氏而策其后效者；有以为其锋不可犯，势惟与之委蛇而徐图补救者；有但幸目前之和平，而不欲有决裂之举者。文以为此皆有所执持，而其心理上之弱点，则袁氏皆得而利用之，以逞其欲，此文期期所不敢认以为适道者也。袁氏果于是时解散国会，公然破毁我神圣庄严之约法，诸民权制度随以俱尽。文谓袁氏已有推翻民国、及身为帝之谋，而莫之敢信。而亏节堕行、为伥为侦之败类，且稍稍出矣。文于是痛心疾首，决以一身奋斗报我国家，乃遂组织中华革命党，为最严格之约束，将尽扫政治上、社会上之恶毒瑕秽，而后复纳之约宪之治。两年以来，已集合多数之同志，其入内地经营进行者，皆屡仆屡起，不惮举其个人之自由权利、生命财产而牺牲之，以冀奠我区夏。孤行其自信力，而不敢求知于人人，犹之辛亥以前之中国同盟会也。欧战既起，袁氏以为有隙可乘，不惜暴其逆谋，托始于筹安会，伪造民意，强迫劝进，一人称帝，天下骚然。志士仁人汗喘相告，而吾同志益愈奋励，冒死以进。滇、黔独立，文意豁然。至乃昔所不知，今皆竞义，德邻之乐，讵复可已。频年主持，益审非谬。

顾独居深念，以为袁氏怙恶，不俟其帝制之昭揭；保持民国，不徒以去袁为毕事。讨贼美举，尤当视其职志之究竟为何，其所表示尊重者为何，其策诸方来与建设根本者为何，而后乃有牺牲代价之可言，民国前途，始有攸赖。今独立诸省通电，皆已揭橥民国约法以为前提，而海内有志后援、研求国是者，亦皆以约法为衡量，文殊庆幸此尊重约法之表示，足证义军之举，为出于保卫民国之诚。袁氏破坏民国，自破坏约法始；义军维持民国，固当自维持约法始。是非顺逆，区以别矣。夫约法者，民国开创时国民真意之所发表，而实赖前此优秀之士，出无量代价以购得之者也。文与袁氏，无私人之怨，违反约法，则愿与国民共弃之。与独立诸省及反袁诸君子,无私人之惠,尊重约法,则愿与国民共助之。我国民亦既一致自爱其宝,而不为独夫民贼之所左右,则除恶务尽,对于袁氏必无有所姑息。以袁氏之诈力绝人,犹不能不与帝制同尽,则天下当不复有袭用其故智之人。

至袁氏今日,势已穷蹙,而犹徘徊观望,不肯自归于司败,此固由其素性贪利怙权,至死不悟。然见乎倡义者之有派别可寻,窃疑党争未弭,觊觎其猜忌自纷,而不能用全力以讨贼。殊不知阋墙御侮,浅人审其重轻,而况昔之政争已成陈迹。今主义既合,目的不殊,本其爱国之精神,相提携于事实,见仇者虽欲有所快,无能幸也。今日为众谋救国之日,决非群雄逐鹿之时,故除以武力取彼凶残外,凡百可本之约法以为解决。共和之原,其非野心妄人所得假借者也。文始意以为既已负完全破坏之责,故同时当负完全建设之责。今兹异情,则张皇补苴,收拾时局,当世固多贤者。苟其人依约法被举,而不由暴力诈术以攫取之,则固与国民所共承者也。民国元首,只有服务负责之可言,而非有安富尊荣之可慕,国民当共喻斯义。文之所持,凡皆以祈飨真正之和平,故虽尝以身当天下之冲,而不自惜也。

文自束发受书,知忧国家,抱持民族、民权、民生三大主义,终始不替;所与游者,亦类为守死善道之士。民国成立,五族共和,方幸其目的之达。乃袁氏推翻民国,以一姓之尊而奴视五族,此所以认为公敌,义不反兵。今是非已大白于天下之人心,自宜猛厉进行,无遗一日纵敌之患,国贼既去,民国始可图安。若夫今后敷设之方,则当其事者所宜一切根据正确之民意,乃克有济。文自审立身行事,早为天下共见,末俗争夺权利之念,殆不待戒而已〔已〕除。惟忠于所信之主义,则初不为生死祸福而少有屈挠。袁氏未去,当与国民共任讨贼之事;袁氏既去,当与国民共荷监督之责,决不肯使谋危民国者复生于国内。唯父老昆弟察之。

据上海《民国日报》一九一六年五月九日《孙文宣言》

致岑春煊电[*]

（一九一六年五月上旬）

闻公已任两广都司令，以疾恶至严之人，持灭此朝食之志，南方健儿素稔顺逆，得公提挈鼓行而前，壮伟何似。诵公宣言，有不分党派、省派之语，实获我心，主义目的既合符节，允当共力进行。粤省独立以前，义师先起，闻至今犹与济军相持，大敌当前而内纷不息，事其无谓，文已电同志，俾泯猜虞，并力求事实上之一致。请公亦正告济军，一方务严约束，勿复生衅，庶几同志勠力，共伸天讨。公责隆望重，有所指导，宜众莫违。文知忧国，甚愿尽力所能至，为公等助，谨以电闻。孙文。

据黄季陆主编《讨袁史料（一）》（台北一九六九年
五月版，转录史委会藏原件）

致岑春煊等电^{**}

（一九一六年五月十一日）

肇庆岑都司令，云南、贵州、广西、浙江都督暨各军司令鉴：奸

---

* 此件《讨袁史料》原刊署名为"孙文、党务部部长居正谨启　中华民国五年五月二十三日"。据《中央党务月刊》第四期所刊该件，仅署名"孙文"；居正署名及日期则为发布中华革命党通告第二十四号的署名及日期。又据电文有贺岑春煊"任两广都司令"之意，此电当发于一九一六年五月上旬。

** 此件所标时间系上海《民国日报》发表日期。

人窃柄,颠覆民国,公等讨贼声震天下,且维持约法,尊重民意,尤见忧国真诚。文近自海外归来,誓从国民之后,灭此朝食,已分电告各方同志,取一致之行动。吾人志在锄奸,当集群力,猛向前进,决不使危害民国如袁氏者生息于国内。文知忧国,甚愿尽力所能至为公等助,惟公等有以教之。孙文。

据上海《民国日报》一九一六年五月十一日

《孙中山致各都督司令电》

致 居 正 电

(一九一六年五月十九日)

英士昨下午在山田家被凶轰毙,捕凶一人,关系者数人,捕房查押。见兄侄来,请暂勿会。此电请秘。文。皓。

据《中央党务月刊》第八期

致 黄 兴 函

(一九一六年五月二十日)

克强我兄大鉴:

谂兄遄反东瀛,甚慰。甚欲兄来共商种种,闻尚有所事,未果。兹有要件求兄臂助,本拟电告,惟各情非简单之电报所能尽,故谨托宫崎兄代达。至最近国情及弟所主张图谋者,请撮其概要述如下:

一、袁氏尚有负隅恋栈之志。一面为缓和人心之计,如提议妥协停战等事;一面则嗾起北方军人为自保保袁之密画。日夜谋借外债,不能偿其希望,则欲实行纸币政策,以企财政持久,从事战争。津门消息，早传彼作退位准备，而北京探报，则至今不特袁氏无此种意态，即一般官僚顽迷如故，自信甚深，即段祺瑞亦然。段组内阁，而财权完全为梁①所把握，即实权仍在袁氏。可知谓段能踵袁往日故事，以袁迫清者迫袁，未免去事实太远。此时就彼一方，并无比较的乐观。

二、冯②本与滇、黔约，使先发而后应之。其实，冯因未预知袁僭帝密谋，惴惴不自保。滇、黔起义，冯得仍居南京，实受唐、蔡③之赐。顾其态度始终暧昧，以口头与沪上诸人接洽者，则皆可听。而事实及书面之发表，则迥然相反。近有南京会议事件，或受袁之愚作保袁之计，或谋自保而团结一种势力有所觊觎，均未可知。要之，此辈衷情叵测，决不能与南方同其步调。故现时沪上诸人亦渐觉悟，认为无甚希望。

三、弟到沪后，决定赞助南方，共同讨贼。尤企西林④能统一各省，以对内对外。近察情势，则西林地位亦至艰窘。云、贵既不尽同情，而西林势狡毒甚于张勋。西林或迫于事势，不能不姑息弥缝。然先与龙⑤提挈，以临民军，各派俱不能俯首听命。岑、龙乃会衔出示，谓北伐编师，限于有六米里〔厘〕八、七米里〔厘〕九枪，及每枪配足子码百枚者，否则遣散。又其原为地方军队乡团者，要复其旧，不得应选民军。有不遵从此命令者，合力剿办。弟于十二三两日电岑，告以已饬执信、仲元所部改换旗帜，取一致行动，并戒此

---

① 梁：即梁士诒。
② 冯：即冯国璋。
③ 唐、蔡：即唐继尧、蔡锷。
④ 西林：即岑春煊。
⑤ 龙：即龙济光。

后与龙毋相攻击。又与青木、松井①商定,为我军购械,编作北伐,由溥泉、孝怀、钦甫②电岑,请认许。事过一周,尚无复答。即弟前致云贵、两广之通电,云贵已复而岑亦不答,令人爱莫能助。龙氏在粤积恶,粤人恨之甚于袁氏。龙甚险诈,自岑到肇,龙势转张,盖名义上有所凭借。且托词北伐,据有省库,更广招兵,专力对待民军。事体稍变,龙必反戈。其次亦为南面张勋,而断不能如岑所期望。岑仅带有桂兵二千,肇庆李耀汉有十五营,而李则人尽可属。故两广都司令及护军府根本极薄弱,可忧。周孝怀等皆知之。

四、沪上形势最为重要。英士于肇和事件失败后,迭遭挫折。同时惕生亦经营进行。顾前此不能为一致之行动,故常有积极的无形之冲突,两难奏效。弟到沪后,各人感情渐洽,方与惕生谋合办方法,而英士惨遭不测矣。英士死后,所图必大受影响。但冀将来由惕生专任奸彼杨、卢③二贼,事当有济。然军队运动已久,而屡不得力,其卑劣之观望,正未易破。冯在南京,为阴为阳,卢、杨益有所恃,其部下更难决心。大抵民党他方无特别之势力发展,则沪事急遽无好希望也。

综上情形,大局殊未易定其归宿。欲求达共和之目的,倒袁为必经之路,而吾人达到与否,视倒袁经过之事实如何。若民党势力只如目前,即侥幸以何等妥协了局,则必比前此之南北议和为更不逮。已往将来,中国问题实为新旧之争。换言之,则为民党与官僚派之争。其争孰胜,即为国家治乱所系。孰胜孰败,则视彼此之团结如何。民党以主义政见为团结,官僚派以金钱饭碗为团结。主

---

①　青木、松井:日本驻沪武官青木宣纯海军中将,松井为其属官。

②　溥泉、孝怀、钦甫:即张继、周善培、温宗尧。

③　杨、卢:指杨善德(袁世凯委派的淞沪护军使)、卢永祥(第十师师长兼淞沪护军副使)。

义虽同，而政见或异。民党性质本来不好苟同，故时有参商。官僚则唯利是视，反为不可破之团结。已往之历史，已足教训吾人于将来。是以弟熟思审虑，但求贯彻吾人之主义，而宁牺牲一切之办法，求最大之团结力，以当彼官僚一派。近与各派接洽，幸亦俱无何等意见，盖皆知大敌当前，不宜立异。此亦为前途一线之曙光（其间各与疏通，则溥泉、亮畴①之力为多）。然武力之发展，此时尤不容缓。统观全局，独山东方面有可为之基础，且可即时布置。合觉生与吴大洲等兵力，有二千余枪，已占领潍县、周村等处，进战退守，均有依据。若能由此益进，则扼北方之咽喉，不难转移大局。惟靳氏②尚能支拒于济南，吾人武器不足，即须为之加增。并就此招募人士，训练成军。假有二师（二师之中下级军官，已略有准备），可以取齐鲁而迫燕赵。弟经以借购军械之事与青木、松井商量，伊亦赞可。惟此事重大，外交上须有种种之手续。此时兄尚在日本，惟兄足以助成此举。并拟以兄与弟二人名义提出请求，须得同意认可。吾人积多时之公愤，无所发舒，固急欲一当袁氏，而与南方相联并进，亦惟此着最为有力。机局紧急，袁系方张，民党无不相提携之理。况兄与弟有十余年最深关系之历史，未尝一日相迕之感情，弟信兄爱我助我，无殊曩日。此事成否，关系全局。如上云云，望兄以全力图之。事有把握，仍企来沪一行，共商进行各事。东京究隔膜，即弟亦颇恨到沪之迟也。余事更托宫崎面达。专此，即颂

近安

英士兄以十八日下午五时被刺，系在萨坡赛路十四号山田家

---

① 亮畴：即王宠惠。
② 靳氏：即靳云鹏。

会客。先两日，英士病颇剧，杜门，而是日则约有两处人相见。第一起为刘基炎（说山），为鸿丰煤矿公司四华人一日人。坐顷，更有二人入。坐客兴辞，英士亦起身，客即以枪击英士头部，立倒地。丁景良、吴忠信、萧纫秋、余建光在外室闻枪声，闯门欲入。数凶手枪乱放，丁景良亦中枪，余人走避。凶手等且放枪且逃，丁、吴从后追呼。凶手等本乘汽车来，此时汽车夫先走往捕房报，故获得凶手许国霖。又一凶手王介凡则毙于道，或云自杀，为〔或〕云其伙杀以灭口。继获李海秋一名，则介该公司与英士交涉，而是日同来者也。李与日人俱云不知情（日人亦可疑，然此时未捕）。李海秋与王介凡为英士素识，许国霖与一程起鹏则是日始问姓名。许被获，已认凶手，并云王、程、李皆凶。王已死，程未获。李之介绍鸿丰公司人来，谓有矿产将抵押与中日实业公司，借五十万，而请英士担保，可借二十万与革命党。英士固常闻人云，鸿丰为侦探机关，然不料其有大不测之举动。且见沪事再失败，前费巨款无效，谋再起，因急筹款，则姑与接洽。事变突起，未尝防备。闻捕房查得是日到者十六人，把门守路者皆持枪击人，盖非寻常暗杀事件可比。英士头中一枪，颊中两枪，故登时殒命。丁景良伤腹旁，非要害。一厨人伤手，一下女伤耳，均轻微。一曹姓同志伤手肘。英士忠于革命主义，任事勇锐，百折不回，为民党不可多得之人。年始四十，遽被贼害，伤哉！数年来，如宋钝初、范鸿仙、夏之麒俱为逆贼购凶刺死，今又继及英士。君子何辜，天实仇之。令人生无穷悲愤。

孙文　五月二十日

据中国历史博物馆藏原件

致陈其美家属唁函[*]

（一九一六年五月二十二日）

英士兄惨遭变故，文不便亲临致奠，益增哀悼。此案关系至重，不能不彻底穷究，而文亦欲详悉内容，以便设法对付。所有关于此案文件交涉等事，应托某某君经理，随时面告，以专其事为要。专此，敬维节哀。

孙　文

据上海《民国日报》一九一六年五月二十二日
《陈英士先生遇害记（四）》

致田桐等电^{**}

（一九一六年五月二十三日）

文回沪后已宣言与各方面协同一致，声讨国贼。此时袁逆负隅恋栈，而南方义军势力犹薄，各地方进行彼此不相协，则更使袁贼得间。请兄等体察此意，一切事宜务求与讨袁各派协同进行，以收群策群力之效。至于旗帜，云、贵、桂、浙均已一致遵用五色旗，吾党亦宜一律沿用，俾不致同一讨贼之军而有猜疑。至于武力进行，为目前唯一方针，请诸同志更加意努力，以期早

---

　　*　此件所标时间系上海《民国日报》发表日期。

　　**　此电致中华革命党各地讨袁军负责人，除汉口田桐外，尚有山东居正及香港朱执信等。

除国贼而奠国基。文。

据《中央党务月刊》第四期（南京一九二八年十一月出版）

致垅地□世宗等函

（一九一六年五月二十四日）

世宗、燮南、贞诵仁兄同志均鉴：

接四月十二日来缄，备悉一切。

垅地原非繁盛之区，素所知也，今得诸同志热心鼎力赞助，而获今日之效果，实非轻易之事，欣幸奚既。

宋渊源非我党党员，亦非受本部委任筹款，前曾由党务部发通告声明，嗣后我同志查照注意办理可也。债券既失四张，必须检明号数，乃可向财政部存案。至筹捐助护军，甚善。惟当今义师遍地待举，财政最宜统一，庶有实效，贵处若得巨款，仍以直接寄汇本部，以便知所分发。不然，缓者以之为急，急者反失于缓，如此，有何裨于大计哉！

粤省独立，原非出自龙之真意，然吾党实力，播植各府州县，大事必可期成，龙果愿北伐，姑不深究前非，否则，吾党自有最后处置方法。

辰下我等以款为急，冀同志诸君努力发展此经济问题。袁氏形势日蹙，山东东部已为吾党势力，现党务部长居觉生为东北军总司令，指挥一切也。余未缕缕。

五月廿四日

据《国父全集》第三册（转录史委会藏《总理办公处公函存底》）

致田中义一函 *

（一九一六年五月二十四日）

　　敬启者：前在东京，诸承关切，高情厚谊，谨此函谢。归沪后，立即访晤各方人士，听取诸同志之报告，经详细调查了解后，本乎团结同志、联系各派之愿望，业已发表宣言。宣言全文已见诸报端，勿庸赘述。兹将归国后之所见及今后欲为之努力者逐条分述以闻。

　　南方独立各省之实况，据一般观察，实力相差甚远。不仅向北方采取攻势颇为困难，即仅固守南方亦非易事。

　　云、贵两省虽为此次讨袁战争揭幕之地，然数月来经四川苦战，兵力损伤甚大，且历来武器弹药不足，今已几无发展之余力。广西实力亦不充足，且因广东龙济光之独立未臻确实，故就广西而论，亦不能轻易对外发展。

　　广东原为革命党人集聚之区。此次民军又在名〔各〕地起义，广东省城几已陷于独立状态，且广东之门户广西业已独立，龙济光陷于此种困境，无计可施，遂至宣告独立。据各方面之确实报告称，龙济光之独立，全系与袁商讨后向民军使出的缓兵之计。因此，独立之后，仍对民军横加压迫，甚至残杀民党云云。对于此种论评，文亦无法为龙氏辩解。

　　岑春煊自日本归国后，为求独立各省之统一而煞费苦心。最

---

　　* 《浜面又助文书》原注：原件用无格纸十七页毛笔写成，由孙文亲笔签名。田中义一，时任日本参谋本部参谋次长。

初拟在南宁设立独立各省统一之临时政府,但因此间种种情况,迟迟未获进展。其后转赴肇庆,就任两广都司令①之职,旨在巩固桂、粤两省之独立。然广西之兵力、财力均不能与龙济光为敌。今岑氏部下仅有广东兵四千、广西兵两千;而龙济光则盘踞省城,其部下可动用者尚有一个师团以上的兵力,岑氏以其实力驱逐龙济光实属非常困难。据此以观广东今日之现状,岑春煊既无援救广东民军、讨伐龙济光之实力,遂即处于不能与民军保持充分融洽之困境。文对此十分忧虑,当尽力敦促广东民军援助岑氏,已数度致电岑氏及该地民军之各当事人,言明此意;加以青木将军、广州今井领事及在广东之陆、海军诸将领均已劝告双方谋求和解,故可望日内双方将能圆满实现联合。

浙江自屈映光去职后,组织似已渐趋巩固,唯江苏之冯国璋态度仍不鲜明,上海杨善德尚拥有两个师团以上之北军。浙江虽号称拥兵一师团又一旅团之众,实则不足一个师团,其不能与江苏对抗者,实甚明显。

最近已于肇庆组成军务院,唐继尧任院长,岑春煊辅之②。独立四省之联络,已较前稍形紧密。于是,则今后之对内对外活动或可稍见起色,不胜盼待之至。

南方形势,概如上述。总之,实力较弱,内部亦不巩固。反观袁派形势,仍较南方为强,段祺瑞、冯国璋、院士充③、张勋、靳云鹏、王占元等辈,均系拥护北方之武人派势力,并多方钻营,不遗余力。冯、段者流,虽非始终拥袁到底之徒,然在当今形势下,即使袁

---

①　应为两广护国军都司令。
②　应是唐继尧任抚军长,岑春煊为抚军副长。
③　疑为倪嗣冲之误。

氏退位，袁派势力仍将掌握政治上之中心权力，故有新思想之革新派主张绝不能为彼辈所容。即便在今日南方独立各省人士中，亦不乏动辄自甘妥协之趋势。倘若此次革命不幸而以妥协告终，则中国政治上之黑暗依然不能除去，而东洋之和平依然无望。一旦欧战结束，袁氏党徒即将利用西欧列强，玩弄种种卑劣伎俩，实属明若观火。

大势如此，而前途之危险实难预计，故文绝不能悠闲岁月，决意竭尽所能，努力挽救南方独立各省之危局，以期击破袁派势力。

以今日大势观之，如能有足为纯粹革新派所依恃之势力出现，则可确信南方各省之士气必将日益豪壮，而团结亦必日趋巩固。文归沪发表宣言后，复与各方重要人士交换意见，各方人士皆已充分领悟妥协之非，惟以北方实力强固而隐抱忧惧之情，担心妥协之不可或免而已。故今日如欲挽救南方独立各省之危急，舍重新建立巩固之实力外别无良策。山东本为吾党同志长期经营之地，据最近所获情报称：我军已占领十有余县，只以缺乏军火供应而不能如意进展。依文所见，山东地处南北要枢，且有铁路、海运之便，如能在山东建立二个师团以上之主力，则山西、陕西、河南各省必起而与之呼应。于是，则向北可攻取北京，向南可促进长江流域各省之豹变。

基此理由，文已决心亲赴山东，集结同志力量，全力以赴。然事之成败全系于军火供应之有无，故已委托现在上海之青木将军设法提供两个师团所需之武器，青木将军已体察文意，对此计划表示赞成，据闻业已电告贵国政府云云。此外，又另委在东京之黄兴兄，将此意转达贵国当局，黄兴兄亦表赞同，想日内当由黄兴兄面述种切。此举与中国之大局安危攸关，务望审度时势利弊，予以充分援助，至为盼祷。

又：陈其美君在沪尽瘁国事，虽经几番钝挫，但该君之勇毅精诚，实为我同志所共同感叹；此次遭奸人暗害，无任悼惜。但国土为国事而捐躯,亦可谓得其善终。该君之牺牲,实已激发起我同志更加奋勇前进之决心。

大局危急,紧迫万分,切望鼎力支援,不胜翘企之至。此致
田中将军阁下

孙文　五月二十四日

据《浜面又助文书》(载近代日本研究会编《特集·近代日本与东亚》,
东京山川出版社一九八〇年版)译出(王玉平译、曲直校)

复菲律滨陈伯豪等函

(一九一六年五月二十四日)

伯豪、警支〔文〕仁兄同志均鉴:

接阅四月十五日大札,备悉吾兄筹款近况,热忱健腕,敬佩莫名。

许君所托之件,仍望诸同志尽力赞勷一切。目前闽省虽未独立,惟吾党实力编布各地,早晚必当大举也。汇来之款,已交财政部办理,以后犹冀鼎力鼓吹,用收宏效,至祷。

粤省独立,原出龙氏伪意,第吾党策划,日进千里,龙果愿北伐,姑不深究前非。浙江独立,本系事实,是可喜也。要之,袁局日间必见瓦解,祖国民心已离,袁至今日,更何有恢复之可言。现山东东部已为吾党势力,目下由党务部长居觉生为东北总司令,指挥一切,并此告慰。

五月廿四日

据《国父全集》第三册(转录史委会藏《总理办公处公函存底》)

交曹亚伯经费手谕

（一九一六年五月二十五日）

支交亚伯五千元正。孙文。

据《国父全集》第四册（转录史委会藏原件）

交孙洪伊银币手谕

（一九一六年五月二十五日）

交孙伯兰银叁千元正。孙文经手。

据《国父全集》第四册（转录史委会藏原件）

复杨寿彭函

（一九一六年五月二十五日）

寿彭先生大鉴：

五月十六日来函已悉。汇单壹纸，额面日金五百五十四元，经持赴该行照收妥实，折合沪洋四百五十五元叁角贰仙。今先用函复知，俟交陈宅家属收妥后，再当补具谢帖函寄。特此奉复，即请

大安

各同志均候并道谢。

孙文启　五月二十五日

据《国父全集》第三册（转录史委会藏亲笔原件）

致 居 正 电

（一九一六年五月二十五日）

　　潍县得，甚慰。沪决办收束。陆军学生王素等三十人乘"神户丸"来。明日□肇和之役陆上决战队三十余人乘"利济"来，情愿当兵，请收，即遣赴前敌。

据《中央党务月刊》第八期

致戴德律函

（一九一六年五月二十七日）

亲爱的戴德律先生：

　　收到先生东京来函，我曾立即复一电报。我于一月前来到上海，是出于此地形势之需要。

　　目前工作首要先决条件是经费。我为促使时机之成熟而惨淡经营三年，如今时机已到，竟因经费缺乏而难以控制局势。中国现正处于极度危险之关头，而我则急于要使中国摆脱混乱以再造和平与秩序。袁世凯一人，并不难于推翻，而我们的目标尚在于同时清除其属下之全部官僚，以保证中国不再蒙受此辈邪恶影响。

　　先生已从报刊得知许多省相继宣布独立，但对导致这一局势之事实真相仍一无所知。那些官僚之所以未敢造次，完全是出于自私野心。我们已造成此种形势，他们懂得不宣布独立就会失败，于是便突然退避龟缩，并在表面上对我们表示同情。一旦袁世凯由于获得国外贷款而略有复苏之势，他们又会倒过身去以求保全自身之地位。广东省都督龙济光即为一例。他觉察到我们在那一地区的实力之后，便假意宣布广东独立，与此同时，却又在暗中和袁世凯保持联系。

先生由此可知，中国将因此类诡谲奸诈之人物而局势日益恶化，危机愈陷愈深。所以，我们必须设法将他们彻底清除，不容其中任何一人在今后政府中继续任职。然而目前，我们事业正处于岌岌可危之状态，我若不能立即采取断然措施并将所有各种力量再一次完全置于我个人控制之下，就会授袁世凯以可趁之隙。为此，我急需金元五百万，即电报提及之数。若能得此，当可实现我一生之主要愿望和目标——于短期内恢复我国和平。因为我已决定采取达到这一目的之最佳捷径，即攻击至关紧要之北京。

我希望，现在，先生对中国局势有了更清楚的理解，愿意竭尽全力帮助我获得这笔款项，否则，一切都会落空。借贷条件可由先生自行酌定，因为我完全信任先生的能力和高尚品格。

请将结果电告。我的电报挂号地址已改为："Waicy"，Shanghai。

来信请用两只信封，外层信封请用下列地址：

Monsieur Y. Waicy,

　　55 Yang King Peng,

　　　　French Concession, Shanghai. ①

希望不久就能收到先生的佳音。我知道先生正在尽力而为。

谨向先生全家致以最良好之祝愿。

---

① 中译文：上海法租界洋泾浜 55 号 Y. Waicy 先生。

你诚挚的孙逸仙

一九一六年五月二十七日　上海

据《国父全集》第五册英文函（转录史委会藏原函影印件）译出

致 居 正 电

（一九一六年五月二十八日）

"利济丸"有陈剧等八十二人投周村军，请即知会吴大洲与接洽。又浙部有可靠军官生九人，拟令元冲带来相助，可否请酌，并复。刘基炎于英士案无关，夏述唐可延见。□译交下电。

述唐鉴：舌耳电悉。基炎事已据电往保，捕房允礼拜间过堂即释，约下期船可赴鲁也。文。勘。

据《中央党务月刊》第八期

致 居 正 电*

（一九一六年五月三十日）

得电喜甚。先遣汝为助兄，哲谋助吴。宜联络，重实力，不必争旗帜名称等问题。日当局意，文不宜即赴鲁，济南得当可行。现望兄与吴、薄①等调和。

据《国父全集》第三册（转录史委会藏《东北军卷来电底稿》）

＊　《国父全集》注"此电似系致居正者"。按：当时居正以中华革命军东北军总司令身份，全权指挥山东军事，与吴大洲、薄子明部发生矛盾，据电文内容，此电系致居正无疑。

①　吴、薄：指吴大洲、薄子明。

致中华革命军东北军电二件

（一九一六年六月三日）

一

债券已电东速寄廿万，惟军票流弊无穷，不止鲁民受害，吾党丛怨，必累前途。胥行强迫公债及征发，便需军票，后当另制精者。文。

二

吴、薄托周转电文求助外交，军火已嘱周起云〔?〕统一后立即订购，并派张继及京周来与□及彼等谋之云云。周村告急，能援甚好。

据《国父全集》第三册（转录史委会藏《东北军卷来电底稿》）

交山田等用费手谕

（一九一六年六月四日）

交山田等往奉天用费四千三百元正。孙文经手。

据《国父全集》第四册（转录史委会藏影印原件）

致居正电

（一九一六年六月七日）

　　军票已电谢，嘱畏中速寄，请指一人签字发行。溥泉、汝为、元冲、士官生六人、军官生九人，□□来抵滨。华侨达六十，欲依兄以编卫军，甚妥。需否？闻吴已付九万余元购枪炮，与兄约购者同，兄已付价否？□□□飞行家尾崎同廖国仁、谢崧生赴潍，与兄商飞行事。

据《中央党务月刊》第八期

在上海对某记者的谈话 *

（一九一六年六月八日）

　　吾对于今日之时局，颇具乐观，惟不识多数国民之意志，能如予之所要求否？一般执权武人之自持，能如予之所希望否？在二次革命失败以后，云贵义军未起以前，袁逆之爪牙腹心多散布一种流言，谓非袁则乱。国民之无识者，亦畏袁逆及其爪牙腹心之武力，以为非袁真乱也，遂种种拥护袁逆，一若袁去而中国即陷于不可收拾之境者然。外国人之不悉中国情形，皆亦视袁逆为中国唯一之人物，不惜尽力以助之，于是袁逆得以维持其地位以至今日。是"非袁则乱"一语，几成为内外无知识者之口头禅。今云贵义师起后，响应者达六七省，拥护共和之声遍于全国，而袁逆乃不幸于

　　＊　此件所标时间系上海《民国日报》发表日期。

未明正典刑之日，见绝于天。今后国内无袁逆，国内国外之无识者所倡非袁则乱之谬说，至此随袁以俱灭。

但是袁死之后，中国果然可以大治否？果然可以不乱否？若今后南北各执权者能一秉至公，尊重约法，拥护共和，去其争权夺位之私心，革其武人干政之恶习，以爱国之真诚，和平之精神，致力于奠定国基，建设国政之事业，则袁死而中国真可大治。此实吾国民在历史上世界上之唯一光荣，使世界各国认识我中华民族，为爱国的文明民族，使国内政治上执权者，皆知为恶必无善果，而树一国民道德、政治道德之轨范，更为中国永久的幸福也。但是现在已起义各省之执政者，征其数月以来之行事，吾可信其为诚意拥护共和。而未独立各省之执政者与乎伪内阁之人物，彼等于袁逆既有皇帝逆谋之今日，尚不能明白表示其态度，与之断绝关系，举而置诸法，犹拥护之为总统，则今日袁虽死，而彼等苟非今后表示其爱国护法尊重民意之真诚，则予万不敢信其真正忠于人民。故今日予十分注意，倘各执政者皆能表示其诚意之所在，则予愿与国民共助之；倘不然者，则予愿奋起而与国民同尽挞伐之责。此予对于今日时局之意见也。

予更有一语为执政诸公暨国民道者。中国地大物博，而属现在物质文明达发之今日，合中国之人力与地力，可为的事虽终日孳孳，亦有不逮，那争权夺利的事稍为有一点识见、一点胸襟的，绝不肯为，亦绝不必为。现在一般反对共和之逆党，大家都说争总统不好，所以要主张帝制复活，今后这争总统的事实，万不能再有。不然，则使国民心里存一个疑惑也。

据上海《民国日报》一九一六年六月八日《某民党首领之谈片》

规复约法宣言

（一九一六年六月九日）

　　文归国，既以用兵之原为父老昆弟告曰：吾侪与袁氏非有私怨，为其坏约法，叛民国，是用讨之，以惩不义而奠我国家。今袁氏则既自毙矣，凡百罪孽，宜与首恶之身俱尽。继兹以往，其遂可以罢戢干戈与民休息耶？抑犹有所待耶？爱人以姑息，自偷遗患，有志者不为；而亿逆不信，薄视天下，失亦如之。此文所以不敢自安于缄默也。文生而笃爱和平，亦深察我大多数国民无有嗜杀好争之性，故辛壬之交，兵甲满地，彼是相持，几若敌国，而卒也以北方将帅赞成共和，使清帝退位，而战事以解。始义者不多其伐，继事者能共其劳，使无袁氏，则五年以还，吾民将不一见流血之祸矣。夫人类必至不平而后有争，挟群以争，尤必有其职志。其为国为公，则天下从之；其为己为私，则天下弃之。今兹独立诸省暨夫拔戟自成之军，揭橥约法，犯难而行，文敢表证其心理曰：是皆为国家也，非为权利也。至乃未独立之省区，牵制于事势，谋人军师不欲遽为转移，其心亦不无可谅。然今兹戎首已逝，既不能以独立诸省为非义而斗之，则亦宜有所以表示其为国非私之行动，俾坦然相与而无疑，庶几战争之祸可立止。

　　抑文非徒为一方之人言之也。自袁氏有心挠乱民国，恒谓民主必争，假是筹安行其篡逆。其实中国宜于民主，创制以来，为让非争，已昭证例。今若举国人遵由神圣之约法，泯绝内讧，洵可为百世之模范。其反是者，则国本替而祸不忍言。且昔觊国者之謷言，谓非袁莫见统一，即非袁中国且乱。前此正以袁氏大乱中国，今若袁死而民国因以底定,此尤我民族之光,中国之福也。袁氏凡百罪孽,皆由其以天下为私之一念而来。残暴专制,既无不为,而又以金钱诈术济之,以至于败。今求治无他,一言蔽之曰:反其道而已。庶事改良,或难骤举,至于规复约法,尊重民意机关,则惟一无二之方,无所用其踌躇者。于此时期,而犹有怙私怀伪不顾大局之流,则国人疾之,亦将如疾袁氏。吾辈固甚不愿见此不祥之人,至更遗吾国不祥之事也。董子曰:"正其谊不谋其利,明其道不计其功。"今弟卑之无甚高论,吾国人亦当知功利有其大者、远者,而不在一身之权位。盖亿兆人民系于国家,国家繁荣,则吾子子孙孙实利赖之,君子之泽,无过是者。若计量目前琐末得失,为穴中之暗斗,斯智者所窃笑。

吾国有六千年文明之历史,有四万万之民众,地大物博,人习勤劳,加以尚慈善、好平和、善服从之诸美德,苟见发挥而光大之,则民生日遂,国度日昌,可操左券而获。当民国初元,五族一家,由彼之时,咸致力于建设,推究成绩,必有可言。而袁氏一人为梗五岁,所由使人太息痛恨而不敢稍自暇逸者也。吾人为国,匪独除暴拨乱而反之正,则属有事权及夫一国优秀之分子之所任,于忧虞为国之际,悬绝大之希望于前途,则人人奋励激昂,勉进不已。所志既闳,而末俗苟偷之弊,乃真息矣。

文志在共和,终始不贰。曩昔以袁氏叛乱,故誓为民国翦灭巨凶,今兹障碍既除,我国人当能同德一心,共趋致治之正轨,文亦将尽国民一分子之义务,为献替之刍荛。若夫曩日宣言,所谓袁氏未去,当与国民共任讨贼之事;袁氏既去,当与国民共荷监督之责,不使谋危民国者复生于国内。则今犹是志,亦愿与国人共勉之也。

据上海《民国日报》一九一六年六月九日《孙文宣言(二)》

致黎元洪电

（一九一六年六月九日）

　　北京黎大总统鉴：公以首义元勋，夙系人望。民国创始，文惭薄德，与公追随。今闻于阳日依法就职，良为国庆。中邦专制，历数千年，共和方新，忽被摧挫，去乱图治，愿力反前人所为。有如规复约法，尊重国会，尤不容缓。民国总统，职曰公仆，一切僭制妄作，宜即屏除，庶几气象一变。目前纷纠若定，前途希望无穷。尤企公本高尚之旨趣，宏大之规模，勇毅之精神，精密之条理，与国民从事建设，天下幸甚。孙文。佳。

据上海《民国日报》一九一六年六月十一日《孙中山致黎总统电》

致 居 正 电

（一九一六年六月九日）

　　袁死，内外情大变，应按兵勿动，候商黎解决。飞行上事应停办，请告尾崎。文。佳。

据《中央党务月刊》第八期

致朱执信电

（一九一六年六月十日）

　　香港朱执信兄鉴：袁死，政局一变，我应罢兵。孙文。蒸。

据上海《民国日报》一九一六年六月十四日《孙中山致朱执信电》

致 居 正 电

（一九一六年六月十日）

潍县居觉生兄鉴：袁死，政局一变，我宜按兵勿动，候商黎大总统解决。孙文。蒸。

据上海《民国日报》一九一六年六月十四日《孙中山致居正电》

致福建革命军电

（一九一六年六月十三日）

福州转屏南、松溪、政和、崇安各军：袁死，政局一变，可望平和。已占领地方，倘人不来攻，我宜按兵勿动，维持秩序。未举兵者，宜停止进行。政治问题，候商黎大总统解决。孙文。元。

据上海《民国日报》一九一六年六月十四日《孙中山致福建革命军电》

致 黄 兴 电

（一九一六年六月十三日）

东京黄克强兄鉴：南军举义，多数揭去袁、复约法、召国会为的。袁死，黎能复约法、召国会，当息纷争、事建设，以昭信义，固国本。兄见何如？孙文。元。

据上海《民国日报》一九一六年六月十四日《孙中山致黄克强电》

致吴大洲薄子明电

（一九一六年六月十三日）

　　周村吴大洲、薄子明兄鉴：袁死，内外情势变，我宜按兵勿动，维持地方秩序，候商黎大总统解决。孙文、张继。元。

据上海《民国日报》一九一六年六月十四日

《孙中山张溥泉致吴大洲薄子明电》

在上海与徐朗西的谈话*

（一九一六年六月十五日）

　　目下时局，尚未敢骤言容易解决。因袁党依然盘踞要津，国会议员尚未正式集会；完全责任内阁又未成立；斯时之民军，正未能从此息肩，而即云国是已大定也。故予昨日致广东、山东、福建诸军电文中，不过请其暂时停止进行，息肩一层尚未易语及。段祺瑞虽为反对帝制派之一，然渠能从此真能拥护共和与否，维持秩序与否，此时段之态度尚未明了，不能妄加臆断。曩者段曾为逆党所不容，此时或能与民军相互提携，亦未可料。维持秩序，目前更未可断定。报载予深信段氏能维持秩序，或即指此事而误传耳。总之，予对于时局之主张，曾有两次宣言，是即予对于最近时局之意见。除宣言及其他通电，外间所传闻者，予概不能负责任。

据上海《民意报》一九一六年六月十五日

《本报记者与孙中山先生之谈话》

---

　　*　此件所标时间系上海《民意报》发表日期。徐朗西时为上海《民意报》主持人。

致 居 正 电

（一九一六年六月十五日）

张怀芝侵地，来电不明，请复，便交沙〔涉〕。文。

据《中央党务月刊》第八期

祭陈其美文 *

（一九一六年六月十九日）

民国五年六月　　日，孙文谨以清酒庶羞，敬奠故都督陈君英士之灵曰：

呜乎英士！生为人杰，死为鬼雄，唯殇于国，始与天通。亡清季年，呼号奔走，濒死者三，终督沪右。东南半壁，君实锁钥，转输不匮，敌胥以挫。孤怀远识，洞烛奸宄，好爵之縻，避之若浼。贼恶既淫，更张义师，奔虽云殿，自讼责辞。惩后惩前，文厉主张，彼惎文者，缪诋为狂。君独契文，谓国可救，百折不挠，以明所守。疾疢弥年，未偿逸暇，我志郁伊，赖君实写。君总群豪，与贼奋搏，百怪张牙，图君益渴。七十万金，头颅如许，自有史来，莫之或匹。君死之夕，屋欷巷哭，我时抚尸，犹弗瞑目。曾不逾月，贼忽暴殂，君傥无知，天胡此怒？含笑九原，当自兹始，文老幸生，必成君志。呜乎哀哉！尚飨！

据上海《民国日报》一九一六年六月十九日《陈英士先生哀诔录》

---

*　本文原载《民国日报》一九一六年六月十九日，翌年又载于《中华新报》五月十三日，但文字有误。此件所标时间系上海《民国日报》发表日期。

致黎元洪电

（一九一六年六月十九日）

　　黎总统鉴：洽电敬悉。文前电请规复约法、尊重国会二事为根本要图，复电已承嘉纳。顾经过旬日，尚未施行，此间传闻谓因审慎手续。其实约法停废、国会解散，俱系前人越法行为，今日宣言承认遵守，不过以适法之命令变更不法之命令，其间毫无疑义。内外期望惟此最先，一切纠纷宜令速解，愿公无复顾虑。辱公明问，文谨申前言，以当芹曝。嘱派代表一节，俟选定有人，当更电告。再者，文以公依法就职，径电居、吴、朱诸人及福建民军息战，静候解决。旋读十六日申令，饬各省撤兵停战，具见至仁大公，无任钦佩。惟得最近报告，张怀芝等乘机侵害，屠戮临朐、安邱。似此显违明令，应请严电惩究；并电闽、粤军官，须谨奉命令，不得佳兵殃民，以维大局。孙文。效。

据上海《民国日报》一九一六年六月二十日《孙中山再致黎总统电》

致 居 正 电

（一九一六年六月二十日）

　　唐告张怀芝代表陈、洪两人，嘱张速电京，催复旧约法，召国会，态度明，始能平民军气，张已照办。顷陈、洪来达张意，请兄派代表来济与接洽，请决，电复。留日军医生黄实存欲投潍县，可来否？文。号。

据《中央党务月刊》第八期

复 居 正 电

（一九一六年六月二十一日）

　　电并邵①函悉。前由唐电段，饬鲁北军勿与民军为敌。今张怀芝派代表持函来，请息纷争。附如何条件与交涉，电复。以后行动，恳如佳电以示信。

据《国父全集》第三册《转录史委会藏《东北军卷来电底稿》）

致段祺瑞函

（一九一六年六月二十三日）

芝泉先生大鉴：

　　民国初元，曾亲教诲，伟人丰采，至今不忘。盖当南北议和之际，惟执事为军人领袖，赞成共和，大局以定。洎帝制发生，尤能以大义自持，冒犯险难，终始不变，求之当世，诚拔萃而寡俦。而今日天下汹汹，扶危定倾，又惟执事之是赖。此文所以倾服不置也。承黎大总统电教，嘱遣代表晋京，谨滕以书，介谒左右。文以为一国于更始维新之时，必有豪杰大贤，规划宏谟，提挈纲领，建设文武，垂范将来，而其人之勋名，亦遂与国家同不朽。夫事功在百世，而权位不过一时。经武图强，申儆军人，而教之以捍侮干城之事，其责非异人任。至于目前，规复约法，尊重国会，为共和根本大计，而

──────────

　　① 邵：似指邵元冲，时在山东居正军中。

内外人视瞻所存，文已再三为黎总统言之。愿执事翊赞当机，不为莠言所惑，重陷天下于纷纠，亦文之望也。兹因萧莹、叶夏声二君晋见，聊罄怀抱，惟谅。草草不宣。专此，即颂

勋安

　　　　　　　　　　　孙文　六月二十三日①

据《国父全集》第三册(转录史委会藏原稿)

致黎元洪电

（一九一六年六月二十三日）

　　北京黎大总统鉴：依照洽电，派萧萱、叶夏声代表进京。谨闻。孙文。漾。

据上海《民国日报》一九一六年六月二十九日
《孙中山致黎总统派代表入京电》

复居正电

（一九一六年六月二十三日）

　　电悉。已派萧萱、叶夏声赴济南代表，先来潍面商，今日乘"神户丸"往青岛。文。漾。

据《中央党务月刊》第八期

---

　　① "兹因……不宣"二十一字及"孙文六月二十三日"史委会藏原稿无，为史委会编《国父全集》据一九六五年版《国父全集》增补。

批姚锦城函 *

（一九一六年六月二十三日）

着交《民权初步》二本。文。

据《革命文献》第四十八辑《中华革命党
时期函牍》（转录史委会藏原件）

交曹亚伯经费手谕

（一九一六年六月二十四日）

交曹亚伯四千五百元正。文经手。

据《国父全集》第四册（转录史委会藏原件）

致 居 正 电

（一九一六年六月二十四日）

萧、叶改乘"小野丸"来。文。敬。

据《中央党务月刊》第八期

致黎元洪电

（一九一六年六月二十六日）

黎大总统鉴：比见唐绍仪等请除龙济光电，实为天下公言。

---

* 　此件所标时间系来函日期。来函请求惠赠《民权初步》二册。

龙在粤三年，无恶不作，粤人恶龙，甚于洪水猛兽，此人不去，粤无噍类。政府与民更始维新，万不宜留此奇凶，以祸百粤。况龙目不识丁，而性独狡诈，忽而独立，忽而取消，只图自保，毫无政治上意味。大总统依法继任，民望所崇，惟能执法秉公，斯天下莫敢离异。西南诸省今方喁喁待命，无事招携，如龙反复小人，尤不能令有所凭借。溯昔胡、陈督粤，龙局促辕下，其时尚无外江壮士等名目，自袁氏倚为爪牙，龙乃恣睢纵恶，名器假人，可为前车。龙近已于韶州横开兵祸，陷粤糜烂，是其本怀，即望收回成命，立予严惩，毋以一人之故，而失粤三千万人之心，非惟一方之幸。孙文。宥。

据上海《民国日报》一九一六年六月二十九日
《孙中山致黎总统请斥龙济光电》

致居正电二件
（一九一六年六月二十六日）

一

此间款绌较甚，二三千亦不可得。杨、蒋、吴①赴潍事，商定再复。文。宥。

据《中央党务月刊》第八期

二

驻滨华侨达一为急欲依兄，无费不能行。此间窘甚，请兄筹款

---

① 杨、蒋、吴：似指杨庶堪、蒋介石、吴忠信。

五千，寄林蔚、陆发桥等，使即行是盼。文。宥。

据《国父全集》第三册（转录史委会藏《东北军卷来电底稿》）

致戴戡等转石青阳电

（一九一六年六月二十六日）

松坎戴总司令、义勇队卢团长请转石青阳兄鉴：袁氏暴毙，局势一变，我宜按兵勿动，静候黎大总统解决，与护国军方面联络协进。唯沿用五色国旗，粤、鲁、闽等省已照行矣。孙文。宥。

据上海《民国日报》一九一六年六月二十九日
《孙中山致四川革命军司令石青阳电》

致 居 正 电

（一九一六年七月四日）

能编一军否？电复。

据《中央党务月刊》第八期

致戴德律函

（一九一六年七月五日）

亲爱的戴德律先生：

袁世凯死后，局势已完全改观。因此，我曾在电报中请先生等候我的信件。如果当初我能有那笔急需的款项，我本可早在袁世凯死前就成立临时政府，而现在也不会有南北妥协的问题出现。但是，根据约法规定，黎元洪已递补总统遗缺。目前最迫切的愿望,是和平与秩序的恢复,所以我促成了双方的谅解。

由于黎元洪为人随和懒散,不抱帝王野心,我相信,他会顺应民心为国效劳,而不至于假借权柄以谋私利。

一切国家大事和国际事务,政府皆谘询于我。我虽不任职,但影响之大一如既往,而且深得人民信任。

目前,我要留在政府之外,静观各项事务的处理和解决,并将继续置身幕后,除非有重大理由需我复出。

由于情况如此,请即取消先生准备为我洽谈的一切政治贷款,并请退还有关委托权的文件。

如果诸事顺遂,情况好转,我将再度从事实业方面的工作。届时,请先生代为物色能帮助我国发展实业之类的人士。在此情况下,我亦将尽速再来美国,会见各方面资本家,延聘有用人才。

至于斯托特(Henry Clifford Stuart)其人,我不知他为何要多方设法败坏我的声誉。最近,他通过一位斯卡菲尔德(Scafield)先生登载广告,寻找一件据说是我用作护身神物的玉雕偶像,从而在华盛顿报纸上造成了耸人听闻的事件。斯托特先生声称,他曾由我授权,悬赏一万美元以搜求此物云云。这完全是我前所未闻、荒谬绝伦、可笑之至的无稽之谈。我对此人此举的动机,百思不解。他曾寄给我不少信件,但是由于我对他素不相识,所以,就我记忆所及,从未复信。

希望早日来信,谨致最良好的祝愿。

你诚挚的孙逸仙

一九一六年七月五日　　上海环龙路63号

据《国父全集》第五册英文函(转录史委会藏原函影印件)译出

致萱野长知陈中孚函

（一九一六年七月五日）

萱野、中孚兄鉴：

叠电均悉。复电想皆达览，兹先汇上叁百元，祈收用。专此，并请

大安

孙文　七月五日

据《国父全集》第三册(转录史委会藏影印原件)

致 居 正 电

（一九一六年七月七日）

吴忠信"神户丸"来助兄。文。

据《中央党务月刊》第八期

致 居 正 电

（一九一六年七月十一日）

军票已由田中寄鲁，共三十箱。债券无，且不便再发。

据《中央党务月刊》第八期

在沪欢送国会议员宴会上的演说[*]

（一九一六年七月十三日）

今日得与国会诸君相聚一堂，几为始念所不及。诸君为民国代表，民国于五年之间，由创始而变乱，而中兴，可谓剧矣。今后犹有变故乎？否乎？吾将以过去者推测将来，一言括之，则在诸君之心而已。须知民国何由发生，亦只发生于国民之心。始因世界造化大潮流，感受于少数人心理，由是演进及于多数人心理，血〔而〕帝制以倒，民国以成。顾其基础尚未坚固，多数人之认识未真，乃有奸人乘机簸弄，遂使民国者，一切形式机关制度，倾覆扫荡，而专制帝国几乎复活。此非徒袁氏之罪也，多数人不知自爱其宝，故强有力者，得逞志于一时。然而民国究竟亡而复存，强有力者究竟不可恃，则又知民国创制虽为时无几而天下为公，共和真理，其入于人心者深矣。

共和国体是否为世界之最良，此事可〈听〉之数百年后学者政治家之论定。然在吾人创造民国，则实本良心上之所信，而不惮牺牲一切个人之私利而为之。其得多数人之赞同，绝而复续，要亦人人本其良心之所信，而无何等自私之念于其间。袁氏为赞成共和之一人，乃至自背其誓约，欲及身而为帝，谓其诚有民主制不如帝制之见解，而后为此变计，抑只知为子孙富贵之图，甘犯天下之不韪，吾人亦可姑留以俟将来历史家之判断。然欲去吾人良心上之

---

　　*　欢送会由唐绍仪、黄兴、柏文蔚、谭延闿、胡汉民、王宠惠、温宗尧、于右任、钮永建等召集，请孙中山、章太炎出席，到会议员二百余人。

主张，惟彼专制者是从，不可也。具有如袁之势力、能力，而卒不获遂，则尤可为今后之大教训。

袁氏今已自毙，民国之大障碍已除，此后中国存亡责任将在我国会诸君。何者？主权在民，民国之通义。若诸君，则国民之代表，实中华民国之统治者也。诸君遇非常不易得、不可忽之时机，而处最尊贵之地位，负最重大之责任，毋曰政治良否乃政府之事也。立宪国之权鼎立，立法机关实为政府称首之一部，立法机关无能自外，亦无能外之者。即如约法规复，与国会召集，前此举国争之行政机关，仆尝以为此在国会有自行召集与规复约法之权能，初不待争于行政机关也。今约法已复，集会亦有定期，既往者不复道，然诸君则当自知其地位与责任，实用其所当有之权能。否则，谦让未遑，而反客为主之势成矣。总统为行政之首长，而国民则字之曰公仆。今以家事为喻。袁氏者一大强奴耳，不守其奴仆之分，而凌践主人，浸至据有主人之产。主人愤恨不平，义师以起。此奴乍毙，家中佣有忠仆，静待故主归来，而犹相顾却步曰：奴属尚能为患。不思一班小奴，虽曾受大奴之鞭策，而今日则无所庇护，计惟衣食主人耳。瞰主人未归，盗窃钱米者，不敢谓无。然惟如是，则主人之归，大不宜缓。假使主人依旧放弃，令此辈心胆益粗，则群小奴将渐师往日大奴之故智，正复可患。民国以四万万人为主人，诸君为主人代表，使忠仆得以尽职，奸奴不敢复生，皆惟诸君之责。诸君毋自馁也。北京军警固多，然皆中华民国之军队也，民国之军队，当然保护民国主人。若其有不法之侵害，则是背叛民国者也，国民将共起而诛之。四万万人认诸君为代表，则四万万人实为诸君之保障。袁氏之强，犹成败绩，孰则敢骤为民国之叛人者。故以为诸君，此时无所畏避，当速至北京解决目前之难局，致力将来之建设。亦犹之主人归家，首先申明家法，则一切事务自然就理，无须枝节推问。

　　国会一开，当请黎总统宣誓就职，此为民国元首继任必然之手续，最大之典礼，不可忽略。礼成而后，即授意总统任命总理、阁员，成立责任内阁。更因应现在将来国家社会之所宜，制为国宪，及一切法规，俾全国有所依据。法良意美，而执行者又得人，则以中国之地位，政治日良，为世界最富强之国不难也。

据上海《民国日报》一九一六年七月十四日《孙中山之国会主权论》

致 居 正 电

（一九一六年七月十三日）

　　刻查百元券剩十二万元，已电速尽办寄兄。但发行时，宜填前月日。千元券尚多，需否？十元券已罄，制需时。

据《中央党务月刊》第八期

致 居 正 电

（一九一六年七月十四日）

　　叶[1]由京回。恺[2]"神户丸"来面商，许、蒋[3]同行。

据《中央党务月刊》第八期

---

　　① 叶：即叶夏声，孙中山秘书。

　　② 恺：即廖仲恺。

　　③ 许、蒋：即许崇智、蒋介石。

在沪尚贤堂茶话会上的演说[*]

（一九一六年七月十五日）

权利为人类同具之观念，仆不能自外于人类，何能独忘乎权利。故与其以牺牲权利奖仆，毋宁以权利思想最切、最大奖仆之为可信。仆自信对于权利二字，尚能见其至公至大，因大而遗小，因公而遗私则有之，牺牲则未也。今承主席谬以此语相举，用敢为诸君畅论之。

吾粤通商，先于各地。数十年以前，欧舶之西来，土货之外输，无不毕萃于广州。故货殖者恒不数年而成巨富，南洋美洲之华商，投资于美国铁道事业者至夥，重洋万里，跋涉求之，如是宜可以自慰矣。然一旦殂殒，其子若孙，析其所藏，多金则淫，于是盘乐游邀，尽丧其业。眼前肥马轻悉〔裘〕，脑后路隅乞食者，屡有所闻。历观求利得利者，曾不两世而失败矣。其求之而不得者，则以吾见闻最熟者，莫如猪仔。猪仔出口，每岁几四十万，其能安全归来者，曾不易睹。吾观于此二者，而突发良心上之主张，非尽铲恶政治而去之，国民非特自身无权利之可言，即幸及身而酬，亦无有能贻其子孙者。故毅然欲起而改革之，以绵吾全国同胞奕世不失之大权利。

二十年前，仆以此种意思稍稍陈诸知己，亦有慨然赞同者，但改革是一事，改革后之政体是一事。当时同志，但知政治之当改

---

* 茶话会由驻沪粤籍国会议员举办，请孙中山及上海诸名流、参、众两院议员出席。

革,尚未尽知政体改革之根本大计,则所谓改革者,仍属易代之常轨。仆乃走海外,虽厄于语文之隔阂,而熟察其事事物物,运以自动之灵悟,辄觉心运神悟。继续〔读〕其历史掌故,与学者研究所得之著作,乃知平生主张,颇有合于西洋治国安民之大经。归乃以献诸同志,而改革之方针乃大定。

我亦尝效村学生,随口唱过四书五经者,数年以后,已忘其大半。但念欲改革政治,必先知历史,欲明历史,必通文字,乃取西译之四书五经历史读之,居然通矣(众大笑)。仆考历史,中国因地理关系,宅居中土,无国际战争,而国内战事,又纯为争一人之私位而起。故力与同志谋以武力为改革之手段,争国民权利之预备,此时亦有讥仆得狂疾者。其实,因仆所争之权利至大至公,为前此所未有,当然为人所目为狂疾耳。

逮南京政府成立,仆乃大负疚于国民。仆自谓破坏非拼命不可,拼命大难,故愿与同志身任其难。建设则细条密缝,难而似易,且改革目的已达,第一任总统,不知者且视为尊如皇帝,故决意让之袁世凯,使天下知总统当如是,因而树民国之大本,示人以公仆之不当争,不必争。而世之君子,有咎仆以荒废厥职者,仆闻之滋乐。仆因不愿人之争总统而让之,筹安会居然亦不愿人之争总统而倡帝制,可谓同志矣。今章太炎君将发请治帝制罪魁电,邀仆署名。仆自维我即罪魁之一,求人曲赦之不遑,焉敢请人惩治,因辞曰:不署,不署。诸君闻此四字,觉颇有哲学意味否?(众大笑)

今当与诸君言建设矣。国家如商业公司然,股东赢利,必无向隅之伙友,若伙友仅谋赢其私利,则股东瞵而伙友无立足地矣。故谋国者,无论英、美、德、法,必有四大主旨:一为国民谋吃饭,二为国民谋穿衣,三为国民谋居屋,四为国民谋走路。衣食住为生活之根本,走路则且影响至国家经济、社会经济矣。国家生产力如物体

坠地,有一与时俱进之正比例。吾国号称四万万人,每人每日无不
与路政有至密切之关系。譬如吾人日日所见之车夫,载重不过一
百斤,往来不过上海,而日可得一元。乡间因路政不治,苦力者担
二百斤,走数十里,日仅得数百钱耳。此收入之影响也。譬如人生
衣食往〔住〕之资料,无不因运费为低昂,运买之低昂,视乎路政之
通塞。路政不修,则所费益巨,此支出之影响也。则是以论,路政
苟修,全国之利,年岂仅以万万计哉。

　　今之政治家,有主张地方分权者,有主张中央集权者,惟仆则
欲出一貌似模棱之说曰:两者皆为仆所赞同。一国之外交当操持
于中央,无分于各省之理,美国吾人所引为共和先进者也,但外交
事件,则仍不属于各州。曩日加尔罅尼之取缔日人事件,终不能不
受中央外交上之指挥,可为前例。其余如海陆军、邮电事业等,亦
不能分其权于地方。此仆表赞同于集权者也。至于地方分权,则
吾欲进一层言之。言地方分权而以省为单位者,仍不啻集权于一
省也。故不为此项问题之研究则已,苟欲以精密之研究,则当以县
为单位。国人对于本县,在历史习惯上,有亲昵之感觉。袁项城三
字,即亲昵之昵辞矣。(众大笑)

　　顾仆尚有一重大意志,欲白于今日者。诸君知中华民国之意
义乎?何以不曰中华共和国,而必曰中华民国?此民字之意义,为
仆研究十余年之结果而得之者。欧美之共和国,创建远在吾国之
前,二十世纪之国民,当含有创制之精神,不当自谓能效法于十八
九世纪成法而引为自足。共和政体为代议政体,世界各国隶于此
旗帜之下者,如古之希腊则有贵族奴隶之阶级,直可称曰专制共
和,如美国则已有十四省树直接民权之模,而瑞士则全乎直接民权
制度也。吾人今既易专制而成代议政体,然何可故步自封,始终落
于人后。故今后国民,当奋振全神于世界,发现一光芒万丈之奇

采，俾更进而底于直接民权之域。代议政体旗帜之下，吾民所享者只一种代议权耳。若底于直接民权，则有创制权，废制权，退官权。但此种民权，不宜以广漠之省境施行之，故当以县为单位，地方财政完全由地方处理之，而分任中央之政费。其余各种实业，则惩美国托拉斯之弊，而归诸中央。如是数年，必有一庄严灿烂之中华民国发现于东大陆，驾诸世界共和国之上矣。

但欲民国之巩固，必先建其基础。基础不必外求，当求诸全国国民之心中。国民而身受民权之庇护，识其为无上光荣，则自必出死力以卫民权，虽有拿破仑在国中，亦莫吾毒已。然如何而能使国民知民权之为无上光荣乎？仆试以历史上之事实喻之。昔汉高祖初得天下，诸将叫号不宁，赖叔孙通制定朝礼，乃始识天子之尊严。国民者，民国之天子也。吾侪当以叔孙通自任，制定一切，使国民居于尊严之地位，则国民知所爱而视民权如性命矣。然其道必自以县为民权之单位始也。

据上海《民国日报》一九一六年七月十六日
《名流政治演说——昨日尚贤堂茶话会》

附录：补　遗

记者前日记中山先生尚贤堂演说辞，于南洋美洲之华侨投资于美国铁路一段，颇有漏误。先生言："广东富豪伍某，曾于七十年前投资于美国铁路，二十年前曾以此事在香港涉讼，故吾国人之投资外国者，苟祖国政治不良，决无保存资财之道云。"特此正误。

据上海《民国日报》一九一六年七月十九日

批青岛某某电[*]

（一九一六年七月十六日）

已着仲恺致意，请照行可也。

据黄编《总理全集》下册

在沪举办茶话会上的演说^{**}

（一九一六年七月十七日）

今日承两院诸君，与各界有志者惠临，荣幸之至。兄弟亡命三年，不获与国人相见，自帝制发生，不忍祖国沦亡，乃远道归国，谋助国人奋斗。今幸元凶已死，国法恢复，武力告终，建设伊始，两院议员，不久赴京开会，共商建设之业。但建设须国民人人负责，兄弟于前两日，已在尚贤堂与两院诸君研究，但时间短促，不能一一尽论。今特邀诸君茗叙，续贡鄙怀。

今国人竞言建设，但尚无一定方针，故以先定方针为最要。兄弟奔走革命二十年，从事破坏，然亦时时研究建设。今以后，亦惟与国人共谋建设。建设方针如何，今人多注全神于政府，此亦当然之事。数千年来，政府时兴时仆，每一易姓，必先造政府，

<small>*　原电报告敌方侵地未返，国务院茅日电张怀芝，有"居正迭次反复，立予剿除"等语；本日会议电话问将士，愤欲急进，请令定夺。</small>

<small>**　孙中山为与各界人士交换政见，研究建设方针，在张园安垲第举办茶话会，到会者有两院议员、旅沪名流、商、学、政、军各界、新闻记者等一千多人。</small>

此亦人民建设之经验，但皆陈陈相因。至民国始开一新纪元，当与从前之建设不同。昔陈平以宰肉喻宰天下，今请以建屋喻建国可乎？

中西人筑屋，有一异点，可于其典礼见之。国人筑屋先上梁，西人筑屋先立础。上梁者注目于最高之处，立础者注目于最低之地。注目处不同，其效用自异。吾人作事，当向最上处立志，但必以最低处为基础。最低之处，即所谓根本也。国之本何在乎，古语曰民为邦本。故建设必自人民始。五年以来，建国之事，付托不得其人，几将民国根本推翻。今幸天佑中国，授吾同胞以复图建设之机会，则自高自低，宗旨不可再误。吾人筑屋先上梁，原于上古有巢氏之俗，筑屋于树巅，故只求蔽风雨，不遑计及巩固。建国亦然。先朝廷而后百官，人民则更非所计。今世国家与之大异，犹昔为陋室，今为崇楼。欧美高屋，有至五十层者，欲先上梁，必无其道。故必自地筑起，且不仅在地面，尤必于地下深筑其基。否则，未有不仆者。今建中华民国，亦与古国不同。既立以后，永不倾仆，故必筑地盘于人民之身上，不自政府造起，而自人民造起也。今人竞研究，继黎为副总统者何人，正式国务总理何人，各都督、省长又何人，是犹先谋上梁，梁苟失材，则栋折而众将压焉，其道至危。故兄弟前日谓以地方自治为建国基础，但言之未尽，今更续论之。

地方自治者，国之础石也。础不坚，则国不固。观五年来之现象，可以知之。今后当注全力于地方自治，请诸君一观此图。图为美国最新之自治机关，始行于民国二年（一九一三年）。盖距今仅三年耳。世界中之民国，可分为二种：一由自然进化者，一由人力构成者。欧洲之瑞士，山国也，交通不便，欧人视为山地，民俗强悍，极富自治能力，遂有直接民权之制。此由自然进化者也。人为

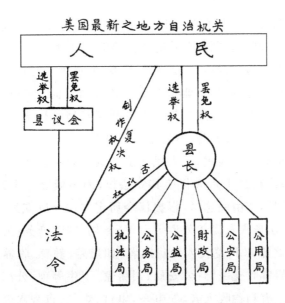

之建设，从前多危险，又极艰难，如法兰西之改民政，全由学者之理想，人民之血战，经八十余年而始成。但现代民权机关已甚发达，如用得其法，则建设甚易。所谓后来居上，此我国之大幸也。美利坚血战七年，而立国似属人为，但其国民之自治性，全由自然进化。初赴美者，皆清教徒等在欧不得志之人，崎岖艰险，富于自治之性，故其国民权基础甚固。立国以后，绝无内争。南北美之战，为黑人争权，非为本族争权也。惟美国第一流人物，多投身实业，不屑入政界。中央政府尚时有优秀分子主持，而地方政府乏才实甚。故自治制日就腐败，因此美人或有主张君宪者。诸君见袁世凯之顾问古德诺主张专制，以为大异。不知古氏为研究地方自治之人，彼见美国地方自治之腐败，乃迷信专制。数年前，美国某城为海啸冲去，人民多不愿重建。乃委托数人，专主其事，成绩颇佳。遂名之为委任制度，今已有百十城效之。此可谓由共和复专制，但为地方自治之专制耳。委任自治制度,因有才略者愿任其事,故人多信之。兄弟此次归国,同舟有游美毕业学生,亦信仰此制。不知民权本世界最上之道理,虽行之者或有不善,但道理与行动全为两事。犹读书入官者之贪秽,不能指为孔子教人如是也。美国人多深信民权学理之颠扑不破,故三年前于克利浮莱城始行此最新之地方自治制度,今已成效大著,谨为介绍于国人。

图中最高者为人民,见人民之实行其主权也。其下一为县议会,人民举议员二十六人行使其立法权,而该城之七十万人共守之;一为县长,亦由民选举,根据议会所定之法令以支配六局。执法局,掌依法捕人及提起公诉等事;公务局,综理庶务;公益局,掌地方公益之不以利益收入为目的者,如道路、教育、收养、医院等是;财政局,掌收支一切;公安局,司警察、卫生等项;公用局,则掌地方公业之有利益收入者,如电车、电灯、煤气、自来水公司等是。而民权特张之点,则以前人民仅有选举权,今并有罢免权。以前议会立法,虽违反人民意志,人民无法取消,或得资本家贿赂,将有益公众之事,寝置不议,此皆异常危险。今则七十万人中苟有七万人赞成署名,可开国民大会,有人民三十五万人以上之赞成,即可成为法律。反是者,违反人民意思〔志〕之法律,亦可以是法取消之。议会所定法律有疑点,亦可以是法复决之。至县长对于立法仅有否认权,否认者交议会复议,以更多之数取决之。本以过半数取决者,今则须三分之二或至四分之三表决之。我国约法规定,统治权属于全体,必如是而后可言主权在民也。今之留学生,多知美之委任制度或包办制度(由一人总自治之成者),而不知有此新制。因此制甫行于三年前,故学堂中尚未研究及此,然其成效实已大著。今当取法乎上。欧洲除瑞士外,无行此制者,瑞士各山邑行直接民权制已六十年,其中央则始于千八百九十一年耳。我国以旧有自治之基础，合诸今日人人尊重民权之心理，行之十年，不难达此目的。今故以此最好之民权制度，介绍于国民。

或谓中国人民程度不及，若行此制，恐有捣乱。不知合众人而捣乱，其事最难。如所谓创制权等，至少须有全体人民十分之一之发起，过半数之赞成，假使无理取闹，断不能得此。使为真正民意，则得之非难。民意常潜伏而不可见，非有一方面走于极端，不能发生反动。使袁世凯为稳健之专制，必不有举国一致之反对，此固袁之不智。然欲使民意易于发见，非有良善之机关不可，此最新自治制即其机关也。昔之民权机关，犹肩舆；今之民权机关，犹摩托车。能自动而后能发达，故当实行此自动之民权机关。

欲图实行，当由先知先觉者之负责。先知先觉者能人人尽职，不患国人之不悟。吾国人向富于服从先知先觉者之性质。三家村塾究，略读几句书，一村皆乐闻其言，此实吾国人之美质也。三十年前，提倡民族革命，学者以为叛逆，而乡人易于领悟。举一事为证。昔尝以制钱购水果，给以咸丰、同治之劣钱，却不受，所受者为康熙、乾隆之钱。彼能辨康乾之字，然以反面两满洲字叩之则不识。乃告以此即满洲文之康乾，满洲夺我江山，而为皇帝，今之皇帝，非我国人也，则勃然怒矣。盖不俄顷而赞成民族革命之理。我国人之特性在能受美言，于此可见矣。今日在座者，能各以民权归导其乡人，自易普及。兄弟年少时，好奇居乡，尝以数月之力，教五六万乡人知地圆之理，讲民权亦然。人智尽同，天与我以良知，学问有深浅，是非之心则人皆有之。袁氏数年来，以种种方法欺人，人鲜信者。彼尝刻小册子，如《孙文小史》等数万本，然未尝有效。尝闻一乡人曰：孙文为国贼，则袁亦国贼耳。民不易欺，即亦易悟。有先知之责者，不可不勉也。吾国旧有地方自治，前日克强先生详言之，本旧础石而加以新法，自能发挥数千年之美性。兄弟前日谓吾人当为人民之叔孙通,使其皆知民权之可贵。今更请诸公皆为伊尹、周公,辅迪人民,使将民权立稳。今假定民权以县为单位,吾国今不止二千县,如蒙、藏亦能渐进,则至少可为三千县。三千县之民权,犹三千块之石础,础坚则五十层之崇楼不难建立。建屋不能猝就,建国亦然。当有极坚毅之精神,而以极忍耐之力量行之,竭五年、十年之力,为民国筑此三千之石础,必可有成。彼时更可发挥特殊之能力,今此三千县者各举一代表,此代表完全为国民代表,即用以开国民大会,得选举大总统,其对于中央之立法,亦得行使其修改之权,即为全国之直接民权。而国民教育发达之故,每县各得有国民军,于是国本立,国防固,而民权制度亦大定矣。

欲行此制,先定规模。首立地方自治学校,各县皆选人入学,一二年学成后,归为地方任事。次定自治制度,一调查人口,二清理地亩,三平治道路,四广兴学校,而其他诸政,以次举行。至自治已有成绩,乃可行直接民权之制矣。今日则先由先知先觉者,负牖启之责任,以此新法为基础,而教导其人民。内省良知,实无不可对人之处,即稍用严厉手段,亦如伊尹之废太甲耳。国人性习,多以定章程为办事,章程定而万事毕,以是事多不举。异日制定宪法,万不可仍蹈此辙。英国无成文宪法,然有实行之精神,吾人如不能实行,则宪法犹废纸耳。欲实行,则必先办自治。自治者民国之础也,础坚而国固,国固则子子孙孙同享福利。无国则无身、无家,今日之会,亦愿吾人同为一身一家谋幸福耳。

吾国商人鲜留心政治,孳孳营业,以求发财,以为国政与商无涉。不知国政之良窳与发财有极大关系。国不治不能发大财,即发财亦不能持久。举一事为喻。兄弟前由香港乘船至新嘉坡,同舱二人,其一为南洋富商,积资千万,其一为商店司理人。长途无事,共谈实业,一常乐观,一常悲观。悲观者为富翁,乐观之司理人，以其拥巨资而常嗟叹，窃以守钱奴讥之。及兄弟叩富商以故，彼且答且叹。始知其共有十三子，数子甚不肖，为群邪所诱，其析产后应得之资，人不过百万，而私债已逾此数，异日必至穷无立锥。而诸子之较幼者，亦无法教育，日趋于恶，必同堕落而后已。是以每念身世，辄用戚戚。兄弟因思此皆国政不良之故，使国家能教育其人民而复有良法律以裁制游荡之民，使不敢诱人为恶，则彼富商亦何至惨戚不欢者。故商人不留心政治，实大误也。国不治则苛捐重税，发财至难，即发财亦不能永保。《大学》谓生财有大道，能将国家措于治安之域，即吾人生财之大道也。两院议员即为我谋生财之道者，但不仅议员为然，商人及四万万同胞皆同负此责。建设成功，犹人人得家资千万，且可保子孙万代之幸福也。故今有建设之希望，即同于发财之希望。今以人人心中所欲得之一言，为吾国人贺曰：恭喜发财！

据上海《民国日报》一九一六年七月十八日
《记孙中山先生之政见演说会》

致 居 正 电

（一九一六年七月十九日）

电悉。吴、薄、吕、□等俱仇兄，君敌大多，宜早图收束，请与仲恺熟商办法。致电绹秋如下：觉生在潍，所有军队，不能遽行弃之。本党刻无经费，俾作收束，故延伫待命中央。宜体察及此，商解决之法，慎勿误会，请告段总理。并复。

据《国父全集》第三册（转录史委会藏《东北军卷来电底稿》）

在沪金星公司等欢送两院
议员会上的演说[*]

（一九一六年七月二十日）

　　中外通商之始，列〔我〕国常获大利，未尝亏本。丝茶两宗，尤能甲于天下，故输出常超过输入。未几，法、意、日制丝，印度以机制茶，出口货乃锐减。近年来，输入之超过输出至二万万之多，十年即为二十万万，于是财源乃涸矣。补救之法不一，此两大公司一主补助，一主生产，皆即以挽回利权者也。保险公司内容尚未详悉，至于烟草公司每年出产为四百万为奇，视诸外人输入烟草统计约六千万者，虽仅十分之一，然外人因中国自有公司制烟，莫敢居奇涨价。他面（而）中国农工又多一植烟制烟之业，则无形之利益，犹不仅十分之一。当由此例推，可见国人苟能多一实业，则国家多一分之富力矣。

　　今日各界聚于一堂，予犹欲乘此良机，对于宪法稍有特别之贡献。即孟德斯鸠提倡三权分立以来，各国以之为宪法基碍〔础〕，予则主张五权分立是也。三权分立之法，通行百数十年，几如铁案。至今日文明进步，如美利坚等国，乃觉其宪法不能相容，惟欲中途变动，则殊非容易耳。我国制定宪法之初，则尚可乘机采用，且此之所谓五权者，如立法、司法、行政三权固可弗论，其他二权，各国之所无者，我国昔已有之。其一为御史弹劾，即皇帝亦莫能干涉之者；其二为考试，即尽人之所崇拜者也。此弹劾权及考试权实我国

────────────

　　*　主持欢送两院议员会者，为金星保险公司与南洋兄弟烟草公司。

之优点，吾人采取外国良法，对于本国优点亦殊不可抛弃。美国哥伦比亚之希斯洛，尝主张加一弹劾权，而为四权并立。丁韪良氏亦谓美国如用考试方法，选举流弊当可减少。可见此五权分立之主张，非予个人之私见矣。

当此新旧潮流相冲之日，为调和计，当平心静气博取兼收，以使国家发达。今以外国输入之三权，与本国固有之二权，一同采用，乃可与世竞争，不致追随人后，民国庶几驾于外国之上也。议员诸公如以为然，自有专门家以其精义贡献诸公。责任至重，地位至贵，其亦以目光注于辽远之地，而使后世知一九一六年之时有极大之光明，由吾中国以发见于世界之上也。

据上海《民国日报》一九一六年七月二十一日

《两大公司欢送两院议员记》

中华革命党本部通告

（一九一六年七月二十五日）

通启者：奉总理孙先生谕："本党成立，实继癸丑革命而起，其重要目的在推翻专制，重造民国。迨袁贼自毙，黎大总统依法就职，因令各省党军停止进行。今约法规复，国会定期召集。破坏既终，建设方始，革命名义，已不复存，即一切党务亦应停止。将来如何改组，有何办法，应征求海内外各支、分部之意见。"为此通告贵支、分部，望各抒所见，以期折衷至善，无任感幸。

附呈孙先生五月九日宣言及六月九日宣言，并祈察照。

中华革命党本部谨启

中华民国五年七月二十五日

据上海《民国日报》一九一六年七月二十八日

致山田纯三郎函

（一九一六年七月二十五日）

山田兄鉴：

望即代请医生一人，即来敝寓，以诊内子之病。彼今日忽起腹痛并泻，且有发热，幸速同来为荷。

孙文 七月二十五晚

据《国父全集》第三册（转录史委会藏影印原件）

致黎元洪函[*]

（一九一六年夏）

寅维民国肇造，实基武汉，揆文奋武，全赖大总统硕谟潜运，诸将士踊跃响义，故能撑拄半壁，震撼全国。然当时在汉口领事团于起义后第□日即行宣布中立，亦实为成功之一大原因。查各国对于他国国中起革命时宣布中立，实为国际上所罕闻，况以列强联同宣布，则尤非常之事。征之云南此次起义，各国尚未有中立之宣言，于彼靳之半年，而于此得之三日，此中关键，实有至重要者存。

盖当辛亥之秋，前清鄂督瑞澂，早闻革党起事之说，曾与某国领事约言，若有乱事发生，当由某国驻汉军舰发炮助剿，中外所知。暨大总统扶义兴师，瑞澂逃匿某兵船，即遣人晤某国领事，谓此为

---

* 原函无时间。函中有法领事罗氏"近日过沪……来访"之语。按罗氏于一九一六年六月调任香港领事，经沪赴港。据此推断此件应写于一九一六年夏。

义和团流派,请其践约发炮。顾自庚子以还,各国曾有协定,无论何国,以后对于中国有所举动,当先通告其余,取一致行动。故于起义之后,领事团即开会议,各国驻汉领事于中国革命之运动,本无所知,几为所动。当时张彪犹在收合余众,外借强力,以摧革军。使其计得逞,则民党恐难持久,而干涉之例一开,中国亦几于不国,岂有今日之盛。方是时也,譬诸千钧悬于一发。而惟法国领事□□①素于中国民间新派情形有所研究,又与文多年故交,以是深明革命党之宗旨,极有同情,当会议时,主持公道,表白革命军改良政治之目的,破彼义和团流派之说,力言干涉之非。其时各领事本无成见,遂得开悟,而干涉开炮之议以消。各国既取消开炮之议,欲表明其态度,故从速为中立之布告。是时瑞澂满意某国能为己助,不意各国不特不助,且为中立之宣言,谋伐气夺,仓卒出奔。武汉基址,以兹永固,各省义师,以兹奋起,清廷用兵,以兹迟回,北方将士,以兹觉晤,实此中立之一宣言开之。况革命干涉之说,当时已植根甚深,得此一事,遂使全国人心涣然冰释,无杞忧狼顾之病。此其在民国之建立,功固尤高,而开不干涉之先例,使中国国权藉之更加巩固,又为不可忘之殊绩也。

文自元年以来,久闻斯事,而于领事团当时急变态度之故,莫悉其详。近日过沪,偶得来访,始知根荄。念□□本负侠义之气,虽有大功于中国,初不求人见知,惟我国报功酬德,宜有所先,发潜阐幽,责无旁贷。用敢叙其本末,敬乞大总统鉴核,从优给予法定给外国人最高勋章,以彰殊勋,必能激劝流俗,裨益邦交。

据《国父全集》第三册(转录史委会藏原稿)

———————————

① 法国领事□□:即法驻汉口领事罗氏(ulysse-RaPhac Reau)。下同。

陈英士暨癸丑以来诸烈士
追悼大会通告[*]

（一九一六年八月三日）

　　乃者共和再建，薄海同欢，追念先烈，弥增怆感，不有殉者，国何以兴，哀亡励存，后死攸赖。兹谨订八月十三（星期日）下午二时起六时至，追悼陈英士先生及癸丑以来殉国诸烈士于法界霞飞路尚贤堂。各界人士务希届时惠临赐吊为幸。赴会者请至法界白尔路新民里十一号取入场徽章。

　　发起人：孙文、黄兴、伍廷芳、唐绍仪、温宗尧、王宠惠、章炳麟、吴敬恒、张继、谭延闿、胡汉民、王正廷、柏文蔚、钮永建、张人杰、于右任、徐谦、李钟珏、黄郛、蔡寅、吴景濂、殷汝骊、褚辅成、马君武、谢持、田桐、俞凤韶、张浩、王〔黄〕炎培、沈恩孚、李登辉、朱佩珍、沈铺、虞和德、李征伍、王震、傅宗耀、顾馨一、苏筠尚、周佩箴、吴佩潢、唐元湛、赵家蕃、赵家艺、魏子浩、任光宇、陈英、黄复生、何天炯、杨庶堪、廖仲恺、黄展云、冯自由、丁仁杰、周日宣、徐朗西、邵仲辉、叶楚伧、余祥辉、陈民钟、李惟贤、邱于寄、杨济沧同启

据上海《民国日报》一九一六年八月三日《陈英士
先生暨癸丑以后诸烈士追悼大会通告》

---

　*　此件所标时间系上海《民国日报》发表日期。

致居正电

（一九一六年八月四日）

现当收束，一切由兄专办。但偕日人赴京有碍，切勿偕行。至要。文。

据《中央党务月刊》第八期

致冯国璋电

（一九一六年八月四日）

南京冯督军鉴：南通张泽霖君，函劝独立，未犯刑事私罪，请速开释，以昭宽典。孙文。支。

据上海《民国日报》一九一六年八月八日
《孙中山致冯国璋请释张泽霖电》

致黎元洪电

（一九一六年八月十一日）

北京大总统鉴：拜诵歌电，仰见至仁大公之心，英士为不朽矣。元日开追悼会，系并及年来死事诸烈士，审其生平建树，或有异同，而报国之诚则一，亦钧电所谓百折不回，惨遭非命者也。其人既死而遗族莫不颠沛，对之惟有伤心。至英士等部曲多人，虽以大局底平，早令解散，然大抵流落沪上，无所依倚。又各省前兹因政治犯罪之人，荷蒙申令昭雪，其穷困者，亦来此地，几有出囹圄而转沟壑之势。凡此三者,计私人之力,终无以振之。际兹国家重造共和,我公仁慈,无远弗届,必不忍令死者衔冤,生者失所,而为社会扶持正气,培植善良,将于是赖。敢电为请命,伏候裁夺。孙文。真。

据上海《民国日报》一九一六年八月十三日
《孙中山先生致大总统电》

祭陈其美及癸丑以来
殉国烈士文

（一九一六年八月十三日）

　　民国五年八月十三日,孙文等谨以玄酒菜香,奠陈君英士暨癸丑以来诸殉国烈士之灵曰:

　　维建房之冯陵兮,尚复仇于九世。岁重光大〈渊〉献兮,复故物戎以弭。薄尧舜之禅让兮,承华林之偃武。冀一治而不复乱兮,法美实导夫先〈路〉。昊天不吊兮,再降鞠凶。神奸窃国兮,四海嚣穷。彼小人之窃喻兮,或为蝛以作伥。夫何烈士之劲奋兮,诅时日与俱亡。忽赣宁之赫怒兮,义甲渐夫湖湘。粤蜀愤而桴应兮,思饮马兮燕京。胡钧天之沉醉兮,告晋阳之败绩。纵桀纣之昌披兮,淫操莽使陵恣。虎豹蹲于九关兮,豺狼噬人于通邑。兰蕙漫化而为茅兮,哀众芳之生荆棘也。翳群愍之汇毛兮,谅独夫之郁酿。中诇煽其毒螫兮,虞候亦张其罗网。朝饮士以弹丸兮,夕系人以幽〔图〕囹;苌弘脆以前陨兮,朝涉砑而后继。破镜翔以刺天兮,鸳凤哀鸣而敛翼。虽九死其犹未悔兮,锲而不能舍也。愿为牺以飨胤族兮,岂唯殉名之故也。何曲士之夸毗兮,竞哗世而取宠。微斯人之死直兮,将众感其嚣讼。嗟〔 〕之先鸣兮,既鹍鸡之豫警。时瞆聋而莫知兮,嗛念呷之无病。蝇营营以进谗兮,犬猜猜而吠怪。宁焦萃以流亡兮,固不忍见夫此态也。怙恶而畜祸兮,变常而乱纪。

慕狄亚之拥权兮,景拿坡之称帝。浸稽天而泯夏兮,终屈戚而自毙也。悲逆贼之狂攘兮,窃独赖此国殇。揽刍束以掩涕兮,霑臣〔颐〕臆之浪浪。

重曰:天晻地闭,晦噎霾兮。狐蛇饮血,螟蚍骇兮。魖彪甘人,逐驰驱兮。圣哲湛醢,拯群黎兮。精灵不设,日重闉兮。魂兮归来,载云旗兮。呜呼哀哉! 尚飨!

据上海《民国日报》一九一六年八月十四日《追悼先烈大会记》

致吕公望电

(一九一六年八月十三日)

本拟十四日赴杭承教。昨日胃病复发颇剧,医者嘱宜静养。今日亦不能出席,旅行更非所宜,有负约期,幸祈原宥。相见约秋凉后也。

据上海《民国日报》一九一六年八月十五日《杭州快信》

复黎元洪函

(一九一六年八月十四日)

大总统钧鉴:

得手谕,奖饰逾量,并以高等顾问相属。执事仁德,涵盖万方,忧国至诚,天下共见。文虽术惭匡济,志匪隐沦,况在艰屯之秋,实有风雨同忧之谊;岂建设之方始,而刍荛之不供? 但使国家有事,

---

  * 孙中山因病未出席十三日的追悼会,文中所说"今日亦不能出席",当指此。故此电为十三日发。吕公望时任浙江省督军。此电为摘要。

  ** 此件日期据上海《民国日报》报道。

谋及庶人，文必竭其愚虑，以裨高深。至于前席隆礼，顾问鸿号，受者不无短绠之愧，评者或生尸饔之讥。敢请鉴此悃诚，收回成命。临风缅想，无任屏营。肃请钧安，伏祈垂鉴。

据上海《民国日报》一九一六年八月
二十二日《孙中山先生辞顾问》

在杭州的谈话*

（一九一六年八月十六日）

前此到杭，道路及各项设备尚多简陋，今则焕然一新，深佩[涮]当局布置之得宜。

西湖之风景为世界所无，妙在大小适中。若瑞士[瑞士]之湖水嫌其过大，令人望洋兴叹；日本之芦之湖则又嫌其过小，令人一览无余。惟西湖则无此病，诚为国宝，当益加以人工之整理，使世界之游客咸来赏其真价。

据上海《民意报》一九一六年八月十八日《孙中山先生游杭记（一）》

游西湖时的谈话**

（一九一六年八月十六日）

【孙先生自采荷花，笑曰】"中华民国当如此花。"

【旋至纪念碑，孙先生摩挲读之，顾为同行诸君曰】"辛亥之役，可为纪念者大抵为袁氏毁灭无遗，而此碑矻[屹]然独存，可见浙人

---

　*　孙中山于一九一六年八月十六日抵杭州，曾与浙江军政界会晤。

　**　当时，孙中山由吕公望所派的参谋长周凤歧、警察厅长夏定候、民政厅秘书陈去病陪同，从督军署过湖至公园游览。

士保障民国之功矣。"

【又至秋墓,孙先生唏嘘凭吊曰】"光复以前,浙人之首先入同盟会者秋女士也。今秋女士不再生,而'秋雨秋风愁煞人'之句,则传诵不忘,今日又风雨凄其,得勿犹有令人愁煞者,抑亦秋女士之灵爽未昧耶?"

据上海《民国日报》一九一六年八月十九日《孙中山先生游杭记》

在杭州督军署宴会上的演说

(一九一六年八月十七日)

兄弟今日承吕督军宠招,获此机会与诸君聚首一堂,良深忻幸。兄弟于四年前,曾到杭州,今日重来,见道路修治,气象一新,足见浙江之进步。至于此次独立省分,共有五省,而云、贵、广西均贫瘠之区,广东经此战[祥]亦糜烂不堪,惟浙江屹然不动,于财政上所受影响亦鲜。故在独立各省中,为最有希望,而日后所负责任,亦甚重大。以诸君之力,竭力整理,必能使浙江为全国之模范。此兄弟所希望于诸君者也。

若就全国而论,则中华民国成立,于今五年。此五年中,若云建设,正大有可为。乃因人民智识未尽开通,遂为野心家所利用,非但不能建设,且并立国之基础亦遭动摇,殊堪痛惜!今者共和再造,建设之事不容再缓。惟兹事千头万绪,从何做起,而要以交通便利为第一要着。欲交通便利,必先修治道路。觇国者于其国之文明发达与否,可于其道路卜之。盖道路不修,则交通不便,百业因之而俱废,欲求文明进步,岂可得哉!至于道路修治以后,尤以通行迅速为要。吾国昔年有以火车为危险者,今则已无此观念。然以自动车与火车较,则自动车之速力优于火车远甚。余昔游伦敦,仅一处有自动车,观者颇以为奇。今则到处皆有,且可以自动车之多寡卜其文明之程度。吾国若能赶造铁路,并整理道路,则相离较近之地,可使用自动车以代火车,往来尤为迅速。

　　或虑中国贫穷,造路无费。不知中国非真穷者,若系真穷,则外人亦不肯投资于我国。何以政府借用外债,动辄千万,而外人曾无吝色也。故论吾国今日境象,譬如一富户中落,藏金于栿,而子孙不知,反日日忧贫,日日借债,岂不可笑!余每遇西人谈次,辄艳羡中国之富,而吾国乃以贫穷为虑,异哉!回忆四年前,因蒙古问题,几与俄国启衅,余当时曾谓与俄战,非练兵五百万不可。闻者或以为空谈,或以为无费。不知以人口论,英国人口仅四千余万,而二年间练兵四百万;以面积论,德意志仅抵浙江二省,而天下莫强焉。以吾国人民之众,面积之广,二年间练兵五百万,亦非难事。若云无费,则可发行纸币。余此说在当时颇为世人所怀疑,逮至今日欧战发生,饷额之巨,为亘古所未有,若一一使用现银,国内安得有如许现银以备应用,所恃以救济者,纸币耳。故发行纸币,非不可能之事,在办理者善为之而已。至于一国之中,土地不论大小,人口不论多寡,其生产力强者国常富。中国地大物博,货物山积,乌得言贫!即就浙江而论,为产丝最富区域,如能联合邻省,若江苏,若安徽,自办工厂,以所产之丝,制成绸缎,以供全国之用,则挽回利权,实非浅鲜。

　　余今尚有一语奉告,凡职业无论大小,官阶无论高卑,若不能立志,虽做皇帝、做总统,亦无事可做;若能立志,则虽做一小官、做一工人,亦足以成大事。余尝见一西人日记,言杭州在五百年前之文明为当时欧洲所不及。吾甚希望诸君,不论职业大小,官阶尊卑,各尽其力,以保守固有之文明,并日图进步,为全国之模范。诸君处此最有希望之浙江,必能共负责任,以慰全国之希望。

据上海《民国日报》一九一六年八月十九日《孙中山先生游杭记》

附：同题异文*

　　鄙人此次来杭，得与诸君握手，欣幸良深。民国成立，忽忽五年，当时对于建设问题种种计划，依然不能实行。穷其原因，多数人民知识未齐，易为野心家所利用，致有变动之发生。方今大局尚在动摇之中，以浙江较之他省，其希望为最多，其责任亦为尤重。独立各省，滇、黔、桂皆系边方，素苦贫瘠，广东向称富庶，但经此次糜烂，回复者不可期，惟浙江秩序完全，元气未损，故建设尚不甚难。以建设之万绪千端，无从说起，且空言但凭理想，何从实地证明。顾建设必先资文明，地方之是否文明，莫如道路之显著。浙江改良道路，迥异数年以前。可知既有建设之根基，并有建设之能力，欲地方进富强之域，首重道路交通。欧洲二十年来，进步可骇，此次大战尤利用道路之交通。以交通进步而言，从前反对铁路者，今已无此问题，人人以乘火车为当然之事。将前例后，必有更精于火车者，即摩托车是已。欧美惟长距离之往来，仍资铁路，而短距离则多用摩托车。往来行人究以短距离为众，假使由杭以至上海，铁路外别有敏速之摩托车，其裨益不尤大乎？交通发达，工艺即可以振兴。论者每以基本金之难筹，遂抱消极主义。不知富力非全关实币富国，金银不必增多额数，转移频繁，一万可作十万之用。鄙人前年议俄、蒙事，谓五年内必须练兵五百万人，方可言战，尤必

---

*　此篇与前篇为同一演说的不同记录，二者内容文字互有异同，并录于此。

推广纸币,方可练多数之兵。谈者咸以理想少〔视〕[①]之。今欧战之开,得以证实鄙人之说。英国人口四千万,而二年内练兵四百万。我以十倍之户口,五年期限,何难练五百万人乎?至于纸币之流弊,患在行之不得其宜。今日欧战期中,俄、德全用纸币,是岂理想空谈乎?财政困穷,因其不得方法,而非由实币之稀。地方生产力既繁,何患不能致富?如浙江丝之出产,名著全球,倘能利用此生产力,不使生丝出洋,而织成以致用,所增富力不可计,且能养活多数工人。然生产物之流通,仍以道路灵捷为贵。浙江既有如许根基,如许机会,诸君同心协力,先致力于道路一事,次及工艺问题,则文明为他省之模范,全国实仰赖之。大凡事业成功之大小,与地位之大小无关。民国成立之初,鄙人等竭力赞助袁氏,满愿其能成就事功,而结果乃至于此。人苟有正确之志趣,地位虽小,未尝无大事业之成功。所望诸君,人人尽其责任心,则浙江大有可为。如道路一事,乃建设著手之第一端,由此著著进行,前途正未有艾也。

据胡编《总理全集》第二集

游览杭州时的谈话

(一九一六年八月十七、十八日)

一

【十七日早孙中山至葛岭,登楚云台,见削壁临空,奇峰突屹,孙先生曰】"皆人工所致,想浙省在昔不知为何种建筑用石至多,故

---

① 据《国父全集》校改。

凿山为石，而山成壁，未必天然也。"

据上海《民国日报》一九一六年八月十九日《孙中山先生游杭记》

二

【十七日午后三时孙中山由督军署宴罢赴六和塔观钱塘江潮先生谓同人曰】"子胥实死于钱江，人谓其怒气所凭，故钱塘之潮甲于江海，为一大观。余意人之精神不死，虽躯体不存而精神犹能弥漫天地，此即浩然之气也。"【徘徊久之，嘱陈去病君赋诗以记之。又曰】"余昔在欧洲曾游一塔，值薄暮闭门，几不得出。"【乃下塔由南山复趋别径，至虎跑寺，先生亲掬泉水饮之曰】"味甚甘美，天之待浙人何其厚耶。"

【十八日谒张苍水墓，孙中山叹曰】"张公乃吾人之先觉者。"【入石屋洞，纵观造像，登其高处，历览乾坤、青龙等洞，笑曰】"天地之间，乃设此许多幽雅之境，以供吾人休养，而无暇消受之，不亦辜负造化耶。"

据上海《民国日报》一九一六年八月二十日《孙中山先生游杭记》

在浙江省议会的演说

（一九一六年八月十八日）

兄弟今日在西湖遇雨，故来会较迟，到会诸君，定能原谅。

兄弟自民国二年离国，至今日共和复活，乃得重返祖国。吾国自推翻专制，建设共和，五年以来，尚鲜进步。盖建设国家，譬如造屋，必先将旧料拆去，然后可建造新屋。而建造新屋，首重基础，地方自治，乃建设国家之基础。民国建设后，政治尚未完善，政治之所以不完善，实地方自治未发达。若地方自治既完备，国家即可巩固，兄弟此次返国，即注意于此。

诸君试披览地图，西半球几无一非共和国，东半球仅法兰西、瑞士、葡萄牙及中华民国为共和国。而法、美两国能日臻强盛，要以注意地方自治为根本。回忆欧州〔洲〕人，初至美州〔洲〕，即先在大西洋沿岸组织自治团体，建设自治机关。如现在之侨寓上海者，亦有各种自治之局所。迨脱离英国范围后，即组织联邦国家。法国自拿破仑被放圣希列拿岛后，几经破坏。建筑共和国家后，亦极注意地方自治。可见人民欲巩固国家，须先将地方自治建设完备。

现在吾国中央政府不论其为真意的共和，或系表面的共和，人民总认政府为好意，希望建设真真的共和国家。然政府有政府之责任，人民有人民之责任，人民所当引为责任者，当先从办理地方自治着手。不论何县或一地方，面积有大小，户口有多寡，人民有贫富，总以量地方之财力，尽力建设。

吾国人民有数十万、数百万资产者，已属罕见，若外国则有数千万资产者，亦所在皆有。人民既贫，则地方自治事业即难举办，宜先开放土地，使地价日增。如西湖之滨，南北高峰之麓，每亩地不过数十元或数百元。若照浙省所计划，环湖建筑马路，则地价必自数十元增至数百元或数千元。故现在若英国土地缴价抽税的办法，吾国一时尚难办到，宜先从报价抽税办起。如人民有土地若干亩，须先呈报，每亩百元者抽税一二元，价千元者抽税一二十元，将来若收为公有，即照此给价，人民领地，须纳地税，不领地耕种者，尽力于工、商、矿、航各业，则国家地方，两有裨益。兄弟素提倡三民主义，现在民族、民权已达到目的，民生主义即拟从此土地问题着手。此虽兄弟所主张，亦所希望于诸君者也。

据上海《民国日报》一九一六年八月二十日《孙中山先生游杭记》

在杭州陆军同袍社
公宴会上的演说

（一九一六年八月十八日）

现今世界各文明国，大都三权鼎立。其实三权鼎立，虽有利益，亦有许多弊害，故鄙人于十年前即主张五权分立。何谓五权分立？盖除立法、司法、行政外，加入弹劾、考试二种是已。此二种制度，在我国并非新法，古时已有此制，良法美意，实足为近世各国模范。

古时弹劾之制，不独行之官吏，即君上有过，犯颜谏诤，亦不容丝毫假借。设行诸近世，实足以救三权鼎立之弊。至于考试之法，尤为良善，稽诸古昔。泰西各国大都系贵族制度，非贵族不能作官。我国昔时，虽亦有此弊，然自世禄之制废，考试之制行，无论平民贵族，一经考试合格，即可作官，备位卿相，亦不为僭。此制最为平允，为泰西各国所无。厥后英人首倡文官考试，实取法于我，而法、德诸国继之。美国以共和政体，其大权常为政党所把持，真才反致埋没，故自华盛顿后，除林肯外，均不能大有所设施。至罗斯福，始力矫此弊，故继任之总统，如塔夫脱、威尔逊，均一时之选，各能有所树立。然而共和国家首重选举，所选之人真实学问如何，易为世人所忽，故黠者得乘时取势，以售其欺。今若实行考试制度，一省之内，应取得高等文官资格者几人，普通文官资格者几人，议员资格者几人，就此资格中，再加以选举，则选举资格不妨从宽，而被选资格甚严，自能真才辈出。

且吾国人最喜作官，不问其所学如何，群趋于官之一途，所学非所用,是犹以庖人治衣,安能尽职。华人向以官为利薮,不知西人之业工商者,岁入数十万乃至数百万,亦寻常之事。若作官虽位至总统,亦不过十余万而已。故若工商发达则求富,即不必为官,为官即不能致富。而要之有考试制度以限制之,则国人之幸进心亦可以稍稍敛抑。吾国动言复古,独于数千年前有此弹劾、考试二种良善制度,而不能实力奉行,宁不可惜!吾今主张五权分立制以救三权鼎立之弊,论其理由,非立谈可罄,假以岁月,当博考西籍,汇为一编,以资供献。异日吾国果能实行此制,当为世界各国所效法焉。

据上海《民国日报》一九一六年八月二十日《孙中山先生游杭记》

在绍兴游览时的谈话[*]
（一九一六年八月二十日）

【二十日辰刻,孙中山登望海亭时对周围的人说】绍兴地大物阜,确系富饶之所,惜乎实业未曾讲求,使有用之地,而竟成为废弃。譬彼高山,胡不栽森林,譬彼旷地,胡不种桑茶棉果。

据上海《民国日报》一九一六年八月二十三日《孙中山先生越游记》

在绍兴商会的演说
（一九一六年八月二十日）

仆此次来绍,无非瞻览绍兴风景,蒙诸公不弃,备极欢迎,愧无所长。但仆为民国国民,宗旨既定,山可移而志不可改。

----

[*]　孙中山于一九一六年八月二十日自杭州到达绍兴。

若吾国既为民主国，仆当尽国民一份子之义务。若吾国为君主国而不脱离专制气象，仆惟有亡诸海外，以俟机会之可乘，再与诸君共造民主。所以，仆前因袁氏破坏民主而复专制，观诸父老兄弟姊妹虽抱不平，无如绝无起而与争者，故仆亦只得避诸海外。此次幸袁氏已死，黎公继任总统，故敢归国与诸公谋面也。

专制国为一人之国，共和国为人民之国，尽人皆知，毋待赘述。惟国家强盛与否，非一人之力可以成功，必须合群力，而后可成世界最强盛之国。何也？譬如数椽破屋，人苦其不能遮风雨，欲弃其破屋而改建华厦，人皆赞成之。既赞成，当力向前折〔拆〕其破屋，改筑新屋，庶几可亨〔享〕安乐。若徒赞成而仍袖手，岂但安乐之不得享，直将受砖瓦之打击也。

浙民知识较他省为优，西湖岸上之烈士墓纪念尚存，绍兴河畔之牌坊不少，此非有知识之作为而何？虽然，尚有应改革之处，仆请一述之。沿途之厕，急宜迁移于一处，勿使臭气熏人。河道之水，急宜使之清洁，卫生之事，处处宜加意讲求。盖体育为教育之先导，体育既高，脑精自足，知识亦高。乃知当今之国家，非一人之国家，乃我人民之国家。既知国家为人民之国家，国家之强弱，人人有莫大之责任矣。

据上海《民国日报》一九一六年八月二十三日《孙中山先生越游记》

在宁波各界欢迎会上的演说

（一九一六年八月二十四日）

兄弟今天初到宁波，蒙诸君开会欢迎，非常荣幸。鄙人虽初到此地，然宁波为通商大埠，则当游历各洲时，已熟闻之矣。

兄弟在杭州时，见西子湖畔光复纪念碑，巍然独存，想起浙省于光复时功绩非常，兄弟所以有今日者亦全赖有此。但国人对于时局，常有二种之见解。其一为乐观主义，以为将来永无竞争，永无危险，始终可以共和。其一为悲观主义，以为前途危险，不可终日。此两种见解，似都有理由，不可偏废。而在鄙人意见，则为共和之坚固与否，全视乎吾民，而不在乎政府与官吏。盖共和国与专制国不同，专制国是专靠皇帝，皇帝贤，尚可苟安，如不贤，则全国蒙祸。而共和国则专恃民力，使吾民能人人始终负责，则共和目的，无不可达。若吾民不知负责，无论政府官吏如何善良，真正之共和必不能实现也。是知共和国之民，应希望自己不应希望政府官吏也。（众拍掌）

但观广西、云、贵素称贫瘠之区，而此次能以首义闻，广东虽称富有，且素为开通之区，然兵祸迄今，尚又〔犹〕未已。故兄弟之所最钦佩者，莫如浙江。良以浙江地位、资格均适宜于共和，而民心又复坚强，故能有此结果。今观宁波之情形，则又为浙省之冠。查甬地开埠在广东之后，而风气之开不在粤省之下。且凡吾国各埠，莫不有甬人事业，即欧洲各国亦多甬商足迹，其能力之大，固可首屈一指者也。今兄弟所最希望于宁波者，在实行地方自治。盖政治与社会，互有关系，而政治之良必导源于社会，欲社会进步，必行地方自治。譬如造屋，先求基础，而地方自治即是基础。宁波风气之开，在各省之先，将来整顿有方，自可为各省之模范。以地位、人材，均具有此项资格也。

然欲求自治之有效，第一在振兴实业。宁波人之实业，非不发达，然其发达者，多在外埠。鄙见以发达实业，在内地应更为重要。试观外人，其商业发展于外者，无不先谋发展于母地。盖根本坚固而后枝叶自茂也。宁波人对于工业之经验，本非薄弱，而甬江有此良港，运输便利，不独可运销于国内沿海各埠，且可直接运输于外洋，若能悉心研究，力加扩充，则母地实业，既日臻发达，因之而甬人之营业于外者，自无不随母地而益形发展矣。此所望于宁波者一也。

二在讲究水利。宁波地方，以地位论，其商业之繁盛，本不至在上海以下。而上海商业之所以繁盛，实在于为外海之总汇。宁波若能讲求水利，其情形未始不然。盖宁波之地位，较杭州、汉口为佳。杭州、汉口不能直达外洋，而甬江修理得宜，可与各国直接通商。以繁盛之上海，其江口尚有淤积之患，欲改良交通，颇非易事。若在宁波，仅有镇海口岸容易修理，若能将甬江两岸筑一平行之堤，则永无淤塞之患，而极大之轮船可以出入，宁波之商务自无不发达矣。此所希望于宁波者二也。

三在整顿市政。此事为自治中更宜注意。凡市政之最要者，铁路之改良，街衢之清洁是也。试游上海之公共租界，其道路之宽广为何如，其街衢之清洁为何如，宁波何尝不可仿此而行。但此事有一难题，要整顿街衢道路不可不有经费，此经费将何由出乎？吾知人人皆将嘿然不能答也。虽然，上海地方街衢之所以如此清洁，道路之所以如此宽广，其整顿之费果何所出乎？必将曰由外人自出之也。若细思之，则此种经费，决不出自外人之手。何则？外人之来华者，其目的在谋中国之利，欲谋中国之利，不能不先粗治道路街衢，及市面既兴，则此项经费自有所出。实则外人之得以整顿上海者，实皆吾国人之钱，并非外人之钱也。（众拍掌）今吾人以无钱故，而不思整顿地方，不知地方不整顿，则生产愈鲜，将来更无兴旺之一日。所以，吾人对于此事，不宜畏难而在设法，其法维何？殆莫如组织一公共团体，收土地为地方公有，其巨大经费一时或无从筹集，可以地方公债法举办之。虽然收土地为公有,现土地均各为私人之产,势不能不向私人购买。欲向私人购买,而私人不免故昂其价,大足为收买之阻力,故莫如先行报价抽税之法。如人民有地若干亩,须先令报告价额,每亩值银若干。报价之前,先由公共团体定每亩抽税之率,以地价百分之若干惩收之,如是则人民报告地价过多,恐税率高,价低,则他日由公收买之值少,自不至有过高低之弊,则酌中之价由焉。将来公家收买之后,地归公有,办理公共事业,所向无阻,则市政既良,人民乐趋,商务自然繁盛。其地值不数年后,必可增高数倍,同时而税额亦因以加增,收入何患不巨! 谓整顿市政之费无从出者,吾不信也。此所望于宁波者三也。

抑兄弟犹有言者,宁波人既素以善于经商著,且具有伟大之魄力,急宜联络各省巨商,组织一极大之商业银行,实亦最紧要之举。但须资本富足,信用自著,庶几吾国有钱之人,不至再将巨大款项投存外人所办银行,而经济有活动之余地,不特宁波人欲谋创办实业更加易易,即全国之金融亦得收美满之良果矣。再上海之所以为上海者,其经营举不出上述诸端。迄今吾国人无不乐趋斯土,凡有询吾国之第一商场者,无不举上海以对。试问上海果为吾国人经营之商场乎? 抑外人所经营之商场乎? 不特吾国人无词以对,且转增其惶愧之心。(众拍掌)故兄弟今日之所望于宁波者,以宁波既有此土地,有此资力,苟能亟疾经营,则即不难为中国第二之上海,为中国自己经营模范之上海。是在诸君子勉为之耳。(众拍掌)

据上海《民国日报》一九一六年八月二十五日
《孙中山先生发展宁波之演说》

游普陀志奇*

（一九一六年八月二十五日）

余因察看象山、舟山军港，顺道趣游普陀山。同行者为胡君汉民、邓君孟硕、周君佩箴、朱君卓文，及浙江民政厅秘书陈君去病，所乘"建康"舰舰长则任君光宇也。抵普陀山，骄阳已斜，相率登岸，逢北京法源寺沙门道阶引至普济寺小住，由寺主了余唤□①将出行，一路灵岩怪石，疏林平沙，若络绎迎送于道者，纡回升降者久之。已登临佛顶山天灯台，凭高放览，独迟迟徘徊，已而旋赴慧济寺，才一遥瞩，奇观现矣。则见寺前□矗立一伟丽之牌楼，仙葩组锦，宝幡舞风，而奇僧数十，窥厥状似乎来迎客者！殊讶其仪观之盛，备举之捷，转行转近益了然，见其中有一大圆轮，盘旋极速，莫识其成以何质、运以何力？方感想间，忽杳然无迹，则已过其处矣。

既入慧济寺，亟询之同游者，均无所睹，遂诧以为奇不已。余脑藏中素无神异思想，竟不知是何灵境？然当环眺乎佛顶台时，俯仰间，大有宇宙在乎手之概！而空碧涛白，烟螺数点，觉生平所经，无似此清胜者！耳　潮音，心涵海印，身境澄然如影，亦既形化而意消。呜呼！此神明之所以内通。

已下佛顶山，经法雨寺，钟鼓镗鞳声中急向梵音洞而驰，暮色沉沉，乃归至普济寺晚餐。了余、道阶，精宣佛理，与之谈，令人悠然意远矣。

---

*　据冯自由推断，此件为陈佩忍手笔，经孙中山鉴定后付石刻。

①　影印原件字不清，下同。

民国五年八月二十五日　　孙文志

据《逸经》第十七期(上海一九三六年十一月五日出版)影印原件

在游览象山群岛时的谈话

（一九一六年八月二十五日）

【中山先生谓】得此地自开商场，必胜过宁波矣。

据上海《民国日报》一九一六年八月二十七日
《孙先生象山群岛之俊游》

致□冠三函

（一九一六年八月二十七日）

冠三兄鉴：

　　八月十二日来书论鲁事，并为民军方面规划久远，用意良深。顾文以为，袁氏奄逝，首恶已除，佳兵殃民，于义无取。前已通告，所属各军停止进行，静候中央解决。今者约法、国会次第规复，破坏既终，建设方始，典兵者要当以大局为念，急图收束、解散，以轻担负而安地方。其有逾此宗旨范围者，文实不敢赞同。来函未署住址，无从投复。谨登报代答，惟亮察焉。

孙文　二十七日

据上海《民国日报》一九一六年八月二十九日《特别广告》

复杨纯美函

（一九一六年八月三十一日）

纯美仁兄同志惠鉴：

八月三日惠书,诵悉一切。承询三月卅日汇款四百元一节,已函东京财政部调查。兹查得五月廿四日收到巴城来杨姓一函,并款四百元。惟函中并无署名,亦未书住址,惟仅有杨字及由巴城付等字,无从复信,故函托巴城支部查觅本人,并将收条寄巴城支部转交。今承明问,疑即为尊处之款,如事实相符,请向巴城支部查取收条,并复函此间,以慰为要。专此奉复,敬请

大安

孙文　八月三十一日

据《国父全集》第三册(转录史委会藏影印原件)

致陈中孚等电

(一九一六年八月三十一日)

中孚、霁青、子人、锡武、中玉①诸兄鉴:鲁事得手,兄等力多。现大局底定,当遵照通告,平和解决。尤应服从觉生兄主张,急办收束,不得固执已见,与政府再生冲突,致贻扰乱争权之诮。文。

据《国父全集》第三册(转录史委会藏《东北军卷来电底稿》)

致黎元洪段祺瑞函

(一九一六年八月)

大总统、总理钧鉴:

敬启者:前奉天桓仁县知事王济辉,举兵附护国军,拥护共和,

---

①　中孚、霁青、子人、锡武、子玉:即陈中孚、朱霁青、吕子人、尹锡武、赵中玉,为中华革命军东北军将领。

后以恐惹交涉，由文饬令停止。当时除由文给费及王济辉自行筹借外，挪用应解公款四万一千四百余元，均系因起义支销，未经入己。今闻以亏国家地方公款甚巨为由，奉令惩戒，所恐奉省长官未及详细报明，总统、总理亦未察及，故代为声明前事，可否念其事本因公，虽无殊功，仍予免罪，希为察夺施行。兹并将原节略抄呈察览。专此敬达，即颂

崇安

　　诸维赐照不宣。

据《国父全集》第三册（转录史委会藏原件）

复施瑞麟函
（一九一六年九月二日）

兆衡兄鉴：

　　前得来书，以尊甫被押高淳，久未省释，当即电知冯督军转饬高淳知事释放。迄今数旬，未得电复，不解何故。昨复接来书，始知仍未释出，则前电之有效与否仍未可知。请仍向该县查明，有无别故，再行缄达。文为同志计，断无不尽力之理也。此复，即请

大安

孙文　九月二日

据《国父全集》第三册（转录史委会藏影印原件）

复郭标函
（一九一六年九月二日）

逎生仁兄同志惠览：

七月廿日寄日本东京党务部函件并汇票壹百五拾七镑六先零,均经分别收领。惟该汇票以无副票,不能收款,须托银行向英京银行收汇沪上,未免周折费事耳。此间军事进行早已宣告停止。现在潍县一带军队虽未解散,粤东东江方面虽以驱逐龙氏致再用兵,然皆以个人名义负责办去,本部既无积极之进行,自当停止军资之募集。故于廿二日发上英文电报一通,请通知各埠机关,停止集款,想已照办矣。

日前由本部发出通告,附有弟到沪后两次宣言,计先达览。吾党自癸丑以后,无日不以讨贼为帜,曲突徙薪,实为天下之先导,虽天戮袁逆,不假手于吾人,然专制推翻,共和再造,我党原来希望,亦思过半矣。约法既复,黎总统为依法继任之人,故相劝罢兵,示仗义者非为权利而动。至今后对于政府,国民监督指导,则其责任有不容诿避者,通告谓"革命名义不复存",亦即此意。弟在沪屡开大会演说,专论民国制〔致〕治之大端,而不为一人一事以立言,盖基础巩固,则百事皆其后也。现在帝制余孽潜伏北方者尚不少,中央不无投鼠忌器之患。如张勋、倪嗣冲辈,跋扈依然,如世人所指。此时操切从事,难保无反动之虞,然隐忧未息,则国人犹未得高卧也。

我汉人驱除异族专制,建立民国,中遭袁逆扰乱,犹能绝而复续,此皆赖我同志等以生命财产权利各种牺牲而购得之。今大局粗安,对于华侨所捐军饷,应由文提议于政府,请求偿还,以示奖劝,刻已派定廖君仲恺日间晋京交涉此事。至于政府,财政邻于破产,而借款之难,较第一次革命后为甚,则允偿与否及何时能偿,尚难预料。此间惟有尽力所能至,务求无负于我爱国同志而已。现在政府对于吾党,颇能尊重,兹将黎总统与此间往来函电,抄录寄上,请转慰诸同志为荷。专此,敬请

大安

　　诸同志均此。襄伯兄均候。

孙文　九月二日

　　再者:六月廿三日寄来第八号书,收到后(第五、六、七数号亦接)当即作复,计先达览。查尊处汇来款项,除在东京收款已由财政部发还收条者外,计在沪收者,一次肆百镑,一次两单共六百叁拾柒镑拾捌先零,皆在沪托银行向英京收款,现尚未到,一俟收款,即发收条寄上,乞纾绮注。

孙文　九月二日

据《国父全集》第三册(转录史委会藏原件)

<h1 align="center">致吕公望等电</h1>

(一九一六年九月三日)

　　杭州吕督军,周参谋长①,王、莫、夏、范、殷厅长②鉴:阙公玉麒于今晨在佐佐木医院病故。勋劳未报,鬼伯先催,身世萧条,至堪悯念。应乞派员来申办理一切是祷。孙文、黄兴、唐绍仪、柏文蔚、胡汉民。江。

据上海《民国日报》一九一六年九月四日
《孙中山等致浙江电》

---

　　①　周参谋长:即周凤歧。

　　②　王、莫、夏、范、殷厅长:即浙江省民政厅长王文庆、财政厅长莫永贞、警察厅长夏超、高等审判厅长范贤方、高等检查厅长殷汝熊。

致陈中孚等电

（一九一六年九月三日）

　　中孚、霁青、子人、锡武、中玉诸兄：电悉。居①已返济，望急商收拾，勿强中央所难。文。

据《国父全集》第三册（转录史委会藏《东北军卷来电底稿》）

致居正电

（一九一六年九月五日）

　　许②不能来。各军如不依令解散，即脱离关系。文。

据《国父全集》第三册（转录史委会藏《东北军卷来电底稿》）

致孙洪伊函

（一九一六年九月八日）

伯兰先生大鉴：

　　违教忽复经晦朔，阅报得闻阁员案已通过，忻甚慰甚。太平从此可期，万姓之欢，可以□想。文虽秋霖腹疾，伏处海隅，犹不禁临风欲为起舞也。新内阁为观瞻所系，澄清吏治又民众所同翘首仰望者也，先生以坚毅卓绝之力，出任其难，可为民国前途贺也。

---

①　居：即居正。
②　许：即许崇智。

　　南方叠经丧乱，民业摧残，国库收入亦因之减弱。欲上纾国计，必先下裕民生，文已以专函胪列现在〈要〉务，陈于黎公之前，更请胡汉民、廖仲恺二君赴京，亲述详情，并商要事。届时希为延接，并赐助力，是所盼祷。专此敬达，即颂

绥安

　　诸维亮照不一。

□□启

据《国父全集》第三册（转录史委会藏原稿）

致段祺瑞函*

（一九一六年九月上旬）

芝泉先生大鉴：

　　敬启者：阅报知阁员全体通过，此真民国之福也。大变甫定，元气未复，民望皆属于救时良相，文以无似，犹得于海上遥听好音，何幸如之。南方迭经兵燹，摧残已甚，民业不振，国库收入随之锐减。欲上充国库，必先下裕民生，文已将目前要务略陈于黎公之前，兼请胡汉民、廖仲恺二君代表赴京，亲述一切，并有要件奉商台端。到时希为延接，俾尽所怀。专此奉达，即请

勋安

　　诸维察照不宣。

启

据《国父全集》第三册（转录史委会藏原稿）

---

　　*　原件无日期。函中有胡、廖赴京之语，与九月八日致孙洪伊函语相近，该函当为同时期。

复黎元洪函[*]

（一九一六年九月上旬）

大总统赐鉴：

敬复者：自杭州回，始接诵手翰，奖之弥厚，为愧益深。属有微患，久稽报章，歉仄何似，高等顾问隆号，实不敢当。此中觏缕，非笔可宣。兹委托胡汉民、瘳〔廖〕仲恺两君，赴京晋谒台端，详达鄙意，到日希赐延接。

今大变甫定，百姓喁喁望治，执事胞与为怀，必有以厚益吾民。以文观听所及，事属切要，为举国所共跂盼者实有数端：

其一则厘金碍百货之流通，裁厘加税，事简民便。闻经提出国务院议，深佩硕画，希勿为小阻碍而有停顿，速收良果。

其二则土货出口，运回本国别口，仍作进口货课税，似宜蠲免，俾于奖励之所宜及者，不致翻被加以额外之征求。

其三则土货出口税率，虽有协定，若能设法轻减，实足奖励民业。

其四则币制改归统一，闻经由部提议，商工之业，待此而盛，希力主持，勿令中滞。

凡此皆文私见所及，谓宜速办者，征之群论，亦罔不同。敬陈刍言，乞赐鉴纳。专此敬复，顺颂

----

* 《民国日报》标题为《孙中山先生与中央往来书牍补录》，副题为《孙中山先生复黎总统电》。按本篇内容应为同函。原函未署日期，据内容与九月八日致孙洪伊函相同，写信日期应为九月上旬。

钧安

　　诸维崇照不戢。

孙文拜启

据上海《民国日报》一九一六年九月十一日
《孙中山先生与中央往来书牍补录》

致中华革命党各支部函

（一九一六年九月十日）

□□支部同志诸兄大鉴：

　　弟由东返国已三月，以中间经过，变象殊多，难掇拾其片段，故简于笺告。比来大局稍稍定矣，前日由本部发出通告，附有弟到沪后两次宣言，想先达览。吾党自癸丑以后，无日不以讨贼为帜，曲突徙薪，实为天下之先导。虽天戮袁逆，不假手于吾人，然专制推翻，共和再造，我党原来希望，亦思过半矣。约法既复，黎总统为依法继任之人，故相劝罢兵，示仗义者非为权利而动。至今后对于政府，国民监督指导，则其责任有不容诿避者，通告谓"革命名义不复存"，亦即此意。弟在沪、在杭屡开大会演说，专论民国制〔致〕治之大端，而不为一人一事以立言，盖基础巩固，则百事皆其后也。粤东龙逆，毒民最甚，故与唐绍仪、王宠惠诸人发电攻之。适李协和激战韶州，黎总统有令罢龙而未即交代，粤人恶龙已久，乃共起师，围困省城。中央为息事宁人计，现已饬龙早去，代者为陆荣廷，现闻已于十日交卸。陆于此次独立，名誉甚佳，其在广西亦无贪污劣迹，与吾党亦有联络，粤事暂得结束。国会开会后，内阁已得承认，现在正从事于制定宪法。至于帝制余孽，潜伏北方者尚不少，中央不无投鼠忌器之患。其他如张、倪①辈，亦依然跋扈，如世人所指，此时固难操切从事，然隐忧未息，则国人犹未得高卧也。

我汉人驱除异族专制，建立民国，中遭袁逆搅乱，犹能绝而复续，此皆赖我同志以生命财产权利各种牺牲而购得之。今后国中能一遵共和正轨与否，事未可知，而吾人则贵先事预防，有备无患。兹与同志拟有蓄金办法，盖集合群力，为未雨之绸缪。如其治安无事，自可置而不用，还投之各个人生利之业；其不然者，则咄嗟立办，无临渴掘井之虞。此事弟筹之颇熟，以为可行，故特函奉商，并请转告分部各处同志，想俱乐于赞成也。区区不尽欲白。即颂

公安

孙文　五年九月十日

党员自由储蓄救国金简章

一、每党员以六个月为限，准备叁拾元美金，存储所居留之地方外国银行，备为救国之用。

一、每月量力存放银行，如能一次付足叁拾元者更妙，否则每次以五元为额，六个月内必蓄至叁拾元。但无论每月能付若干，总以六个月内为限，限满之时，务要能及叁拾元美金为度。

一、存金由本人自往银行存放，写明本人姓名，他人无取金之权。

一、由银行领出存金存折，仍由本人执存，他人无权支领。惟所存之金，既专备为救国之用，则无论如何拮据，不可取用，以符储

---

①　张、倪：指张勋、倪嗣冲。

金救国之宗旨。

一、如各党员散处各地，不能每月亲来聚会者，可将所执银行存折付托可信之同志，带交书记登录，录毕仍将原折交还原所信托之人带回。如中途遗失，应由带者负责。

一、如党员所居之地与支分部及通讯处相隔过远，亦无可信托之人，则俟储蓄至叁拾元额时，将存折直寄总支部登记之后，仍将原折寄还本人收存。

一、各党员有鼓励同志催促其储金救国之义务。

一、党员所储之金，将来如遇救国需用之时，当以本党总理有切实办法说明用途，通电总支部。

〈一、存金已达十元金额之时，应开列姓名及该银行地址行名，报告本地方分部注册，转报总支部登记，以便稽核本党党员存储银行金额之实数。

一、各地方支分部及通讯处，均须每月召集党员聚会一次。聚会之时，各党员将存款银行之存折，交与书记登录，登录所存金额于分部所立注册簿上，立将存折交还本人收存。如有未能按期存金者，则由分部长当众劝勉，务期党员每人于六个月内，必能储蓄三十元之数。但会长、职员更宜一律存储，以为各党员表率。

一、各地支分部及通讯处所用册簿及报告纸张，悉由总部给发，以期划一格式，而便汇报总部，〉①转告各地支分部及通讯处，召集储金党员，布告一切。定期由各党员自向银行取出所存之金叁拾元，全数交与部长或干事登录姓名，随即给发临时收据，交还本人。复由部长或干事立将所汇收之金额，汇由总支部转汇本部，先由总支部部长会计签发正式收条，寄还各地支分部及通讯处，转

---

① 〈　〉内文字据史委会编《国父全集》校补。

发本人收执为据，随将临时收据缴消。

一、各党员已交救国金执有总支部正式收条者，当俟成功之日，提向总理转换偿还证据，按期付还，并标储金救国者之芳名，以为民国历史光。如不愿收还者，则作为义捐，应给与相当之表彰，以昭好义。

一、此项储金以三年为期，如过三年之后，并无提用之必要，应由本人自由取出，任便处置。

一、凡储金满叁拾元额之党员，于储金之三年期内，除登记芳名外，另由总支部列册呈请总理赠与特别襟章一座，以彰毅力而昭激劝。

一、此种储金，乃基于党员为党为国之自由志愿发生，以达建设之目的，并非强迫而行。但求各党员之自觉，则积水成渠，众擎易举，倘能绸缪未雨之先，自无临渴掘井之憾。凡我党员，宜体此意。

据《中央党务月刊》第四期

致杨寿彭函

（一九一六年九月十日）

寿彭仁兄大鉴：

阅四月五日致仲恺书，具悉一是。现在正与前途磋商，各件未能决定，故仍未与海关商及。上陆允许状一件，料稍迟定可起运，若未得运来以前，在神户关口限满，仍仗大力设法展期也。此次办理飞机各件，皆以吾兄苦心毅力致有此好结果。但今者袁死黎继，我辈革命之目的物不存，则革命军亦无从继续，所以对尾崎亦不能不设法解约收束，希将此意转致尾崎君曲谅之为祷。尾崎君祖父

死去,此处已发电喧之矣。专此,即请

台安

孙文　九月十日

　　仲恺兄已于日前偕同汉民兄赴京料理党务,并交涉各要事,俟各事办妥,即可大张党势。现在来信,请仍寄环龙路四号,用弟名为要。

　　再:昨接电,知最后所汇,亦已收到,惟第二电云:"自动车一、自转车一、八尾崎,助手ガ谢样卜相谈,上九〇〇ユテン(不明)デ卖ツタ他ノ自转车八青岛ニアル一切谢样ニ闻ケ。"与五日书所云"存尾崎副手松本处",及谢松生对朱执信言"自动车及自动单车均存仓库"均不相符。卖去九百圆,作何用处? 且何以卖价如此之低? 均候询松生使明白回复,请不必介怀。至飞机则务请尽力保全,勿令有损失。飞机存仓,用尾崎名义,将来有无窒碍? 能否取出,另用兄或他人名义存放? 请妥筹电示决定,至要至要。

孙文又及

据《国父全集》第三册(转录史委会藏原件)

复黎元洪函

(一九一六年九月十三日)

大总统钧鉴:

　　敬启者:前托胡汉民、廖仲恺两君晋京代陈鄙见,并肃寸缄,敬候起居。胡、廖两君甫就道,复蒙遣王君铁珊到沪,并惠教言。以文疏戆之性,谬承优渥之施,虽天下在宥,宁待贡一先生之言;而海滨归来,尚思告旧令尹之政。业于吴〔胡〕、廖两君行日,条举纲要,属达诸左右。二君于文念年故友,无论何事,均可代表文意,愿于暇日曲赐垂询，俾尽所欲言，如文亲谒。

至文数月来，百端未理，拨冗为难，非不思抠衣趋晤，握手言欢，而一时尚未能装束命驾。拟俟两月后，摒挡庶务，稍有头绪，当可北游燕蓟，敬副盛意。先此奉达，聊尽悃怀，敬祈鉴谅。即颂

勋安

诸维崇照。

孙文启

据上海《民国日报》一九一六年九月二十六日
《九月十三日孙中山先生复大总统缄》

复段祺瑞函

（一九一六年九月十三日）

芝泉先生大鉴：

敬复者：王君铁珊到，备述大总统与先生高意，并辱华翰，感谢实深。文归来东海之滨，久慕上台之节，复承雅意，招以弓旌，使尽狂言，藉裨衮职，才虽不逮，义本难辞，故于前日托胡汉民、廖仲恺二君晋京，带呈寸楮，敬候起居，并将现在切实之务，举其纲要，托彼面陈，以备采择。二君并文廿年旧友，无论何事，均可代表文意，愿赐延接，俾尽所怀，则如文亲觌矣。

至文半年以来，宿疴未除，百事殆废，近始稍为料理，未能遽毕，殊非偃息言高，拟俟两月后摒挡就绪，当可北游燕蓟，再接清亮。先此奉达，聊布所怀，希为鉴谅。即请

勋安

诸维雅照。

孙文①启

据《国父全集》第三册(转录史委会藏原稿)

致冯国璋函

(一九一六年九月十九日)

华甫先生督军:

执事东南柱石,久佩贤劳,咫尺旌麾,未承颜色。

兹启者:自共和再造以来,咸予更新,共荡积憾,故黎大总统先颁释罪之令,而执事亦叠有省囚之举,江苏政治罪犯,次第赦空。惟囚羁吴狱之秦君毓鎏,典系之司尚未报请,故自由之惠犹稽实施。秦君前充南京总统府秘书,弟略知其品性。其人生长名门,行修颇饬,反对者周纳其词,何所不至。今之格于明听,据秦君家属泣涕来告,即由邑人两姓某与某散放流言,以快私怨。今附奉原判印物一纸,秦君如有侵占公款之罪,程前督依法必予并科,胡为仅治其内乱之罪,此可见当时法庭之真是真非。且赣、宁往事,依反对之声,某则饱飏,某则席卷,曾屡见于随意专断之府令。倘秦君附和兵事者,至今将遭非法之诬妄,而首难如克强、协和辈,益不免于从新对簿,则大狱将兴,撰之倾覆民国之帝制犯,黎大总统与执事犹免其胁从,宽严稍不伦矣。故秦君尚系苏狱,必所司因其毛细,未能及时呈报左右。倘因今之进言,执事能饬属即予省释,则秦君一身永戴明德,而报国之士亦愈益奋服。又秦君邑人未知子孙戚里将同城百世,未可误造数姓不解之深仇,以贻数十百年报复

---

①　"孙文"署名据上海《民国日报》一九一六年九月二十六日所刊该件校补,其余歧异之处均从《国父全集》。

之循环，脱不幸而秦君瘦〔瘐〕死狱中，则大错铸矣。道路传闻，当民国三四年之交，某姓以父丧设吊于故乡，丧仪之盛，四方来观，哗传当道将以秦君由苏狱解锡，斩首于南校场以祭，无知男女空巷出探，快心之报，已极淋漓。反问秦君前过，止光复时准封私产及因市政毁某姓之垣，扩充市街，如是而已，杀之以相复，本未免太过。此次如得仁镜高烛，恕秦君之小过，俾罪与恨皆适可而止，即百年以往，将诵名贤之大惠矣。祗颂

勋安不备

孙文　九月十九日

据胡编《总理全集》第三集《民国五年致冯国璋请释秦毓鎏书》

关于不任铁道协会会长的谈话[*]

（一九一六年九月二十二日）

余于路政，曩曾有所规划，但该会经中止而恢复，情势已变，会长一席，余并未承认，现会中一切设施，余未尝闻问，故绝对不负责任。余此次归来，对于往年各种团体之曾举余为会长者，亦绝对不承认有继续之效，非只铁道协会为然也。甚望将此意转致国人周知，免致误会，实为感谢！

据上海《民国日报》一九一六年九月二十二日
《孙中山先生与铁道协会》

---

* 中华民国铁道协会为民国元年于右任等所组织，二次革命后人员星散，袁世凯死后，渐谋恢复，准备仍推孙中山为会长。此件所标时间系上海《民国日报》发表日期。《国父全集》列为一九一二年，误。

批赵鸾恩函[*]

（一九一六年九月二十二日）

代答以待详细查明乃能设法。并向江北同志一查其人，或由信内各节根究查之。

据《国父全集》第四册（转录史委会藏原件）

批云南陆军驻蒙步兵
二十二团第二营函[**]

（一九一六年九月二十三日）

代答以追悼当即照办，抚恤当稍待，转请政府为之。

据《国父全集》第四册（转录史委会藏原件）

批古同志等函[***]

（一九一六年九月二十六日）

不复，存。

据黄编《总理全集》下册

---

[*]　原函为请致函苏督府转饬盐县释放周龙甲事。
[**]　此件所标时间系来函日期。黄编《总理全集》题为批《第二营某君函》。
[***]　原函为陈报困苦，请催善后审查委员办理善后事。

在沪欢迎从军华侨大会上的演说

（一九一六年九月三十日）

诸君：

今日特设酌于此，为归国从军华侨洗尘，以表本党酬谢诸君之热心。抑此次华侨队自海外万里归来，参加革命事业，不特为中华革命军之光荣，于国民思想亦大有关系。向来反对革命者，皆谓革命党为无业游民，迫于饥寒，不得已而谋革命。此种普通心理，历久未尽销除。不知革命党人本意，乃为国家前途而为之，为图四万万人子孙百世之幸福而为之。此志此目的，外人往往未了解，所以反对繁兴。今得海外华侨归来，参与革命事业，遂可一雪斯言，显出革命党非迫于饥寒，不得已而后为之。所以然者，诸君之在美洲、坎拿大，多系创有巨业者，即其余每月所入，换算中国银，皆在百元以上，内地人一年之收入未及此也。诸君舍此月收一二百元之事业，归来参加革命事业，同甘共苦，备历艰辛，谁迫使如是耶？其非以饥寒明也。当各华侨子身赴美国、坎拿大时，或者饥寒迫之，亦不可料。然在今日归来从军，则决无饥寒迫之使归也。乃为救此一国之人，使四万万人之子孙享百世幸福而已。此事流布全国，足使国人皆知革命党为提倡共和，赞成改革而来，其所希望者，乃国家之富强，而非以个人之利害为意矣。

此次从军各华侨，以如上高尚之目的而来，组织此华侨队，奋斗于各地。偶值帝制消灭，袁世凯自死，旧官僚亦皆赞成共和，于是义军要求恢复旧约法，即亦恢复之，义军要求再开国会，即亦再开之，其他种种要求，略被承认。我辈最初目的虽未尽达，所志虽未尽行,而要不能不于此时为一停顿,告一结束,此亦始所不及料者也。当帝制之初发生,吾人均谓此为打倒旧习、造成真正共和之好机。然在今日,事实与本愿相违,且此时更有假共和之说。然而国民实际已希望平和,政府已标赞成共和、消灭帝制之帜以为政,则吾人自不能不收束。盖真假之辨,端待将来之证据,现在不能悬揣以决之。人已公布赞成恢复共和制,强谓之伪,不可也,必先与以试验之期间。吾党收束武力,归于平和,即与彼以一试验之机会者也。执政者如诚意赞成共和,吾辈亦当以一国民之资格,赞助政府。藉其曰假,亦必俟确有证据,如袁之帝制自为,尔时自然召全国之反对也。惟今日人心实皆趋向共和,故即旧官僚中全无共和思想者,亦姑顺人民之意,表示赞成。其为真伪,必待将来始知之。今日吾人纵极悬念于共和政治之前途,不得以此而迟我收束之举也。

人多以为各省当袁氏死时,我革命军尚有多数军队,何不留之以为维持共和制之用,而解散之?此实由于顺应国民心理。苟执政者已赞成共和,我军自应解散,若谓解散之后,恐共和亦随之而倒,此则逆料执政者之不诚,今日我辈不能如是也。惟有顺大势之所趋,暂为监视,不必虑各省军队已散,将来难集也。且今日所有军队,固亦不必尽散,或有一部留存。就令并无武力存留,将来有为共和政治之敌者,凭公理以驱之,随文明进步之潮流以行,无往不利。譬如共和二字,何尝自具武力,而今日无人敢试为反对。袁世凯一试,败且死矣。袁世凯岂无武力耶?袁犹幸早死耳,假其不死,其结果更不堪问,可明知也。彼有欲师袁以坏共和者,力不过袁,而国民拥护共和以反对之者,力必强于今日,其必不成,又何待言。此次华侨归国效力者,美洲、南洋、吕宋、安南各地皆有,比之第一次革命时仅得少数之人,可谓极盛。然若更有破坏共和者,则归来效命,以拥护共和者之数,必又盛于今时百十倍矣。拥护共和,不能全赖武力,须赖诚心魄力。诸君此次归来,所志本在救国家,以图子孙百世之福。而归来未久,又见解散,举其成绩,似乎无甚昭著者。然当知此成绩不著之中,已含有极大之好影响。即鼓动国人,使知诸君万里归来,不惜以一切供牺牲,为将来之模楷。则将来有需于维持共和者,国内之人,自兴起者必甚多,国外之华侨,闻风慕效必更多。于是共和制永不覆灭,中国野心家,无所用其破坏之技,即有其人,吾人以诚心魄力,固足奠共和制于永固,不忧彼也。然诸君若以此次归国,一无所表见,即归解散,买舟归去,不觉灰心,此则实为前途之一大危险。维持共和之力,本根于心,心坚则不畏大敌。前次所期,虽未悉就,吾人之心,岂可遽死。吾人自计平生功业,其可指数者,无大于建立此共和制。此共和一日存在,吾人一日为有不朽之业。一旦倾覆,则吾辈真为一无所就矣。

今北京存约法、复国会,共和形式已具,纵非革命党执政,仍不必有所顾虑。要之既曰共和,则凡赞成共和者皆可执政,吾人只排斥反对共和者。现执政者既为赞成共和之人,纵使非倡发共和制度之主张,或输入共和思想者,仍当望之信之,使展其所能。若有反对共和之证,乃当起而锄之耳。吾人之身心,既已许与革命党,而求造成坚固之共和国家矣,吾人身心不死,则共和制度,亦当永存。故现在最可虑者,即吾人心之不坚。譬如诸君,当初自美洲归来,一团热诚,只为救国,今日解散,若间有一人,或以招待不周,或以事少成效,遂成自弃,灰心不问国事,此风一播,自败其心力,今共和从此破坏。此则吾人不常存心共和,发扬其思想,使人共喻之、共守之、维持之、拥护之之所致也。

诸君为维持共和政体,发扬共和精神而归,此时仍以一身赴美谋生,牺牲半年之时间精力,毫无所获,或者到美之日,不无嗤笑其愚者。但诸君不妨问彼,诸君归国之日,中国全国内地是否用洪宪纪元? 今日是否已复为民国五年? 以洪宪元年归,而力复之为民国五年,功成返执故业,其光荣为何如? 不图丝粟之利,不慕尺寸之位,其高尚为何如? 然则诸君可以反笑其人,益发扬共和之精神,以感化华侨。譬如现在在坎拿大华侨约五六万人,在北美合众国华侨约十万人,合诸南美当过二十万。归国而有此高尚光荣之结果者,仅诸君百余人耳! 人同此心,心同此理,观感研摩,其效至大。使诸君益发挥张大此主义,化彼南北美二十万同胞皆为维持共和之士,是则此一行也,以百人化数千倍之人,以后共和前途,当更巩固矣。维持共和,首在维持此心。心不忘共和,国亦不变其为共和,虽有千百袁世凯不能推倒也。何必有军队始足拥护共和? 假如今日军队不解散,其数不过十万,华侨队不过千数百人,其力未必能谓之无故。惟以心力护此共和,则效力远胜于武力矣。诸君初归之意,本欲用武力耳,今虽因无用武力之地而停止,但不可遂以为此外便无救国之途。当发挥此心力,再出而之四方,不灰心,不怨望,保守此气,益扩充之。当思初发愿回国时,是何心事? 彼时热血坌溢,不畏困难,今日虽当解散,仍须保此热诚,以巩固我共和。如其灰心,则国家危矣。须知以前诸君欲为一军人而战斗,今目的虽未达,而仍有奋斗之事业,待诸君为之,不必手执武器,始为效命于国家也。

且有形之敌易制,无形之敌难防。有形之敌,如世所共拟指有阴谋破坏共和之嫌疑者,不过数人。嫌疑者固不必实,即令为实,亦复易与。何则? 彼有形之敌人,为世所注目,其帅长皆为位置而生阴谋,其兵卒皆受雇佣而贪日给,若以必死之卒,成城之志,消灭翦除之,非难事也。故共和不畏世人之反对,而畏吾人自心之反对,此即无形之敌也。无论如何爱护共和者,一旦生息惰退缩之心，或因事不成，爱护国人，成全国人，而国人不报，反侮之、傲之，而灰心，是为自心反对，即无由克服身外之敌。吾人之心，万不可使有一时受无形之敌之侵入也。诸君既志在破有形之敌，从此更须猛自策厉，以对付无形之敌。无形之敌既消，则不论何时，有破坏共和者，必维持之使不堕，不必以执政者为忧也。

今中国国民四万万，其能明了了解共和之意义，有共和之思想者，尚不得谓多。其未了解并无此思想者，于共和深表反对，然彼之反对，亦以其心，未必以力也。欲使其心有共和思想，不为反对，必须以心感动之、同化之。如美国及坎拿大等地，华侨二十万人，明共和之意思，有其思想者几何人？感之化之，使成为一拥护共和之人，其责任顾不重大欤？现时在美国、在坎拿大，华侨赞成拥护共和者，什不得一。然而前时帝制之破坏，华侨实为一最大之力。彼官僚之所忌惮，半在华侨。以十分一之华侨，而犹有此效果，若能全数感化之，使成为拥护共和之人，则力量十倍矣。此其效果岂不大耶？故此次〈诸〉君归国从军，发挥华侨爱护共和之精神。虽未经大战役，而恢复此民国五年之纪年，已为无形中之大成功，后此当知此无形成功之足重。建设前途，尚多艰难危险，若能紧〔坚〕其心不变，则将来有赖于诸君者正多也。

据中国国民党中央委员会宣传部编《总理
演讲新编》（南京一九三〇年三月版）

批某君函[*]
（一九一六年九月）

答以现在尚非吾党执政，恐无从设法为谋生，不如招之回国从

---

[*]　原函介绍赵君回国，请安排工作以维持生活事。

事实业为妙也。现弟正开始调查此事，想赵君必能于其间择一事也，俟得要领，当再报闻。

据黄编《总理全集》下册

批旧金山中国国民党
美洲总支部函*
（一九一六年十月一日）

自答香港机关实不可少，但款恐难筹集耳。

据黄编《总理全集》下册

批汪德渊函**
（一九一六年十月三日）

代答以请同吴稚晖先生来商办法可也。

据《国父全集》第四册（转录史委会藏原件）

批乔义生函***
（一九一六年十月八日）

代答办不到。

据黄编《总理全集》下册

---

　　* 原函所寄组织香港国民党交通部办法草案底本标题称"中国国民党"，似为"中华革命党"或"国民党"之误。今标题姑据底本。

　　** 原函报称已与吴稚晖寻获邹容墓，拟于国庆日前往展拜，请为表彰。

　　*** 原函请念昔日之谊，速给黎元洪一信，祈其关照。

批吴铁城函[*]

（一九一六年十月九日）

代答以先生不荐人。

致全国各同志函[**]

（一九一六年十月十三日）

全国各同志均鉴：

契阔数年，相思殊切，睽违云海，延跂维劳，幸声气相同，时时感应也。〈比年以来，不得直通讯问，诚恐恶探环伺，两者相妨。〉返沪以后，军书旁午，又无暇笺候起居，殊深歉仄。惟于各同志爱国之诚，动辄铭篆，未尝去于怀也。□□热心为国，凡党中之动定，必所关怀，弟谨将六月以后吾党之目的及办事大略概括之，以为同志告。

自袁逆自毙，黄陂继任，约法恢复，国会再集，吾党不得不宣布罢兵，以示吾党革命志在护法，而非为利，黎能守法，则吾党目的经已达到，故即令山东、广东及各路军队一律停止。迨段氏组织内阁，虽位置吾党数人，实非弟之所欲，弟唯欲吾党同人，固结不解，

---

* 原函请致函陈润生予以鼓吹，以利于事为举荐于黎元洪事。

** 此件《国父全集》据一九一六年寄给美国波士顿陈梓岩所收之原件影印本付排，但此件属通函，并非致个人之专函，现以胡编《总理全集》为底本，按《国父全集》校补。发函时间据陈梓岩所收之原件日期。

纯取监督政府主义，以俟时机，发舒吾党之政策耳。故月来所办之事：

其一，扩充党务。日前在京议员及各埠同志，每有规复国民党之议，而国会议员隶国民党籍者尚居多数，虽间有不健全之份子，但经此次变乱后，竭诚悔过者亦多，故于月前托胡汉民君入都，主持一切。而昔日进步、共和两党中之一部，深信吾党用心坚忍，至公无私，日相接近，且有图谋合并之议，以北京政争至烈，无暇及此。现弟为党务扩张计，应徇众议，为复党之准备，是手续须求美备，而经费又须宽筹。日前通告各支部，复收党员月捐及入党基金，实即为此。但以势力之消长言之，仍恐杯水车薪，无裨扩充计划，此不能不借兄等之图维者也。

其二，要求偿还华侨债券。计自癸丑以后，吾党以袁氏弁髦法律，破坏民国，无日不以讨之为职志，端赖各同志毁家相助，俾底于成。而历年以来，募集资金，为数至巨。今共和再造，应要请政府偿还，以期符合原议，昨已托由廖仲恺君向黎总统及财政部请照数发还。惟中央财政，支绌万分，前以五百万之日本借款，几酿政变，恐无余力再偿吾党历年之巨款，现仍交涉中。如此项借款不能急遽收回，则拟要求以别〈种〉优越之权利相代，俾吾党侨友不至亏折，此可为诸同志告也。

其三，兴办各种实业。弟自宣布罢兵之后，即拟着手实业，以期振兴国产，杜绝漏卮。初念先办银行，以为各种实业倡始，惟其事体大，资本须巨，章程须备，规模又须宏敞，现正在计议中。弟深望此事能成，一可利华侨之汇兑，二可便华侨之储蓄，三则各种实业胥由之解决。惟集资匪易，拟就各埠同志能集合之资力共有若干，以定通盘筹措〈之计划〉，请兄等先就贵埠究能集股多少，早日示复，是深切盼。又目下华侨归者，每苦无业，内地党人不能自赡者亦多,须妥筹安插之法,拟先于内地矿产中,择其尤者一二区,先筹开办。并拟于长江一带择地开垦,如办理得宜,获利必厚。刻已派人调查一切,俟稍有头绪,当再奉告。

其四,吾党于沪夐无完善之机关报,以至吾党之用心行事足以为国利民福者,世人莫或知之,虽有良善政策,无从宣达,以起国人之信仰,此最为缺憾者。〈前实因军事急逼,吾人更无余力以及于此。〉兹当建设伊始,自应从事鼓吹,以坚吾党之信用。昨各埠多有以设立宏大之机关报为请者,现拟将徐朗西君所办之民意报,从事扩张,完全代表吾党意思,发挥吾党政纲。唯非数万资金,不能得其美备,拟托□兄等代为募集,其招股章程,日内刊就即付邮寄。

其五,拟在上海建立华侨会馆,为侨胞与内地交际之机关,凡工商事业,借此地以为调查联络之所,使华侨尽知内地各种天然利源,生财机会庶不致为外人捷足。其会馆之规模,务期宏大,组织务期完备,俾海外华侨回国有所问津,务希达到合海外华侨之财之智,以兴发祖国利源之目的。将来草就章程,当再呈正,务望各埠同人协力成之。

以上五事,皆吾党近日之措施,应为同志诸君告者。

现在时局阽危,民国基础,危如覆卵,欲谋奠定,非弟一手一足所能为力,不得不仗诸同志之协助。前兹种种,切望不避烦琐,代为策谋,以冀早收良果,裨益国家,是所切盼。再中国现状,虽似安宁,而帝孽伏莽,犹遍布要津,张、倪诸武人,尚敢干预国政,妄肆要挟,遥遥前路,罔知所属,而内阁不尽负责,此可为深忧者。知关绮注,再以达闻。此请

台安

孙文　十月十三日

据胡编《总理全集》第三集《民国五年通告国内外同志之两书》

批居正函[*]

（一九一六年十月十三日）

　　呈悉。即委居正为总务主任，谢持为党务主任，廖仲恺为财务主任。

孙　文

据黄编《总理全集》下册

批吕宗荣函[**]

（一九一六年十月十三日）

　　此内各信皆当一一答之，并寄前致各埠通函。许君当未来见。（缘何一问伯元便知。）

据《国父全集》第四册（转录史委会藏原件）

致咸马里夫人函

（一九一六年十月十九日）

亲爱的咸马里夫人：

　　九月六日来函敬悉，甚以再获手书为幸。至于夫人意欲往游中国之议，我以为可行。夫人因此而获得的知识，将大有裨益。我

---

　　[*]　原函请指定中华革命党本部事务所各部主任事。
　　[**]　吕宗荣为秘鲁国畋打埠国民党分部长。原函报告该分部赞成许择香为南美驻粤代表。

愿尽力之所及为夫人此行提供便利。

　　但欲旅行中国内地，殊不可能。夫人有所不知，其艰辛困苦有难以忍受者。举凡途中日用物品，均需随身携带，则非有成队之仆役不能办。我深知夫人闻此必有失望之感，而以拂逆夫人之心愿为恨。再者，其费用亦必数倍于在欧美作同等距离旅行之所需。

　　设若夫人愿作沿海城市之考察，则情况迥异。我当可设法襄助。至于对今日中国之现状，切不可过份乐观，不良之因素一如既往，仍在从内部危害民国之命脉。

　　目前事务繁杂，须加料理，一旦得空，将赴美洲一行。至于在此之前会有何种情事出现，殊难逆料。

　　谨致最亲切的问候。

你诚挚的孙逸仙

一九一六年十月十九日

上海环龙路 63 号

据《研究中山先生的史料与史学》(转录史委会藏原函影印件)译出

与旅沪党人总事务所代表的谈话 *

（一九一六年十月二十日）

　　此次善后，虽由自己发起，但既由政府办理，自己不能再行干涉。且其望各党员早日领款得所。至致函护军使缓发，此时万难答允。若商会肯出款项，我自然乐予承认，但我并不要求商会

---

　　*　袁世凯死后，中华革命党人滞留沪者众，要求善后拨款安置，商会已允出款帮助。因款项不足以安置，党人总事务所代表求见，请致函护军使署要求暂缓拨款。

发款。

据上海《民国日报》一九一六年十月二十一日《孙中山不干涉党人善后》

批 居 正 函[*]

（一九一六年十月二十四日）

批准，发回。

据黄编《总理全集》下册

孙 文 启 事

（一九一六年十月二十五日）

阅报见有追悼唐、阙[①]二公广告一则，不胜骇异。追悼烈士，自所不反对，然冒名之风，断不可长。此次追悼会之件，文始终并未与闻，特此广告。以后再有此种不法行动，定当依法究治。此启。

据上海《民国日报》一九一六年十月二十五日《孙文启事》

复 郭 标 函

（一九一六年十月二十五日）

迺生仁兄先生台鉴：

九月二十日惠书，经于前日领收。以前汇寄各款，已由财政部分别答复，计均到达。贵埠同志热心祖国，输此巨款，以助共

---

[*]　原函报告就总务部主任职后清理旧卷，分别部署，并草定总务部组织纲要呈核。

①　唐、阙：指唐继星、阙麟书。

和再造，何莫非吾兄鼓吹之力。今日巩固共和，端赖吾党，故百〔凡〕凡〔百〕事业，须从整顿党务入手。承询组党办法，现方编订党纲及重订规程，所有党纲未寄到以前，请以国民党名义招人入党，其手续则参酌中华革命党各章程办理，而不用中华革命党之名耳。

弟自归沪后，承黎公之招，原拟入都商榷要政，嗣以在沪各事，如规复党务、筹办实业等等，一时未能就绪，且以北京政争未息，一时不能遽行者为此。现已将七月以后在沪筹议诸事，撮其大略，另缄布告。惟自军事自停止后，拮据殊甚，尊处所存各款，务请即日电汇来沪，以济急需，不胜切盼。此请

台安

孙文启　十月廿五日

据《国父全集》第三册（转录史委会藏原件）

致美洲中华会馆电*

（一九一六年十月三十一日）

克强先生今晨四时因病逝世。孙文。（十月三十一日）

据《国父全集》第三册（转录史委会藏亲笔原稿）

致新加坡转仰光曼谷等地友人电

（一九一六年十月三十一日）

黄兴将军今晨逝世。请遍告英属、荷属各殖民地及仰光、曼

---

* 分转檀香山、加拿大及南美各分支部。

谷、西贡等地友人。孙逸仙。

据《国父全集》第三册英文电稿（转录史委会
藏亲笔英文原稿）译出

致澳大利亚新西兰友人电
（一九一六年十月三十一日）

黄兴将军今晨逝世。请遍告澳大利亚及新西兰各地友人。孙逸仙。

据《国父全集》第三册英文电稿（转录史委会藏亲笔英文原稿）译出

批加属华侨函
（一九一六年九至十月）

函答：此事当着人到京相机行之，然成否未敢决也。并将电由函到汉、仲①。

据《国父全集》第四册（转录史委会藏原件）

批 马 骥 函*
（一九一六年十月）

代答：少年有志，望从事于学问，以造成有用之才，庶能……②

据《革命文献》第四十八辑《中华革命党时期函牍》③

---

① 汉、仲：即胡汉民、廖仲恺。时胡、廖正在北京交涉偿还华侨债款事。

* 此件所标时间系来函日期。原函系致孙中山和黄兴。马骥原为龙济光所部中尉，因响应护国事泄，流亡湖南，来函请求"随侍芝帏"。

② 原件残缺。

③ 《中华革命党时期函牍》未标出处。

黄兴逝世通告

（一九一六年十一月一日）

启者：黄克强先生于十月三十一日午前四时逝世。民国肇建，失此柱石，公谊私情，曷胜感恸！兹择于十一月一日午后八时大殓，另诹日开奠。夙叨世、盟、僚、友、戚、族谊，谨此通告。

友人代表：孙　文、唐绍仪

戚族代表：廖星舫、黄迪卿

据上海《民国日报》一九一六年十一月一日《黄克强先生逝世通告》

致中华革命党各支分部同志函

（一九一六年十一月一日）

□□各支分部同志均鉴：

启者：黄克强先生自创同盟会以来，与文同事，奔走艰难，迄于今日，凡我同志谅均知悉。前月国庆日，突患胃中血管破裂之证，吐血数盂，晕绝经时，即延德国医生克礼氏诊治，据云尚可无碍。嗣后胸膈仍觉饱闷，至上月下旬，更发见肝部肿大之征候。三十日下午五时，忽又吐血不止，势极危急，由医注射，暂见血止。三十一日早二时，突再吐血，医再注射，旋即脉停气绝，不可复救。呜呼哀哉！以克强盛年，禀赋素厚，虽此次讨贼，未得比肩致力，而提携奋斗，尚冀诸异日。遽此凋谢，为国为友，悼伤百端！僅〔谨〕告同志共鉴察之。

孙文启　民国五年十一月一日

据《中央党务月刊》第四期

致黄德源饶潜川等函

（一九一六年十一月六日）

德源、潜川先生暨各同志均鉴：

敬复者：德源、潜川二君九月一号函及九月卅一号函，又蓝磊君九月廿六日函，均已接到。

所问债券、功章、奖状各件，经即饬财政部早日发寄，谅与此信当同时寄到。此次所以寄付迟延，实因内地起事以后，东京办事人少，稽核淹时。又以结束在即，不能照以前之例，先寄债券，阻稽至此，尚乞谅之。如此次所寄尚有未能收到者，当请速函知追查，免致失落也。余款请即汇上海，用电汇即可达到（单写 Sanwen Shanghai 便得，打电亦可照此住址），因数目须早结清，以便向政府交涉偿还债券也。

政局变动靡常，徐州会议现虽消泯，而段、孙争执正剧，我辈正须固结党员团体，益谋多吸集党员，扩张党势，以收他日有事时之效果。如有欲入党者，可照中华革命党旧章，用国民党名义收之，以便延揽人材。国内本部，亦当不久建立，届时再将修正之党章、各支分部规则寄上照行。先此奉复，即请

公安

惟照不宣。

孙文　十一月六日

据《国父全集》第三册（转录史委会藏亲笔原件）

批 曹 沛 函 *

（一九一六年十一月九日）

调查其人，若查不出，可不答。

据《国父全集》第四册（转录史委会藏原件）

批四川仁寿县征收局某某函 **

（一九一六年十一月十日）

自答以甚赞其议，若滇省政府皆同意，此间可代向集资承办。
然必先实测全河之高低，绘就详细图乃可。

据《国父全集》第四册（转录史委会藏原件）

批黄容生函 ***

（一九一六年十一月十二日）

留意：如有妥适之人到时派往，甚好。答函励之。

据黄编《总理全集》下册

---

 * 原函要求接济二百元，俾得运送父棺归葬事。

 ** 此件所标时间系来函日期。黄编《总理全集》署为十一月十八日。原函表示拟
在滇省开浚航政。

 *** 黄容生属温地辟埠分部。原函报告拟召开中华革命党加拿大各分部恳亲会，
请派员前来事。

批广州严某函

（一九一六年十一月十四日）

不记忆为何人，可一查审美书馆人，乃酌代答。

据黄编《总理全集》下册

批马耀星等函[*]

（一九一六年十一月十六日）

此等复通函之件存之，待各件有要领再答。

据《国父全集》第四册（转录史委会藏原件）

批智利某某函

（一九一六年十一月十六日）

答函谢之，并告近情。

据黄编《总理全集》下册

---

[*] 原函请求函示近来举办五事为急要之举。

批 夏 某 函[*]

（一九一六年十一月十九日）

千元当可照办。

据黄编《总理全集》下册

致各总长各议员函^{**}

（一九一六年十一月二十日）

〈先生执事〉^①：

自黄〈君〉克强云逝，遐迩悼痛。而诸执事又追维前烈，以为崇德报功，必宜优以殊礼，〈以〉为国民矜式，于是有主持国葬暨抚恤遗族、庙祀立传诸议。所以揄揭徽〔媺〕烈、树之揩〔楷〕模者，义至闳厚。顾文等犹有私义，欲以奉陈左右者：黄君勋绩烂然，固国人所共钦，然亦有平生事功艰苦卓绝、百折不挠、卒以身殉、死义甚烈如陈君英士者，尤冀诸执事有以表章之也。溯陈君之生平，光复以前奔走革命，垂十余载，其间慷慨持义，联缀豪俊，秘密勇进，数濒危殆，凡旧同志类能称述。辛亥之秋，鄂师既举，各省尚多迟回观望，陈君冒诸险艰〔难〕，卒创义于沪上。尔时大江震动，纷纷反正

---

　　* 夏某时在山东潍县驿前大和旅馆。

　　** 据上海《民国日报》，并据史委会编《国父全集》录该函原件勘正。此件所标时间，系据《民国日报》发表日期。《国父全集》署为一九一七年四月，误。

　　① 台北一九七三版《国父全集》编者按：本件原稿受函人名单列有："儒堂、溥泉、濂伯、慧僧及各同志，梓琴、楚香、君武、子钊及各同志，雨生……及各同志，伯兰先生，佛言先生，内务部孙总长，总统府秘书长丁世峄先生，参议院刘成禺先生"等人。

者,沪军控制咽喉,有以促之也。其后金陵负固,各省义师云集环攻,而饷械所资,率取给于沪军,陈君措应裕如,士无匮乏。此其于民国之功,固已伟矣。袁既毁宋,陈君首摘发其证据,既而举义中挫,奔亡三岛。尔时袁贼谋帝之心,路人皆见,而败机〔丧〕之余,众多沮怯。顾陈君强毅不挠,与文等肩任艰难,策划进行,分遣群众,连结各省军旅,灌输以反对帝制之心理。去岁蹈险归沪,指麾一切,虽屡起屡仆,志不少衰。肇和一役,事虽未集,然挽回民气,使由静而动,实为西南义军之先导。袁既疾君深,乃嗾其爪牙,卒刺杀君,死状至惨。揆其平生,舍易就难,为人所不能为,勋烈媲于黄君,而死义之烈过之。特以殉国之际,袁恶犹炽,文等虽抱沉痛无以张之。唯浙督吕君,允助以丧葬之资,其后沪上大会追悼,亦蒙黎大总统赐唁极哀。是其诚信所著,固为举国同悼者已。惟是黄君现〔既〕逝,得诸执事为之主持,存恤表章,而陈君则遗体至今犹寄存沪上,无以为葬。身后萧条,为状尤难〔艰〕。夫逝者已矣,〈而〉表彰前烈,责在后来。今黄、陈两君事同一例,倘诸执事主持正谊,以此意达之议会、政府,为之表彰,予以国葬,并存恤其遗族,则观成〔感〕攸在,其所以陶镕国风,示国民以仪型,所存所裨,宁有涯涘? 文等夙共患难,闻见较切,故敢陈区区,伏维亮鉴。此颂
公祉

〈孙文、唐绍仪〉

据上海《民国日报》一九一六年十一月二十日《陈英士先生之灵响》

复李宗黄函

（一九一六年十一月二十日）

宗黄先生台鉴：

敬复者：顷接来函，敬悉壹是。唐公命世之材，首倡义举，大功既建，处以挹谦，诚可以为全国军人之表率。阁下既深投契，遂佐戎机，长揖参军，展足别驾，相得益彰，良用为慰。沪上勾留，百务冗杂，曩承枉驾，礼数犹疏，而唐公来书，猥以为谢，阅〔阁〕下来翰，亦齿及之，滋用为惭。然素心相期，皆在远大，区区之见，邀唐公之采纳优崇，实深愉慰。以后如有鄙见，当随时发表问世，但冀国民虚受，必不吝直言也。先此奉复，即请

戎安不一

孙文　十一月二十日

据《国父全集》第三册(转录史委会藏影印原件)

致黎元洪等电[*]

（一九一六年十一月二十日）

北京大总统钧鉴，国务院、参议院、众议院鉴：顷阅报载国老院条例，总统崇贤报功之意，至可感佩。然国老院之设置，根本上不敢赞成，因人设官，必有流弊。查欧美共和国有元老院，实与今之参议院相当，美国上院委员会即可参与行政。我国已有两院，无取架屋叠床。日本之枢密院，立于上院以外，专备谘询，而元老又参赞国政，似为此制所本。顾彼为大权之结果，以大权集于天皇，维新之际，未有议会，未有责任内阁，则以此备天皇之谘询。至立宪以后，天皇犹有大权，因仍需枢密院，而元老亦因袭以有重权。顾今日以元老与内阁、国会交相嫉视，而施政亦大受阻碍，此已可为鉴戒。况民国国体与彼悬殊，已有议会决定大纲，而责任内阁为之

---

[*]　此件所标时间系上海《民国日报》发表日期。

执行。谘询机关本属长物,流弊所至,则多一机关即多一冲突之原,异日或转因意见纷歧,大政为之受障。且日本近日已因元老问题,屡起政变,徒以政治已有常轨,不致危及国本。若在今日中国国基未定,民情未固,一有不幸,冲突之结果,有如日本反对元老之风潮,则酿成革命亦不可知。益少损多,窃谓不可。事犹及止,敢布胸臆。伏乞裁鉴。孙文叩。

据上海《民国日报》一九一六年十一月二十日
《孙中山先生议罢国老院官制电》

批冯某函[*]

(一九一六年十一月二十四日)

代答:函悉。锡矿富于云南,两广间亦有之,必从该处求之,乃有得也。

据《国父全集》第四册(转录史委会藏原件)

批徐化龙函[**]

(一九一六年十一月二十四日)

自答以已照致书粤督,俟有回音当再报。并写信陆督,言广东无烟茶,德工师既造,不无防用此人一试,如有成效则留之,无成效则去之。

据《国父全集》第四册(转录史委会藏原件)

---

[*]　此件所标时间系来函日期。原函询问国内产锡矿事。

[**]　"徐化龙",黄编《总理全集》作徐光龙,时在北京东城马市双辇胡同。原函请求致函粤督并请更换德工程师。此件所标时间系来函日期。

致戴德律函

（一九一六年十一月二十四日）

亲爱的戴德律先生：

　　我曾有信寄由皇宫旅社（Palace Hotel）转交先生，请退回有关委托权之文件，但未见回音，恐先生已离开该旅社，或该信件未能寄到。因为文件十分重要，故特请知已好友诺曼（Robert Norman）先生前来拜访，并面交此信。请先生见此信后，即将委托书交付诺曼先生。

　　久未收到先生来信，故不知先生工作近况和行踪。

　　目前我正在考虑先生所拟计划之一，即有关农业之计划，并急欲付诸实施。我不久将就北方土地问题获得政府之许可，望先生代为搜集一切资料，包括需用何种机器，应采取何种方法之类，并请早日来函赐教。

　　谨致亲切的问候。

你真挚的孙逸仙

一九一六年十一月二十四日

上海环龙路 63 号

据《国父全集》第五册英文函（转录史委会藏英文原函）译出

批某某函[*]

（一九一六年十一月二十八日）

自答：通电绝止之后，本难再行承认，然贵埠同志，既已从全为大局行之，本部则照承认就是。

据黄编《总理全集》下册

致吕公望电

（一九一六年十一月二十八日）

浙省吕都督鉴：克强先生逝世，海内同悲，政府拟许国葬，其条例虽未经国会议定，由政府指定地点或家族择地两种办法，而家族及友人俱多主张葬于西湖，须先择定坟地。兹特公派刘君崑涛、耿君伯钊、陈君闿良、徐君少秋专为此行就教执事，一切办法敬祈指导，不胜感激。专此，即颂政安。孙文、唐少川、李烈钧、钮永建、张继、胡汉民同启。

据上海《民国日报》一九一六年十一月二十九日
《黄宅治丧处会议纪》

---

* 原函申明该埠同志维护大局所拟之办法请准行事。

为黄兴出殡通电^{*}

（一九一六年十一月二十九日）

北京大总统、国务院、参议院、众议院、南京副总统、各省督军、省长、议会、黄蔡二公追悼会、各都督、将军、办事长官转各报馆均鉴：黄克强先生丧事，谨定十二月二十一、二两日开吊，二十三日举殡杭州西湖莹〔茔〕地。主丧友人：孙文、唐绍仪、李烈钧、蔡元培、柏文蔚、谭人凤叩。

据上海《民国日报》一九一六年十一月二十九日
《孙唐等通告黄公出殡电》

批某某函二件^{**}

（一九一六年十一月三十日）

一

自答数语，并言铁路书所见无多，所知有后面之二种：《中国铁路现势通论》二本，曾鲲化著；《中国铁路鉴》一本，刘复、易□乾同著。此请向书店觅之。

据《国父全集》第四册（转录史委会藏原件）

---

　*　此件所标时间系上海《民国日报》发表日期。

　**　第一函中某收信人时居广州西堤二马路十三号伯楼。此件所标时间系来函日期。

二

自答以各事当照办，惟嘱地方官保护一事，尚待查明其人，乃能办之。恐成为反对民党之官，则曾口为保护，暗或有不利亦未可知也，故宜慎之。

据黄编《总理全集》下册

批冯自由函

（一九一六年十二月一日）

选期定元月十八，速照由函令各埠用书报社名函电农商部，各举代表一人，不得同名①。并电自由。文。

据《国父全集》第四册（转录史委会藏原件）

批三藩市中国国民党美洲总支部函*

（一九一六年十二月二日）

即代收款，交蒋介石转交，取条作回信。速寄。

据黄编《总理全集》下册

---

①　此处指华侨选举议员事。

*　原函为汇款事。按此时未改组中国国民党。一九一四年国民党改组中华革命党后，海外仍有沿称国民党。此处疑为中华革命党或国民党之误。

批黄伯耀函[*]

（一九一六年十二月三日）

注意！派人接船，朱卓文为妥，否则刘纪文亦可。

据黄编《总理全集》下册

批 某 某 函^{**}

（一九一六年十二月四日）

函悉。君现受困境，甚以为念。官费一时难以设法，俟稍有机会，无论何方面若能为兄设法，当为尽力也。现下大局犹未定，而吾党亦无权，文欲从实业入手，现在正调查中。他日若有入手之法，当再报闻也。

据黄编《总理全集》下册

批孙一鸣函^{***}

（一九一六年十二月五日）

前信如何，酌量代答。

据《中华革命党时期函牍》（转录史委会藏原件）

---

　　*　原函报告定期回国事。

　　**　原函为经济支绌，拟请设法代谋官费补助事。

　　***　原函称："前函蒙告以长春军费可向居觉生君商妥，现居迄未答复，恳直接函告居正照数拨给。"此件所标时间系来函日期。

批杨汉魂函[*]

（一九一六年十二月五日）

代答：……[①]接，无能为力，并着不必来见。

据《革命文献》第四十八辑《中华革命党
时期函牍》（转录史委会藏原件）

复丁石生函[**]

（一九一六年十二月六日）

石生先生台鉴：

敬复者：前月十日来教，已经收阅。收采金沙，开浚河道，既惠于民，复裕国库，条议敷畅，自可赞同。此事既得滇巡按使批行查核，虽经用兵中止，谅必有案存滇，将来若得滇政府同意，规划开办，则此间代向华侨集资，开办采掘事业，决不为难。但通航之路，不但须水足载舟，且全河上下流，离海面高低不甚相远，始能适用。若高低之差不大，则用水闸之法，尚可期船只之通行；若相差太多，则不能运载。务须将该河身测量清楚，绘示详图，始能以之招致华侨，使之投资。先此奉复，即问

---

　　[*]　此件所标时间系来函日期。杨汉魂是旅美归侨，属广东护国第三军，时“解组而归，经济困乏”，来函请求代筹银三百元。

　　[**]　丁石生（石僧、石森），云南宾川人。1903 年留学日本，1905 年加入同盟会，曾任南京临时政府教育部社会教育司司长等职。著有《开展金沙江航路问题》一书。

　　[①]　原字迹不清。

近安

孙文启　民国五年十二月六日

据昆明《新闻世界》第十一期"云南革命文献
专栏"（一九四八年十一月出版）

批 某 某 函[*]

（一九一六年十二月六日）

代答以先生云：彼已年老，非青年之资格，是以不敢混入青年
会；但望青年人鼓舞向前，日进不已耳！

又，黄德三住扯〔址〕，此间亦不知，先生亦欲一见其人。

据黄编《总理全集》下册

批周子骥函^{**}

（一九一六年十二月六日）

抄所在地址，并注明为回国华侨。

据黄编《总理全集》下册

批香港黄某函

（一九一六年十二月六日）

代答以事未定，不能委任。

据黄编《总理全集》下册

---

[*]　原函劝加入青年会，及询问黄德三住址事。

^{**}　原函报告起程回粤，并抄录通信住址事。

致黎元洪及国务院电

（一九一六年十二月六日）

　　大总统、国务院鉴：黄克强先生葬地，因湖南迭电要求归榇，经众议决安葬湖南，二十三日出殡。请先期派兵轮到沪，以备运枢至汉，并饬知沿途地方官照料。此闻。孙文、唐绍仪、李烈钧、蔡元培、柏文蔚。麻。

据上海《民国日报》一九一六年十二月七日《黄先生葬礼会议记》

致吕公望电 *

（一九一六年十二月六日）

　　杭州吕督军鉴并转陈阆良君鉴：克公葬地，因湖南迭电要求归榇，现于本日在沪会商大多数决议，仍主安葬湖南，取消前议，急此电闻。孙文、唐绍仪。

据上海《民国日报》一九一六年十二月七日《黄先生葬礼会议记》

致赵恒惕范治焕电

（一九一六年十二月六日）

　　赵师长、范所〔厅〕长①鉴：克公葬地，仍决定归葬湖南，二十三

---

　　* 此电无日期，今据十二月六日致大总统、国务院电同为一事订。

　　① 赵师长：即湖南第二师师长赵恒惕。范厅长：即湖南政务厅长范治焕。

日由沪起运赴汉。请商借萍局拖轮驳船至汉迎运。厝柩地点祈先选定，办理情形如何，盼随时电告。孙文、唐绍仪、李烈钧、谭人凤、蔡元培、柏文蔚。麻。

据上海《民国日报》一九一六年十二月七日《黄先生葬礼会议记》

致参众议员电[*]
（一九一六年十二月八日）

北京参众两院议员诸公鉴：克强先生国葬事，望速决定发表，俾便布置一切。孙文、唐绍仪、李烈钧、蔡元培。

据上海《民国日报》一九一六年十二月八日《黄宅治丧会议记》

致中华革命党各支分部函
（一九一六年十二月十日）

□□□各支分部各同志均鉴：

启者：此次推翻帝制，各埠华侨既捐巨资，以为军费，而回国效命决死，以为党军模范者，复踵相接，其坚忍勇往之忱，诚不可多得者也。计此次回国从军之华侨，可分为两部：其一都为活动于广东方面，主由南洋英、荷、法领等地之华侨组织之，而美州〔洲〕及日本等处华侨参与焉；他一部则为活动于山东方面者，主由坎拿大及北美合众国华侨组织之，而南洋及日本之华侨亦参与焉。

广东一部分，始仅组织决死队十余人，谢伯瑶、罗金兰主其事，攻击肇和之役，死伤者几半，余亦皆九死一生，始得脱险。未几又

---

* 此件所标时间系上海《民国日报》发表日期。

以数十人往，与攻汕头镇守使署之役，先登，逐马存发去之。既而莫擎宇来争汕头，中华革命党军不欲自相攻击，遂去。归而组织华侨决死队，其中多各归其乡，纠率子弟以助大军。如吴业刚、李子华等之助攻江门，其功尤著。既而以袁世凯死，中华革命军解散，一部分仍入石龙，助邓仲元守石龙，一部归入周之贞所统华侨护国军，皆有战绩。山东一部，始因坎拿大华侨依军务部命组织团体，归国效命，美国同志亦同时有数十人归。潍县既下，各同志陆续编为华侨义勇团，分为三队，夏重民、黄伯度、伍横贯、蔡鹤朋等主持之。又有一部立志学飞机，遂延聘教员，组织飞行队，胡君汉贤等十余人，皆日夕练习，期于一试。虽未见实战，然其声威已播矣。至东北军解散，义勇团及飞行队亦各领费散归。计广东华侨成立在先，解散亦早，东北军中华侨队成立较晚，解散亦较迟，略各支持半年，备极辛苦。而广东经战斗多，华侨中死伤者颇多，东北军幸尚无损伤，然华侨之勇气热心，益为同志所敬重、世人所惊服矣。

当解散时，广东款项至绌，每人所给不过数元，其曾经战役者，亦不过三十元。东北军遣散费较裕，而合本部所给与军队遣散费，亦不过三百元。诸人远道归来，除去再赴美洲之船费外，所余亦正在无几。盖诸同志热心爱国，深明革命原理，不避艰险，出于天性。所惜者袁氏一死，大局立变，不能再以革命用兵。解散之事，实出于万不得已，此诚初意所不及料。各同志尚多欲仍留军籍，学习军事学问，但以此时情势，我党不争政权，则华侨诸君留习军事学，亦无所用，故力劝各同志及早回埠。其有坎属华侨未取回头纸不能回埠者，现亦代为筹划。总之，尽力期使有可营谋之机会而已。

从军同志类以绝顶之热心，决死来归，今日得此结果，虽云共和已复，帝制已除，从军者皆有无限之光荣，而抱勇迈之心，无用武之地，自难快意。其伊郁觉不满足，自属人情，至可共谅，所恨事势如斯，无由解其忧郁，吾人亦无可如何。乞各同志对于从军华侨已未回埠者，均以口或以书信劝勉慰解，不使遽尔灰心。将来仍可出为国家栋梁，自致勋业，则华侨之光荣，即吾党之光荣，亦即国家之大幸也。专此布达，希即转知附近各属同志知悉。敬请

公安

孙文启　五年十二月十日

据《中央党务月刊》第四期

通告中华革命党海外各支分部函
（一九一六年十二月十日）

□□□支分部各同志均鉴：

敬启者：各埠屡有函来问，满任职员应否改选？查本党改组在即，若重新逐一选举，反形烦琐，请各支分部现任职员，虽已满期，仍照旧办事，俟至改组日为止，以归一律。但在接函以前，已经举定新任职员者，仍由新举职员接理。此请

公安

孙文启　五年十二月十日

据《国父全集》第三册（转录史委会藏油印原件）

致黎元洪电
（一九一六年十二月十日）

北京大总统钧鉴：民国既设国史，以求实录，开办未有成绩，馆长王君遽逝，总统知人善任，继职者自必妙选长才。以文所见，则章君太炎硕学卓职〔识〕，不畏疆〔彊〕御，古之良史无以过之，为事

择人,窃谓最当。敢陈鄙见,以待采择。孙文叩。蒸。

据上海《民国日报》一九一六年十二月十四日
《孙中山先生为国史馆事致大总统电》

批 某 某 函 *

（一九一六年十二月十一日）

答以现在此间财尽援绝,而海外华侨又迫还债,正在困途,无由接济,乞为谅之。

据《国父全集》第四册（转录史委会藏原件）

致黎元洪国务院电

（一九一六年十二月十三日）

北京大总统、国务院公鉴:溯自清帝退位,五族共和,国基已定,四万万人方想望太平,不图秉权者野心未除,诞生帝孽,筹安称制,民国几亡。虽其时义士人人奋起相争,期以身殉,然首先宣告独立誓师申讨者,实推滇省,遂使西南响应,举国普从,以有今日。方之武昌首义,一则为民国开创之功,一则为民国中兴之业,皆我五族人民人人所宜永留纪念者也。伏乞总统、国务院主持,将云南起义日定为国庆日外,更予唐督军暨起事诸人以懋赏,以彰勋劳,昭示来兹。临电无任盼祷。孙文。元。

据《总理全书》之九《文电》

---

　　*　此件所标时间系来函日期。

祭 黄 兴 文 *

（一九一六年十二月十三日）

　　中华民国五年十[一]月三十一日，黄公克强卒于沪上，越四十有三日将归葬湖南。昨（[二]十三〔二〕日）晨黄花岗同人等，念公一生勋节彪炳，志行艰烈，要以广州一役为最，爰集当时与其事者，谨致祭于灵前，而哭曰：

　　呜呼！革命义昌，多士来同。身倡行危，孰若我公。湖湘首难，一蹶而东。春申江上，网离飞鸿。镇南方败，河口兴戎。屡兴益厉，虽败犹雄。爰及阳夏，首当其冲。亦越癸丑，挞彼昏蒙。被推自众，义不恤躬。十年百战，九死成功。永念生平，慨慕何穷。羊城一役，厥功尤隆。某等无状，提挈相从。敢忘累德，允播高风。繄昔辛亥，清政攸敍。狡英西逞，强俄东迫。公乃愤起，时不再获。周咨同志，获踪定策。袭彼南粤，奠兹禹宅。虽在偏隅，鹿死何择。西极川滇，北从沙碛。义士遝至，皆公远辟。东自扶桑，南遵海舶。转械筹饷，皆公擘画。既张我旅，既修我戟。公自为帅，探穴入泽。不意腹心，自藏奸逆。弹药输止，先期诇刺。大索三日，群情愬愬。公曰毋尔，有死无惜。若惜其死，于何逃责。当机迅赴，举义一夕。米聚作垒，肩乘斫栅。公临奋嚄，以一当百。一日两夜，雷飙霆砉。清军河上，束手辟易。终以寡挫，势分援隔。枪空丸荄，街陈骸骼。

---

　　* 1916 年 12 月 13 日，黄兴遗体自沪归葬原籍湖南。因其业绩以黄花岗之役最伟烈，该役同仁聚集致祭。《中华新报》载祭文首段"中华民国五年十一月三十一日，黄公克强卒于沪上"句，十一月应为十月。越四十有三日归葬湖南，应是十二月十三日，昨（二十三日）晨，应为昨（十二日）晨。

公犹不挠,冒阵身只。勇入督署,犁求豺獏。追公之出,兵来络绎。公屹不动,擎枪四射。连发俱中,重围始壕。公亦丧指,裹创投适。背城殉义,七十二魄。公之不死,天脱其厄。天不死公,公责未释。曾不五月,共和遂辟。辟而复塞,几移盗蹠。公敢告劳,再事扶掖。扶掖不胜,精诚感格。西南继起,卒致赫赫。人方思公,公乃委迹。邻帮惊悼,空国踊擗。呜呼,哀哉!谓天厄公,屡蹶不覆。谓天右公,功成不禄。前成之艰,后夺之速。茫茫彼仓,是祸是福。呜呼,哀哉!□黄秋老,碧血犹渍。歇浦潮咽,大星遽坠。吾侪后死,将安成志。瞻望灵　,惟余涕泪。呜呼,哀哉!

孙文、宫崎寅藏、谭人凤、陈炯明、朱执信、胡汉民、姚雨平、何天炯、李肇甫、方汉城、苏慎初、柳聘农、陈方度、胡毅生、徐维扬、马育航、宋铭黄女士、赵光、李栖云、锺秀南、黎仲实、陈达生

据上海《中华新报》一九一六年十二月二十五日《黄花岗同人祭黄公文》

主持黄兴丧务通启*

（一九一六年十二月十六日）

敬启者:克强先生交游满天下,车笠之盟,缟纻之好,究有为仆等所未悉者。代主丧务,勉持大体,征名遍讣,恐有未周,诸祈见谅为幸。

主丧友人:孙　文　唐绍仪　柏文蔚

李烈钧　蔡元培　谭人凤

据上海《民国日报》一九一六年十二月十六日《恕讣未周》

---

* 此件所标时间为上海《民国日报》发表日期。

批华侨某同志函 *

（一九一六年十二月十八日）

答以失去证书，请另开列姓名以便补发。对反对党当以德化之，不必用何种手段也。

据《国父全集》第四册（转录史委会藏原件）

挽 黄 兴 联

（一九一六年十二月二十一日）

常恨随陆无武、绛灌无文，纵九等论交到古人，此才不易；
试问夷惠谁贤、彭殇谁寿，只十载同盟有今日，后死何堪。

据上海《民国日报》一九一六年十二月二十二日
《黄先生开吊第一日纪》

祭黄兴文二件 **

（一九一六年十二月二十二日）

一

民国五年十二月二十二日，孙文、唐绍仪、岑春煊、章炳麟、李烈钧、柏文蔚、谭人凤、陈炯明、胡汉民等谨以玄酒菜香，遣〔遥〕奠

---

* 此件所标时间系来函日期。

** 第二件祭文以同盟人孙文等名义。

黄君克强之灵：

呜呼哀哉！洞庭以南，奇材所并。嶻江北亘，大横庚庚。而农首出，言为国屏。黄书噩梦，除惑解醒。旷三百年，遗兹典型。曾胡特起，忝尔攸生。烈烈黄君，允文伊武。忾是齐州，而戴索虏。内纠楚材，上告黄祖。踔行万里，瀛海〈窦〉阻。有械百挺，有众一旅。同盟初起，揉此兆民。义从荟集，郁如云屯。繄君材武，善循军人。智勇参会，叱咤扬〈尘〉。南暨赤道，西讫洮嶻。束发受书，悉为党伦。乃临番禺，深入其闉。死士七十，并命和门。气矜之隆，天下归仁。赫赫黎公，振威江夏。寇如犬羊，义师弱寡。弹丸雨注，渚宫为赭。君自南岛，走集其野。坚守之旬，寇疲不暇。群帅反正，虏无存者。南都草创，朔方假器。以彼屠夫，而歆帝制。僭志未伸，民亦小壁。林宋既殂，戎心聿肆。秣陵兴师，三方陵厉。虽知败挫，新我民气。江河异味，惟麦与秔。文化既别，更为柔刚。孰是中［鸣］原，而忘故常。如彼飞蝇，走热去凉。方君得志，假威昌狂。兵挫亡奔，晋语侁侁。呜呼哀哉！飘风骤雨，势不崇朝。三岁克捷，亦覆〈其〉巢。遗孽未翦，俊民萧条。如何我君，既尽贤劳。曾不宿留，以靖桀枭。国亡元老，江汉沮消。呜呼哀哉！乱流不证，善人〈缄〉齿。闻君弥留，不谈国事。遗言满牍，伊谁所志。呜呼哀哉！尚飨！

二

年　月　日。同盟人孙文等谨致祭于黄先生克强之灵曰：

呜呼哀哉！夷夏之防，国家之纲。烈士之血，小人之舌。天降之殃，绝纲决防。有血已碧，有舌如簧。贪天之功，其炎熊熊。奔啸都市，击鼓撞钟。国有天子，歌功拜起。土崩瓦解，以惑当世。爱憎之间，若操斧钺。以逆乱顺，如鬼如蜮。小人道长，君子道消。

颠之倒之，丧我人豪。呜呼哀哉！缅怀当年，汉地胡天。攘夷存夏，孰为之先。亦有圣贤，为国大盗。割裂诗书，异族是保。义旗一拂，君臣变色。老生小儒，诋为大逆。公与吾侪，如骖之勒。河山百战，乃有今日。曰在东京，刑马作盟。櫜矢攈甲，以入国门。投鞭断流，河口惠川。众庶梦梦，谁与为谋。公与吾侪，声应气求。师期一误，蹶于虏酉。巍巍羊石，天南半壁。负海阻山，国之岩邑。公与吾侪，斩关而入。一夕黄花，染为血色。大猷铣铣，两湖三江。中部同盟，若网在纲。公与吾侪，逐北追亡。舆榇衔璧，旗门受降。六合既一，聿修文德。漏网吞舟，坐滋国贼。公与吾侪，陈师以出。一击不中，修其羽翼。申椒既夷，萧艾离披。功满天下，毁谤随之。悠悠海内，若成若败。玉垒初光，金瓯未碎。谁为长城，岳岳英英。谁树典型，炳炳灵灵。崎岖十载，天壤一人。怀此民物，以及友生。呜呼哀哉！尚飨！

据上海《民国日报》一九一六年十二月二十三日
《黄先生开吊第二日纪》

致参众两院议员函[*]

（一九一六年十二月二十二日）

　　敬启者：文恫异族专制之害，实行革命事业二十余年，至乙未广州谋泄事败，文兄弟家产遂荡然无存。后此如惠州、黄冈、钦廉、镇南满〔关〕、河口以迄广东新军之役，广州三月念九之师，其一切

---

[*]　此件所标时间系上海《中华新报》发表日期。

经营，皆文为之谋主。而其费用，则皆华侨同志出之。其他各省军队之联络运动，与谋未遂而败者，所费亦匪鲜。虽其间亦有慨然为国捐输之人，然应于借募金〔企〕成功之偿还者实过半。临时政府成立，对于此等款项，不但未偿，且以各省用兵，中央支绌，更加借沪上广潮商人之款，及美洲、南浮〔洋〕华侨之款。及财政部移交北京，则只以一纸证据塞责，其款固至今未偿也。

　　二次革命失败，文睹袁氏有帝制自为之意，首组中华革命党，谋推〈翻〉专制，而葆共和。顾以前此民国告成，出资者尚无所取偿，乃与为必还之证约，从新举偿〔债〕。计募借华侨款一百七十万元，借入日本商人债一百万元，资以建义。最初以肇和之附义，树反对帝制之声，不幸挑〔挫〕败，尚足为袁氏对外宣言称帝必无乱事之反证。云南既起，广东及长江两方面屡建义旗，革〔牵〕制袁兵，使龙氏内顾不暇，仅以偏师犯滇，后无继者，桂省不被其胁。长江各省，留兵防守，不敢空群与滇军争胜。其后广东军队并起，率〔牵〕制龙氏，桂省义师，遂得展布于湘省。反〔又〕以东北军捣袁氏之虚，而夺其魄。袁氏既死，黎公继任，率先罢兵，为诸军倡。当时广东军、东北军人各万余，支持数月，上海、长江上下游，众未发者称之。又在川、滇亦有布置，今卢、石两司令尚效力行间。此外，各省仍有联络。凡此联络、发难、维持之费，及解散费之大部分，均由筹借之款以支持。一切出入，井然可稽。

　　民国大定，乃于九月中使人请于政府，以为是之出资者，皆为共和也，共和既复，而一不之恤，是则在国家为寡恩，在国民为负义，故请求政府代为偿还，非徒以保个人之信用也。若谓革命为多事，谓不忍于帝制而假资以助光复者，为自业自得，则文亦有以报命于海内外矣。此〔比〕者政府亦幸察其实情，允俟稽核之后，代为偿还。而外间谣诼不一，且有议员提起质问。其为监督政府、慎重用财起见，岂曰无当，然所指摘，一不衷诸事实。有谓华侨之资捐而非借者，则不知所借华侨之款，为埠以百计，皆有证据可稽。其日本商人之款，今亦无从秘密，可任调查。有谓乘政府美款成立索资者，则不知文之请求，系自九月，其时美款并无所闻。文但问政府对于此款承认与否，并不计承认之后，何时可以支出，岂有因利乘便之见。且所请于政府者，止为代偿债务。前此所借，用之国事；今此之还，还之本人。文毫无所与也。其谬最甚者，谓以此项巨款，饱私人之欲壑，此则直为诬谤。文奔走二十余年，曾忝任总统之职，自问流俗权利争夺之见，去之且远，何物货贿，足以污人。试还诘言者，若能举某一处、某一种财产，为文所私，则文亦甘任其罚。而偿还之际，政府自有稽核之权，抑无俟辩矣。

文以为，人民对于国家，有皆莫大之责任，而夙昔炮〔抱〕持三民主义，犹有未达者，故素不自伐其功。〔叙〕此次总统叙勋，乃予以大勋位，文不敢遽辞，亦不敢遽受。何则？共和政府孰先创之？袁氏帝制孰先讨之？此世所指为有功者，而文则〈始〉终赖华侨有志之士毁家倾屋〔产〕以为之助。若曰无功，是以一人之谦让而没之也。其曰受功，则虽总统遇我厚，然他人出血汗犹未得偿，我能腼颜独被优异耶？此所以一再申请，企不深负此多数爱国忘家之士。抑以为凡我民国有血气者，不宜负欲〔彼〕也。夫帝制用款，数累万万，国人犹不能不为袁氏任责，而此反对帝制之用款，不过其百分之一，对之反生疑义，轩轾厚薄，宁有说以处之。

文性不好辩，故当袁氏称帝之日，蜚语满海〈内〉，文皆不出一言。今者请求还偿债，实非关系个人。虑以少数人成虎铄金，摇惑观听，因略序事实，并驳正反对者之言。人心不死，来者难诬，文亦惟有俟我国民之公论而已。敬请

公安

孙文启　一九一六年十二月二十二日

据上海《中华新报》《孙中山先生致参众两院议员书》

复郭标等函

（一九一六年十二月二十二日）

迺生先生暨各同志公鉴：

敬复者：十一月十四日函已经收阅。雪梨领事不得力，自于侨民发展有碍。现在外交总长伍君尚亲民党，但此时彼尚未立定脚跟，更换之事，一时亦无此力量，俟稍缓有机会，再行图之。

汇来银玖百五十六镑十司〔先〕令，合上海银柒千肆百贰拾捌元叁毫柒仙，已经收到，并用电复，想早达到。兹并将收条寄上，其余统委财政部查明奉复。

又，李襄伯君来函，询问政局，足见热心。现在国会虽为不党主义所阻，表面上未见政党出现，实际我党仍占大多数。内阁中自唐少川辞职后，虽名为有党人在内阁中为总长，实恐其无甚气力，且为官僚所化，殊不足恃也。督军中亦有二三人与吾党甚亲近。大略如此，余俟续报，希传与李君知之。即请

公安

孙文启　十二月廿二日

据《国父全集》第三册（转录史委会藏亲笔原件）

批陆费逵函[*]

（一九一六年十二月二十三日）

代答以先生近因事忙，尚未完稿。

据《国父全集》第四册（转录史委会藏原件）

批程壮致朱执信函[**]

（一九一六年十二月二十三日）

总理批：可照写信或发电请释各人。

据《革命文献》第四十八辑《中华革命党时期
函牍》（转录史委会藏原件）

批旧金山美洲总支部函[***]

（一九一六年十二月二十五日）

答以在国内招股为极难之事，既得如此妙法，当可在上海试办。先用少本，至有成效，为众人所知之后，则招股不难。若照此去办，弟当尽力助成。

据《国父全集》第四册（转录史委会藏抄件）

---

[*]　原函为请求赠给《会议通则》一书事。

[**]　此件所标时间系来函日期。程壮于 1914 年夏于南通起兵失败，部属被捕，经孙中山电促冯国璋、齐燮元开释南通九人外，来函请再设法营救被拘其余各县的部属。

[***]　此件所标时间系来函日期。

为黄兴丧事谢启 *

（一九一六年十二月二十六日）

　　黄克强先生病终沪上，承海内外诸公吊唁，灵榇回湘，并承远道步送，隆情高谊，感荷殊深，谨此代谢。伏维亮察。
　　主丧友人：孙文、唐绍仪、柏文蔚、李烈钧、蔡元培、谭人凤

据上海《民国日报》一九一六年十二月二十六日

《黄宅治丧办事处启事》

批加拿大品夫分部函

（一九一六年十二月）

　　告以近事，并言各种章程办法，俟与政府交涉还债妥后乃能从事，请稍待之。

据《国父全集》第四册（转录史委会藏原件）

批某侨埠中华革命党支部函 **

（一九一五至一九一六年间）

　　筹饷一事，虽支部亦可兼任，但当以分任为宜。支部专任推广党势，筹款委员专司财政，协力进行，必收效果。贵埠侨胞人数财

---

　　*　　此件所标时间系上海《民国日报》发表日期。
　　**　　来函者及批文日期均未详，时间据《国父全集》推断。

力，俱过于美埠金山大埠，而金山一埠能筹款十余万，而贵埠乃如此，公等之责不可不加勉也。

据《国父全集》第四册（转录史委会藏原件）

致美洲中华会馆函

（一九一六年四季度）

中华会馆列位乡先生同鉴：

久仰山斗，景慕殊深。昔年渡美，以国事萦系，不克绕道南州，以从诸君子游，得收切磋之益，至今犹以为歉。昨朱伯元君归，备述高义，力助捐款，以济民国。今者共和再造，何莫非诸君子拥护之力。更闻有倡办建造轮船公司，航业工艺，互有所关，此弟所深为感纫者也。弟夙昔秉性质直，二十年来，只知救国，不知其他。满虏已除，中间复经袁逆之变，使国人流离颠沛，无所控告。弟用自疚，率国人以讨之，随蹶随起，数年来未尝逸豫。幸天相中土，袁逆自毙，黄陂依法继任，恢复约法，重集国会，弟即宣布罢兵，以示前之革命，志在护法，而非为利。黎能守法，则目的已达，应令各路军队，一律止战。一方结合在野同志，取监督政府主义，一方筹措工商事业，以图国利民福。

兹将迩来所办之事，撮其要旨，以为诸君告。其一，罢兵以后，弟即拟振兴实业，杜绝漏卮。初念先办银行，为各种实业倡始。惟兹事体大，必须厚集资本，现正在磋议中。若此事能成，一可以利侨商汇兑，二可便侨商贮蓄，三可助各种实业之发达。拟集股先自侨友始，将来章程编定，当即寄上，以俾核夺。又归国华侨，每苦无业，须妥筹安插。现欲择内地矿山之尤者一二区，先筹开办，并于长江一带，择地开垦。如办理得宜，获利必厚，经派妥人调查，俟有头绪，当以奉告。其二，拟在上海建设华侨会馆，为侨胞与内地交际之机关，凡工商事业，借此地以为调查联络之所，使华侨尽知各种天然利源，生财机会不至为外人捷足。其会馆规模，必期宏大，组织必期完备，俾华侨归国，有所问津，务使达合华侨之财之智以兴发祖国利源之目的。将来草就章程，当再呈正，望各埠同人协力成之。其三，共和建国，虽已五稔，所以中经离乱几至复坠者，类由人民玩视国体，如秦越人之视肥瘠，漠不相关，非得良善报章为之鼓吹指导，来轸方遒，依然危险。现拟组织一宏大报馆，一使人民知共和为世界最良之政治；二使人民知人权之可贵，不至仍前放弃，被人蹂躏；三竭力调查实业，供华侨归国之引导。俟招股简章刊就，即付邮寄。

以上三事，均目下切要之图，深望鼎力为之协助，俾早收良果，裨益国家，弟实有厚望焉。再中国现象，表面似属宁静，惟帝孽伏莽，遍布要津，张、倪诸武人，尚敢干涉国政，妄肆要挟，莽莽前路，不知所界，而内阁不尽负责，此为可隐忧者。知关绮注，谨以达闻。仍望时惠好音，是所切祷。专此，即请

公安

据《中央党务月刊》第四期

致邓泽如函[*]

（一九一六年）

泽如先生台鉴：

------

* 此件原无年月，据一九一七年四月二十五日孙中山致邓泽如函中有"浙督虽易人"之语，王、丁当为原浙江督军吕公望所派。按吕于一九一七年一月一日被免职，故此件当发于一九一六年秋冬之间。

　　兹有浙省特派调查南洋实业专员王君孚川（名廷扬）、丁君心
耕（名福田）来观贵埠之光，特为绍介。希妥为招待，并导观一切，
且绍介之于贵埠暨邻近各埠实业家。俾得详细调查，将来归国报
告，鼓舞政府振兴实业、保护华侨之心，必大有所助也。专此敬达，
即请
公安

孙　文

据《孙中山先生廿年来手札》影印原件

批偿还借款等事函[*]

（一九一六年）

　　各信自答。答直臣云：文集字已写妥寄，并奖其热心。答广达
言：粤债务自当尽力，俟待汉民、仲恺由京回来，再商办法也。南非
党证照发，并嘉其热心。甲元代居正答。

据《国父全集》第四册（转录史委会藏抄件）

批旧同志组织大政党事函^{**}

（一九一六年）

　　文近不欲与闻党事，专致力于建设事业。然甚愿吾党旧同志
速行组织大政党，少川、伯兰确已开始组织，此二公皆与吾等志同
道合，诸君可赞助之也。以后如有疑点，可就近询问胡汉民、林子

超两君便可。

据《国父全集》第四册（转录史委会藏抄件）

批孙静山函

（一九一六年）

　　自答:嘉其用意,并云力所能到之处,自当尽之。为现正筹划伊始,欲引导海外侨商返国开发一切利源,是以第一事当以还债,以照〔昭〕信用而励侨情。但此事政府尚未确允,而反对之声已起,若此不能达目的,则侨商恐不敢投资于国内等由却之。

据《国父全集》第四册（转录史委会藏原件）

批请将用款列入向政府
交涉还债案事函

（一九一六年）

　　答以此次向政府交涉还债,乃指明为第三次革命,文一人由外人及华侨借来,而分用于各省。中华革命军之款,公处自筹自用若干,文即不知,而来函又未开列其数,自无从加入此案之内也。然公倾家为国,文所素知,倘能为力之处,自当尽力也。

据《国父全集》第四册（转录史委会藏抄件）

批借款筹还事函[*]

（一九一六年）

答以此款已入筹还预算之中，报告政府，政府尚无拒绝，然亦未有还期。漳泉会馆之款，已面托黄竹友转致贵乡人云，政府一旦还款，即交黄君代清手续等语。

据《国父全集》第四册（转录史委会藏抄件）

委任中华革命党人员姓名录^{**}

（一九一四至一九一六年）

委任令第一号（一九一四年七月）

总务部长　　陈其美

　副部长　　谢　持

党务部长　　居　正

　副部长　　冯自由

军务部长　　许崇智

　副部长　　周应时

政治部长　　胡汉民

　副部长　　杨庶堪

---

* 　此件原无时间，据批内有请政府偿还债款事，当为一九一六年所批。

** 本件括号内年月系据《国父全集》考订增列。

　　财政部长　张人杰
　　副部长　　廖仲恺

委任令第二号

　　党务部第一局长　凌　钺
　　　　　第二局长　萧　萱
　　　　　第三局长　张肇基
　　　　　第四局长　贺治寰
　　　　　第五局长　徐朗西
　　机要职务长　范鸿钧
　　机要庶务　方　毅
　　第三局职务员　周道万
　　（第三局职务员）　夏重民
　　　　　　　　　锺　鼎

委任令第三号

　　江西支部长　徐苏中三年四月①
　　河南支部长　凌　钺
　　云南支部长　杨益谦
　　陕西支部长　宋元恺
　　福建支部长　许崇智
　　安徽支部长　张汇滔三年十月
　　湖北支部长　田　桐三年九月
　　广东支部长　何天炯

----

①　文内纪年系中华民国纪年，下同。

江苏支部长　吴藻华

署理浙江支部长　戴天仇

东三省支部长　刘大同<small>四年一月十四发</small>

委任令第四号　二十八号（一九一四年十月）

菲律宾支部长　郑汉淇（重）

菲律宾联络委员　伍平一

新加坡支部长　张永福

　副支部长　陈楚楠

庇能支部长　陈新政

芙蓉支部长　伍熹石

　副支部长　伍蕴山

麻坡分部长　郑文炳<small>取消前发委状尚未收转</small>

　副分部长

巴东支部长　杨汉孙

檀香山支部长　谢己原

　副支部长　余　楫

烈港支部长　黄甲元<small>四年一月十四发</small>

巴城支部长　沈选青

　副支部长　林温良

　　　　　梁允煊、陈孔忠、吴炽寰、郑少芝、李霞举、何德
　　　　　如、卢耀堂、邓子瑜

委任令第五号　三十一日（一九一四年十月）

麻城支部长　郑文炳

　副支部长　林照英

委任令第六号　十一月二日（一九一四年）

广西支部长　苏无涯

委任令第七号　四日（一九一四年十一月）

吧城联络委员　弓长杰

委任令第八号　十日（一九一四年十一月）

菲律滨群岛支部长　郑汉淇
　　副支部长　王忠诚

委任令第九号　十九日（一九一四年十一月）

浙江支部长　戴传贤
山西支部长　阎崇义

委任令第十号　三十日（一九一四年十一月）

宿雾正支部长　叶独醒
　　副支部长　伍尚铨

委任令第十一号　十二月一日（一九一四年）

吉礁正支部长　傅荣华
　　副支部长　李启明

委任令第十二号　十二月七日（一九一四年）

地洋丸分部长　黄　林辞
飞腊宾筹饷委员　薛汉英

西伯利亚丸分部长　卢伯筠

支那丸分部长　蔡文修

满洲丸分部长　戴焯文收转

蒙古船分部长　罗光汉

委任令第十三号　九日（一九一四年十二月）

巨港正支部长　谢谦谐

　副支部长　潘珠安

委任令第十四号　十三日（一九一四年十二月）

日里正支部长　梁　愚

　副支部长　陈乙民

星加坡联络委员　刘福田

　　　梁允祺

委任令第十五号　十八日（一九一四年十二月）

广东支部长　何天炯十月

湖南支部长　陈家鼐三年五月

甘肃支部长　张宗海

委任令第十六号　四年正月七日

山东支部长　刘　光

缅甸仰光联络委员　陈廷楷

委任令第十七号　一月十四日（一九一五年）

仰光支部长　何荫三

湖南支部长　覃　振

南洋荷属联络员　李容恢收转

麻六甲正支部长　沈鸿相

　　副支部长　龙道舜

委任令第十八号　一月二十三日（一九一五年）

吉樵名誉正部长　林天奇

　　　副部长　李友朋

麻楮巴辖分部正部长　甄寿南

　　　　副部长　雷绵超

贵州支部长　凌　霄十月

委任令第十九号　二月三日（一九一五年）

桑港支部长　林　森

　　　冯自由

委任令第二十号　二月十五日（一九一五年）

神户大坂支部长　王敬祥

云南支部长　周知礼

福建支部长　黄展云

委任令第二十一号　二月十九日（一九一五年）

江苏支部党务科科长　张　维

江苏支部总务科科长　茅祖权

江苏支部参议　施承谟

　　　张锦堂

委任令第二十二号　二月二十七日（一九一五年）

鄂属汉口交通委员　李祖贻

委任令第二十三号　三月二日（一九一五年）

新加坡联络委员　简任甫

委任令第二十四号　三月十六日（一九一五年）

满洲船分部长　赵植芝

委任令第二十五号　四月六日（一九一五年）

菲律宾怡朗埠正支部长　陈民钟
　　　　　　　副支部长　余以和
巴城副支部长　温君文

委任令第二十六号　四月十四日（一九一五年）

英国利物浦支部长　陆孟飞
　　　　　　　　　骆　谭

委任令第二十七号　四月十九日（一九一五年）

代理党务部第三局局长　刘廷汉
党务部第二局职员　曾省三、区汉奇
党务部机要处职务员　孙　镜
仰光支部副支部长　曹伯忠

委任令第二十八号　四月二十六日（一九一五年）

加拿大联络委员　夏重民

海洋各船舶交际员　严华生

　　　　　　　　　苏无涯

委任令第二十九号　四月二十九日（一九一五年）

南洋荷属联络委员　金一清

委任令第三十号　五月一日（一九一五年）

四川支部长　龙　光

委任令第三十一号　五月五日（一九一五年）

安徽支部长　谭惟洋

云南缅甸分部长　寸海亭

苏洛正支部长　张成谟

　　副支部长　江瑷波

　　总务科主任　谭攻阻

暹罗支部长　萧佛成四月九日

委任令第三十二号　六月十日（一九一五年）

琼州正分部长　陈侠农

　　副分部长　吴　伯

星加坡联络委员　许逸夫、郭剑存、徐洞云、李天如

委任令第三十三号　六月十五日（一九一五年）

勃生分部长　李庆标

瓦城分部长　陈泰高

委任令第三十四号　六月十六日（一九一五年）

春洋丸分部长　罗锦星

地洋丸分部长　麦睿珊

委任令第三十五号　六月二十日（一九一五年）

福建兴化党务联络员　涂寄舫

委任令第三十六号　七月十七日（一九一五年）

菲律宾联络委员　黄燮恭、甄　佑、冯伯罹、陈天扶、张本汉、
　　　　　　　　李思辕

委任令第三十七号　七月十九日（一九一五年）

长崎联络委员兼办交通事务　彭养光

委任令第三十八号　七月二十六日（一九一五年）

芙蓉支部总务科主任　麦炳初

　　　党务科主任　邓培生

　　　财务科主任　梁　英

巨港支部财务科主任　许清滚

　　　党务科主任　郑太奇收转交总务部

　　　总务科主任　林连称同上

吉礁支部总务科主任　林偶然

财务科主任　林有祥

副主任　徐群芳

党务科主任　蔡怀安

副主任　李茂海

调查科主任　陈英担

交际科主任　李引口

副主任　顾金叶

巴城支部交际科正主任　钟公任

副主任　饶镜彬

调查科主任　李逊三

副主任　饶弼臣

财务科主任　钟秀珊

副主任　黎倬云

党务科主任　陈相鹏

副主任　钟少文

总务科主任　吴公辅

副主任　沈树良

巴东支部财务科主任　颜春侯

副主任　韩亨丰

党务科主任　廖南华

副主任　张义斋

总务科主任　翁享周

副主任　黄洛澂

怡朗支部总务科主任　关国昶

副主任　余陶民

党务部主任　谢耀公

　　副主任　吴庆余

财务科主任　关国深

调查科主任　余治中

交际科主任　黄汉兴

　　副主任　关国赓

星加坡支部长　黄吉宸

　副支部长　徐统雄

名誉支部长　梁谷勋、简英甫

总务科主任　黄子明

　　副主任　廖挽权

党务科主任　陆指明

　　副主任　陈湛权

财政科主任　刘福田

　　副主任　陈紫和

调查科主任　欧达泉

交际科主任　丘天锡

星加坡分部长　卢耀堂

财政科主任　梁允祺

宿务支部总务科主任　谢汉兴

　　党务科主任　傅子政

　　财务科主任　陈伯豪

　　交际科主任　刘谦祥

仰光支部总务科主任　饶潜川

　　副主任　李引随

　　党务科主任　郑士铨

　　　　　　副主任　　池吉尹

　　　　财政科主任　　黄德源

　　　　　　副主任　　彭炳森

　　　　调查科主任　　蓝　　磊

　　　　　　副主任　　杜督夷

　　　　交际科主任　　曹华碧

　　　　　　副主任　　朱立初

委任令第三十九号　八月二日（一九一五年）

天洋丸分部长　　唐正隆_{收转交总务部}

满堤高船分部长　　陈炳生

南洋联络委员　　张民达

委任令第四十号　八月五日（一九一五年）

山口羊支部正支部长　　林龙祥

　　　　副支部长　　邓铿堂

　　　总务科正主任　　邓克辛

　　　　　副主任　　廖耀轩

　　　党务科正主任　　吴小枚

　　　　　副主任　　沈炳煌

　　　财务科正主任　　龚桂森

　　　　　副主任　　谢广源

　　　调查科正主任　　李公杰

　　　　　副主任　　黄能昌

　　　交际科正主任　　林西黎

　　　　　副主任　　邓剑南

泗水支部正支部长　陈铁伍_{收转}

　　　副支部长　陈瑞昌_同

总务科正主任　赖文斋_同

　　　副主任　黄北明_同

党务科正主任　谭焯耀_同

　　　副主任　张恩汉_{收转}

调查科正主任　梁　其_同

　　　副主任　李紫宸

财务科正主任　冯锦堂_{收转}

　　　副主任　刘福江_同

新加坡支部调查科副主任　蓝衡史

新加坡支部交际科副主任　何少芝

新加坡分部副分部长　何瑞廷

　　总务科正主任　李霞举

　　党务科主任　何德如

　　财务科主任　梁允祺

　　调查科主任　胡廷川

　　交际科主任　何国基

委任令第四十一号　（一九一五年八月五日）

联络员　王镜波

星加坡联络员　陈峰海

委任令第四十二号　（一九一五年八月五日）

檀香山特派联络委员　吴铁城

泗水正支部长　古宗尧

　　副支部长　黄谷如

　　总务科正主任　杨灼如

　　党务科正主任　陈铁伍

　　财务科正主任　古仰周

　　　　副主任　莫　炯

　　调查科正主任　谭卓耀

　　交际科正主任　叶新元

委任令第四十三号　八月二十七日（一九一五年）

孖礼位分部长　苏　坤

苏洛支部交际科正主任　林怡孙

苏洛支部总务科主任　陈　毅

　　　　财务科正主任　吕绍登

　　　　　　副主任　戴谷辉

　　　　调查科正主任　陈　应

　　　　　　副主任　朱　佳

委任令第四十四号　九月四日（一九一五年）

巨港支部总务科正主任　李成其

　　　　　　副主任　蒲星若

　　　　党务科正主任　林连称

　　　　　　副主任　陈责吾

　　　　财务科正主任　许清滚

　　　　　　副主任　许元和

　　　　调查科正主任　丘苑菴

　　　　　　副主任　杨春畴

交际科正主任　许得水

　　　　副主任　徐壮立

广东琼州分部长　郑振春

安徽颖〔颍〕州分部长　王善继

缅属勃卧分部长　周希尧

泗属玛垄分部长　赵　超

沙胜越分部长　萧春生

星属石龙门分部长　何权甫

星属沙胜越副分部长　李鸿标

亚庇联络委员　李运玉

柔佛六条石联络委员　李贞庭

委任令第四十五号　九月二十四日（一九一五年）

天洋丸分部长　李竹田

宿务调查科正主任　薛家弼

　　　　副主任　林伸寿

芙蓉总务科主任　邓子实

　庇能支部长　林世安

　总务科主任　廖桂生

　党务科主任　王镜波

　财务科正主任　熊玉珊

　　　　副主任　朱伯卿

笠庇坦分部长　李雁行

麻六甲总务科正主任　刘汉香

　　　　副主任　蔡石香

委任令第四十六号　十月六日（一九一五年）

横滨正支部长　黄绰民

横滨副支部长　陈自觉

驾芽鄢支部交际科主任　林忠华

　　　　财务科主任　张侯椿

委任令第四十七号　十月十七日（一九一五年）

琼侨联络委员　吴　伯

广东琼州分部总务科主任　陈岛沧

　　　　党务科主任　陈得平

　　　　财务科主任　龙唐阶

　　　　交际科主任　吴公侠

　　　　调查科主任　符公民

委任令第四十八号　十月二十日（一九一五年）

菲律宾支部正支部长　戴金华

　　　副支部长　陈贵成

　　　总务科正主任　黄开物

　　　党务科正主任　吴宗明

　　　财务科正主任　叶扳桂

　　　调查科正主任　黄家声

　　　交际科正主任　黄三记

委任令第四十九号　十月二十二日（一九一五年）

广州湾党务联络委员　周之贞

委任令第五十号　十月二十五日（一九一五年）

衣士顿船分部长　黄　益

委任令第五十号　十月二十九日（一九一五年）

印度支部正支部长　　汉雨翘

　　　　副支部长　　熊明兴

　　总务科正主任　　朱　明

　　　　副主任　　王梯云

　　党务科正主任　　欧岳舟

　　　　副主任　　黄应辉

　　财务科正主任　　欧卓兰

　　　　副主任　　李汉修

沙胜越联络委员　李　汉

诗鹅联络委员　陈电洲

新加坡支部党务科副主任　徐飞虎

　　调查科副主任　刘华生

委任令第五十一号　十月三十一日（一九一五年）

横滨支部总务科主任　陈荷荪

　　财务科主任　陈泽景

　　交际科主任　杨少佳

　　调查科主任　成　均

　　　　副主任　刘季谋

港澳支部正支部长　叶夏声

　　　　副支部长　李海云

香港上海交通委员　　赵植芝

海防支部正支部长　　梁丽生

副支部长　　杜子齐

委任令第五十二号　十一月二日(一九一五年)

四川支部参议兼总务科科长　　赵铁桥

党务科科长　　夏名儒

会计科科长　　吴　山

调查科科长　　刘　庸

书记长　　卢师襄

怡保支部正支部长　　郑螺生

副支部长　　李源水

党务科主任　　李孝章

财务科主任　　冯业生

闽南友部正支部长　　叶青眼

总务科主任　　邱廑兢

副主任　　黄　冈

党务科正主任　　许春草

副主任　　黄瑞伯

财务科正主任　　陈金芳

财务科副主任　　施仁德

太平支部正支部长　　梁省躬

副支部长　　唐藻华

总务科正主任　　雷宜礼

党务科正主任　　陆元陞

财务科正主任　　何鉴源

甲必地分部正分部长　梁泽生

　　　副分部长　胡维济

　　　总务科主任　蔡庆平

　　　党务科主任　余　才

　　　财务科主任　余　京

　　　调查科主任　李　福

　　　交际科主任　高　福

委任令第五十三号　十一月四日（一九一五年）

钦廉分部长　彭吉平

苏洛支部财务科副主任　江沃华

委任令第五十四号　九日（一九一五年十一月）

东婆罗洲支部长　洪耀国

　　副支部长　洪北创

委任令第五十五号　十一月十一日（一九一五年）

麻六甲支部党务科正主任　程文岳

　　　副主任　吴六奇

　　调查科副主任　郑美金

　　交际科正主任　姚金溪收转交总部十二月二十二日

　　　副主任　何　纲收转交总部十二月二十二日

委任令第五十六号　十一月十七日（一九一五年）

吡叻朱毛分部正分部长　欧雨初

　　　副分部长　陈克萨

総务科主任　霍　荫

党务科主任　招　爽

财务科主任　林　滔

调查科主任　梁　澧

交际科主任　林　维

南海漳分部正分部长　潘云村

　　财务科主任　伍丽臣

摩洛棉分部正分部长　黄汉章

委任令第五十七号　二十五日（一九一五年十一月）

江西龙南分部长　赖其辉

江西安远分部长　叶彬章

江西会昌分部长　曾维翰

江西长宁分部长　黄炳麟

江西宁都州分部长　曾　辕

江西雩都分部长　邱汇宗

江西定南分部长　叶含芬

江西信丰分部长　赖多三

江西崇义分部长　赖家骈

江西南康分部长　郭伯棠

江西大庚分部长　刘祖向

江西支部书记长　徐　鉴

江西支部调查科科长　张四维

江西支部党务科科长　王有蓉

江西支部总务科科长　黄　觉

芙蓉支部交际科副主任　柯武炎

　　　　　　　正主任　梅锦棠

　　调查科正主任　李　容

　　　　　　　副主任　谭丙子

　　财务科副主任　叶泽民

　　党务科副主任　谭元贵

　　总务科副主任　陈　鸿

　　　　　　　正主任　邓　光

菲律宾支部总务科副主任　　孙清标

　　党务科副主任　林籁余

　　财务科副主任　李秉传

　　调查科副主任　林维祥

　　交际科副主任　林金柳

补九月二十六日委任（一九一五年）

巴双支部正部长　　吴采若

　总务科正主任　郑受炳

　党务科正主任　陈　聪

　财务科正主任　谭　进

委任令第五十八号　　十二月九日（一九一五年）

港澳支部总务科正主任　　陈永惠

　　　　　　　副主任　陆任宇

　　党务科正主任　陆觉生

　　　　　　　副主任　邓仕学

　　财务科正主任　陈耀平

　　调查科正主任　李宝祥

巴东支部调查科正主任　方拔馨

副主任　李新宇

交际科正主任　李兆楼

副主任　欧阳卿

委任令第五十九号　十二月十七日（一九一五年）

福生船正分部长　郑成忠

副分部长　余启康

南洋航路联络委员　谢炳坤

班让分部部长　余文学

彭亨文冬支部部长　伍发文

总务科正主任　覃体仁

党务科正主任　熊伯言

财务科正主任　严瑞轩

委任令第六十号　十二月二十一日（一九一五年）

江西德安县分部长　夏拯民

江西瑞昌县分部长　李觉民

江西湖口县分部长　蔡任民

江西彭泽县分部长　周济时

江西德化县分部长　罗立民

横滨支部党务科主任　胡铁生

广东支部参议　朱　道、谢永年、区汉奇

书记长　苏理平

总务科长　连声海

党务科长　朱相州

调查科长　黎　光

会计科长　梅　径

吧哇分部正分部长　林玉郎

副分部长　谢福郎

总务科主任　侯顺兴

党务科主任　邓来发

财务科主任　刘贵友

委任令第六十一号　十二月二十七日（一九一五年）

湖南支部参议　陈家鼒、荆嗣佑、李　焕、万黄裳

湖南支部总务科长　罗　迈

党务科长　林祖涵

会计科长　熊兆孟

调查科长　唐　健

书记长　易　象

纳卯支部正支部长　洪铨禄

副支部长　李　练

总务科正主任　林美回

党务科正主任　邝子修

财务科正主任　李赍明

调查科正主任　苏　广

委任令第六十二号　五年一月五日

马六甲支部交际科正主任　赖玉生

副主任　姚金溪

峇眼西比支部正分部长　黄卓汉

副分部长　　黄天降

总务科正主任　翁了解

副主任　　洪宇声

党务科正主任　洪周武

副主任　　宋萃仁

财务科正主任　孙文盖

副主任　　黄天鹅

交际科正主任　王淑涵

副主任　　黄犹兴

申分部正分部长　林泽斋

总务科主任　禤善庭

党务科主任　吴礼庭

财务科主任　熊炳霖

交际科主任　符受初

亚沙汉分部正分部长　郭晓村

总务科主任　陈咸亨

党务科主任　陈宽深

财务科主任　陈贵和

交际科主任　罗兰汀

广东支部长　伍云披

霄兰峨支部长　陈占梅补四年九月二十六日委

副部长　彭泽文

财务科正主任　张志昇

委任令第六十三号　五年一月十五日

雪兰峨支部总务科正主任　林希逸

副主任　　何希池

党务科正主任　　冯炎公

副主任　　梁　如

财务科正主任　　廖　全

调查科正主任　　彭星海

副主任　　符树秀

交际科正主任　　罗寿三

副主任　　黄爱群

苏洛支部调查科正主任　　戴谷辉

嘉丽支部正支部长　　杨诚恺

总务科正主任　　张昌鲁

副主任　　庄硕三

党务科正主任　　李少璋

副主任　　吕怀素

财务科正主任　　卓慈生

调查科正主任　　吕毓童

副主任　　张西溪

交际科正主任　　廖衍甫

副主任　　黄长庚

四川支部参议兼驻沪联络委员　　曹　笃、游盛庠

江西支部长　　徐苏中

委任令第六十四号　一月十七日（一九一六年）

西都文罗分部长　　吴菜瓜

闽南支部书记长　　傅振箕

福建泉州分部长　　王泉笙

福建同安分部长　陈延香

海防支部总务科正主任　邓直愚

　　　　　　　副主任　黄卓知

　　党务科正主任　梁复光

　　　　　副主任　李　瀚

　　财务科正主任　黄志愚

　　　　　副主任　梁耀池

　　调查科正主任　彭吉平

　　　　　副主任　潘　南

　　交际科正主任　守　义

　　　　　副主任　陈觉梦

依里岸分部正分部长　杨佳礼

　　　　副分部长　邝　满

　　总务科正主任　张土有

　　党务科主任　谭　平

　　财务科主任　李国炳

　　交际科主任　何敬听

江西支部会计科长　谢式南

委任令第六十五号　一月十八日（一九一六年）

南生船正分部长　麦源就
　　副分部长　黄瑞生

委任令第六十六号　一月二十日（一九一六年）

江西清江分部长　曾宗鲁
江西武宁分部长　黄　辉

东婆罗洲支部总务科正主任　李光坤

　　　　　　　　　副主任　吴南宫

　　　党务科正主任　郭兰圃

　　　　　　　　　副主任　俞继进

　　　财务科正主任　洪有源

　　　　　　　　　副主任　翁志山

　　　调查科正主任　陈红治

　　　　　　　　　副主任　周振华

　　　交际科正主任　黄世诚

　　　　　　　　　副主任　杨四兴

三宝垄支部正支部长　郑绍本

　　　　　　副支部长　李　澍

　　　总务科正主任　廖燮南

　　　党务科正主任　张世宗

　　　　　　　　　副主任　郑三阳

　　　财务科正主任　黄贞诵

　　　调查科正主任　谭子巨

　　　交际科正主任　陈德洲

四年九月二十六日

吉生船正分部长　周柏祥

　　　副分部长　吴　芳

高丽船正分部长　宋瑞珊

　　　副分部长　黄碧珊

委任令第六十七号　一月二十四日（一九一六年）

吡叻布先分部正分部长　吕　生

　　　　　副分部长　　罗达廷

　　　　总务科正主任　　蔡缉熙

　　　　党务科主任　　曹品崐

　　　　财务科主任　　叶　义

　　　　调查科主任　　张伟勋

　　　　交际科主任　　梁　生

江西新昌县分部长　　漆瞻琪

江西萍乡县分部长　　彭汝颜

霹雳安顺分部正分部长　　黄少行

　　　　　副分部长　　邓子贤

　　　　总务科主任　　施炳华

　　　　党务科主任　　林松友

　　　　财务科主任　　吴合胜

　　　　调查科主任　　简乾仰

　　　　交际科主任　　吴　进

万里望分部正分部长　　杨大汉

　　　　总务科主任　　冯天然

　　　　党务科主任　　伍秉汉

　　　　财务科主任　　黄国公

　　　　调查科主任　　伍乾三

　　　　交际科主任　　张益友

实兆远分部正分部长　　林初来

　　　　总务科主任　　柯教诲

　　　　党务科主任　　陈良知

　　　　财政科主任　　陈克朗

　　　　调查科主任　　王晏来

交际科主任　林持纲

怡保支部总务科副主任　区信英

　党务科副主任　朱进德

　财务科副主任　符东海

　调查科正主任　吴公奋

　　　副主任　吴琰生

　交际科正主任　林志光

　　　副主任　胡　华

怡保支部副支部长　杨炳辉

　总务科主任

委任令第六十八号　一月二十八日(一九一六年)

文都鲁苏分部长　郭绍珍

加里昔分部部长　卢桂华

西都文罗分部财务科主任　温宗发

宿务支部长　陈伯豪

　副支部长　叶独醒

宿务总务科正主任　伍尚铭

　　　副主任　庄应宜

　财务科正主任　江维三

　　　副主任　伍卓庭

　党务科正主任　张文财

　　　副主任　萧剑云

　交际科正主任　刘谦祥

　　　副主任　郑丹老

　调查科正主任　甄英羡

　　　　　副主任　林伸寿

金宝分部正分部长　黄心持

　　　副分部长　郑茂生

　　总务科主任　高一峰

　　党务科主任　沈铁武

　　财务科主任　黄瑞麟

　　调查科主任　邓惠田

　　交际科主任　黄如筠

委任令第六十九号　二月八日（一九一六年）

江西上高县分部长　罗　震

驾芽鄢分部长　吴世桢

　副分部长　关晓初

　财务科主任　吴进初

委任令第七十号　二月十五日（一九一六年）

檀香山正支部长　杨广达

　副支部长　许直臣

　　总务科正主任　李成功

　　　　副主任　谭　钊

　党务科正主任　杨耀焜

　　　　副主任　喻　业

　财务科正主任　曾长福

　　　　副主任　许石贵

调查科正主任　萧全棣

　　　副主任　温崇礼

交际科正主任　李　流

　　　　副主任　陈　阁

大完肚正分部长　陈永德

　　副分部长　锺金昌

　　总务科主任　李善明

　　党务科主任　温呈祥

　　财务科主任　黄石松

　　调查科主任　赖纯卿

　　交际科主任　刘凤生

三宝雁正分部长　关焯堂

　　副分部长　黄保之

　　党务科主任　曹干楠

　　财务科主任　曾杏初

甘肃支部党务科科长　师尚谦

　　　会计科科长　张永修

江西永丰县分部长　廖雯尘

　　仙葛洛分部长　杨谋强

巴生港口正分部长　叶承祖

　　副分部长　陈德熹

　　总务科主任　陈序洲

　　党务科主任　严福纪

　　财务科主任　周孙维

　　调查科主任　王瑞庭

　　交际科主任　林梅端

委任令第七十一号 　（一九一六年二月十五日）

高砥分部长　丘炯堂

生瓦分部长　岑菊邻

特别团体联络委员　杨德麟—右

特别团体联络委员　温山炎—左

仁丹分部长　麦燹堂

　副分部长　邹义同

总务科主任　林政良

党务科主任　崔改非

财务科主任　林天相

调查科主任　温王铿

交际科主任　郑达棠

浮庐山背分部正分部长　徐德祐

　　　　副分部长　陈　俄

　　　总务科主任　张振南

　　　党务科主任　罗金开

　　　财务科主任　罗　满

　　　调查科主任　黄启光

　　　交际科主任　欧阳志夷

大山脚分部正分部长　朱步云

　　　　副分部长　李发斌

　　　总务科主任　何以兴

　　　党务科主任　卢炳勋

　　　财务科主任　王如进

　　　调查科主任　何旺龙

　　　交际科主任　甄炜吉

双溪大　正分部长　杜文福

　　　副分部长　林文鸿

　　　总务科主任　陈瑞云

　　　党务科主任　陈大深

　　　财务科主任　梁文钦

　　　调查科主任　冯观霖

　　　交际科主任　卢启彬

雷兰峨古毛分部正分部长　官文森

　　　　　副分部长　袁景荣

　　　　总务科主任　郭锡龄

　　　　党务科主任　江若云

　　　　财务科主任　庄家传

　　　　调查科主任　丘玉如

　　　　交际科主任　叶毓勋

雪兰峨琼州分部正分部长　陈家凤

　　　　　副分部长　陈振銎

　　　　总务科主任　陈养民

　　　　党务科主任　王　裔

　　　　财务科主任　符树秀

　　　　调查科主任　陈世德

　　　　交际科主任　陈治大

委任令第七十二号　三月九日（一九一六年）

孟加映分部正部长　古锦祥

　　　副部长　杨桂廷

总务科主任　蔡德三

党务科主任　张莲生

财务科主任　陈乙秀

交际科主任　杨南仁

调查科主任　黄添喜

天洋丸分部部长　陈槐卿

委任令第七十三号　三月十七日（一九一六年）

广东肇庆分部长　朱相丹

　　副分部长　伍洪培

广东四邑两阳分部长　黎　光

　　副部长　唐熙年

江西修水县分部长　吴　炅

江西铜鼓县分部长　袁

江西宜黄县分部长　尹辅汤

江西建昌县分部长　萧文楼

委任令第七十四号　三月二十一日（一九一六年）

都湾分部正部长　黄俊仪

　　副部长　郭立业

　　党务科主任　周玉成

　　财务科主任　林瑞安

　　驻连交通委员　傅笠渔

委任令第七十五号　三月二十二日（一九一六年）

吉林党务联络委员　史明民

仰光支部正部长　　曾允明
　　　　副部长　　黄德源
　　总务科正主任　　杨昭雅
　　　　副主任　　黄壬戌
　　党务科正主任　　陈琴舫
　　　　副主任　　曾金坛
　　财务科正主任　　林经国
　　　　副主任　　彭炳森
　　调查科正主任　　蓝　磊
　　　　副主任　　曾清早
　　交际科正主任　　陈甘敏
　　　　副主任　　朱立初
罅辖分部正部长　　王星泉
　　　　副部长　　林　有
　　总务科主任　　彭维纲
　　党务科主任　　林英石
　　财务科主任　　梁栋英
　　调查科主任　　唐　贵
　　交际科主任　　胡　佐
华都呀吧分部正部长　　祁　寿
　　　　副部长　　何大生
　　总务科主任　　黄佐廷
　　党务科主任　　罗伯炯
　　财务科主任　　李普恩
　　调查科主任　　梁逢生
　　交际科主任　　黄云清

打扣分部部长　　何钟汉

　　　　总务科主任　　区景才

　　　　党务科主任　　曾宪纯

　　　　财务科主任　　冯泽泉

　　　　调查科主任　　锺景邦

　　　　交际科主任　　古宗邦

端洛分部部长　　陈炳秋

　　　　总务科主任　　廖景唐

　　　　党务科主任　　温锦池

　　　　财务科主任　　林三和

　　　　调查科主任　　林扬武

　　　　交际科主任　　冯　祺

亚巴里分部部长　　曾志高

委任令第七十六号　　三月二十七日（一九一六年）

芙蓉琼州分部长　　陈序机

　　　　副分部长　　符兰亭

　　　　总务科主任　　陈敬初

　　　　党务科主任　　蔡　辉

　　　　财务科主任　　吴昌贤

　　　　调查科主任　　陈玉山

　　　　交际科主任　　梁善卿

山口羊支部总务科主任　　廖耀轩

　　　　总务科副主任　　蔡祝军

　　　　党务科主任　　陈宴堂

　　　　调查科主任　　黄德祥

委任令第七十七号　四月十七日(一九一六年)

江西万安县分部长　曾振五

星加坡琼州分部正部长　符养华

　　　　　　副部长　张　刚

　　　　　总务科主任　符尚志

　　　　　党务科主任　洪世丙

　　　　　财务科主任　陈绍平

　　　　　调查科主任　王华庭

　　　　　交际科主任　陈继平

委任令第七十八号　四月二十一日(一九一六年)

亚细亚皇后船分部长　陈　荣

坤甸支部正部长　林梅六

　　　　副部长　林文安

　　　总务科正主任　林宝田

　　　　　副主任　黄强斋

　　　党务科正主任　赖炳文

　　　财务科正主任　黄炎裔

　　　　　副主任　黎洪汉

　　　调查科正主任　丘祝汉

　　　　　副主任　谢源兴

　　　交际科正主任　陈贞吉

　　　　　副主任　江英华

南非洲支部正部长　陈沛南

　　　　副部长　朱印山

槟榔屿支部正部长　张援民

　　　　　　副部长　关　铭

　　　　　　总务科副主任　高振汉

　　　　　　党务科副主任　贺向宾

　　　　　　交际科正主任　冯中行

　　　　　　　　副主任　林伟夫

　　　　　　调查科正主任　李英才

　　　　　　　　副主任　伍警常

通扣分部正部长　郭少慈

　　　　　　副部长　郭心田

　　　　　　总务科主任　黄　先

　　　　　　党务科主任　陈汉文

　　　　　　财务科主任　杨建来

　　　　　　调查科主任　李朗溪

　　　　　　交际科主任　陆伯泉

巴双支部副部长　陈明春

　　　　　　总务科副主任　陈荣气

　　　　　　党务科副主任　邝景云

　　　　　　财务科副主任　符建章

　　　　　　调查科正主任　曾飞云

　　　　　　　　副主任　王土才

　　　　　　交际科正主任　温冀生

　　　　　　　　副主任　陈北平

委任令第七十九号　四月二十八日（一九一六年）

三宝雁分部总务科主任　庄廷芳

　　　　调查科主任　胡　珍

　　　　交际科主任　黄允材

　　西都文罗分部副部长　温山炎

　　　　总务科主任　杨德麟

　　　　党务科主任　黄接桂

　　　　调查科主任　郑清渊

　　　　交际科主任　郭瑞庆

　　加里昔分部副部长　伍麟祥

　　　　党务科主任　卢己明

　　　　财务科主任　卢天祥

　　仁物分部正部长　伍麟祥

　　　　副部长　黎玉成

　　　　党务科主任　杨明扬

　　　　财务科主任　饶秋元

据《国父全集》第四册（转录史委会藏《中华
革命党本部委任人员簿》原件）

中华革命党各支分部职员姓名录*

（一九一四至一九一六年）

马尼剌支部

　　部　长　郑汉淇　三年十月七日给委

巴东支部

　　部　长　杨汉孙　三年十月十二日给委

＊　本件内纪年系中华民国纪年。

总　　务	翁享周	四年七月十九日给委
	黄济澂	同
党　　务	廖南华	同
	张义斋	同
财　　政	颜春侯	同
	韩亨丰	四年七月十九日给委
调　　查	方拔馨	四年十二月七日给委
	李新宇	同
交　　际	李兆楼	同
	欧阳卿	同
副部长	温菊朋	五年二月二十六日给委

麻坡支部

| 部　　长 | 郑文炳 | 三年十月十二日给委，三年十月三十日改委 |
| | 林照英 | 同，为正副支部长 |

芙蓉支部

部　　长	伍薏石	三年十月十二日给委
	伍蕴山	三年十月十二日给委
总　　务	麦炳初	四年七月二十二日给委
党　　务	邓培生	四年七月二十二日给委
财　　政	梁　英	四年七月二十二日给委
总　　务	邓子实	四年九月二十六日给委
	邓　光	四年十一月三十日给委
	陈　鸿	四年十一月三十日给委
党　　务	谭元贵	四年十一月三十日给委
财　　务	叶泽民	四年十一月三十日给委

调　查　李　容　四年十一月三十日给委

谭丙子　四年十一月三十日给委

交　际　梅锦棠　四年十一月三十日给委

柯武炎　四年十一月三十日给委

新嘉坡支部

部　长　张永福　三年十月十二日给委

陈楚楠　三年十月十二日给委

黄吉宸　四年七月二十二日给委

徐统雄　四年七月二十二日给委

名誉部长　梁谷勋　四年七月二十二日给委

简英甫　四年七月二十二日给委

总　务　黄子明　四年七月二十二日给委

廖挽权　四年七月二十二日给委

党　务　陆指明　四年七月二十二日给委

陈湛权　四年七月二十二日给委

财　政　刘福田　四年七月二十二日给委

陈紫和　四年七月二十二日给委

调　查　欧达泉　四年七月二十二日给委

李访仙　四年七月二十二日给委

交　际　丘天锡　四年七月二十二日给委

杨蕃史　四年七月二十二日给委

何少芝　四年八月三日给委

调　查　蓝衡史　四年八月三日给委

党　务　徐飞虎　四年十一月一日给委

调　查　刘华生　四年十一月一日给委

檀香山支部

部　　长　谢己原　三年十月十二日给委

　　　　　余　揖　三年十月十二日给委

部　　长　杨广达　五年三月十三日给委

　　　　　许直臣

总　　务　李成功

　　　　　谭　钊

党　　务　杨耀焜

　　　　　喻　业

财　　政　曾长福

　　　　　许石贵

调　　查　萧全棣

　　　　　温崇礼

交　　际　李　流

　　　　　陈　阁

春洋丸分部

部　　长　梁日青　三年十月二十二日给委

　　　　　罗锦星　四年六月十日给委

烈港支部

部　　长　黄甲元　三年十月二十八日给委

庇能支部

部　　长　陈新政　三年十月二十八日给委

巴城支部

部　　长　沈选青　三年十月二十八日给委

　　　　　林温良　三年十月二十八日给委

　　　　　温君文　四年四月二日给委

总　　务　吴公辅　四年七月二十二日给委

	沈树良	四年七月二十二日给委
党　务	陈相鹏	四年七月二十二日给委
	锺少文	四年七月二十二日给委
财　务	锺秀珊	四年七月二十二日给委
	黎倬云	四年七月二十二日给委
调　查	李逊三	四年七月二十二日给委
	饶弼臣	四年七月二十二日给委
交　际	锺公任	四年七月二十二日给委
	饶镜彬	四年七月二十二日给委

飞立宾支部

部　长	郑汉淇	三年十一月十日给委
	王忠诚	三年十一月十日给委
	戴金华	四年十月十一日给委
	陈贵成	四年十月十一日给委
总　务	黄开物	四年十月十六日给委
党　务	吴宗明	四年十月十六日给委
财　务	叶扳桂	四年十月十六日给委
交　际	黄三记	四年十月十六日给委
调　查	黄家声	四年十月十六日给委
总　务	孙清标	四年十一月二十四日给委
党　务	林籁余	四年十一月二十四日给委
财　务	李秉传	四年十一月二十四日给委
	林维祥	四年十一月二十四日给委
交　际	林金柳	四年十一月二十四日给委

高丽丸分部

部　长	宋瑞珊	三年十一月二十日给委

　　　　　黄碧珊　　三年十一月二十日给委

天祥丸分部

　　部　长　陈槐卿　　三年十一月二十日给委

　　　　　唐正隆　　四年八月二日给委

　　　　　李竹田　　四年九月二十五日给委

吉礁支部

　　部　长　傅荣华　　三年十一月二十八日给委

　　　　　李启明　　三年十一月二十八日给委

　名誉部长　林天奇　　四年一月二十二日给委

　　　　　李友朋　　四年一月二十二日给委

　　总　务　林偶然　　四年七月二十三日给委

　　党　务　蔡怀安　　四年七月二十三日给委

　　　　　李茂海　　四年七月二十三日给委

　　财　务　林有祥　　四年七月二十三日给委

　　　　　徐群芳　　四年七月二十三日给委

　　调　查　陈英担　　四年七月二十三日给委

　　交　际　李引口　　四年七月二十三日给委

　　　　　颜金叶　　四年七月二十三日给委

宿雾支部

　　部　长　叶独醒　　三年十一月二十八日给委

　　　　　伍尚铨　　三年十一月二十八日给委

　　总　务　谢汉兴　　四年七月二十二日给委

　　党　务　傅子政　　四年七月二十二日给委

　　财　务　陈伯豪　　四年七月二十二日给委

　　交　际　刘谦祥　　四年七月二十二日给委

　　调　查　薛家弼　　四年七月二十二日给委

林伸寿　四年七月二十二日给委

宿务支部

部　　长　陈伯豪　五年正月廿日给委

叶独醒　五年正月廿日给委

总　　务　伍尚铭　五年正月廿日给委

庄应宜　五年正月廿日给委

党　　务　张文财　五年正月廿日给委

萧剑云　五年正月廿日给委

交　　际　刘谦祥　五年正月廿日给委

郑丹老　五年正月廿日给委

调　　查　甄英羡　五年正月廿日给委

林伸寿　五年正月廿日给委

财　　务　江维三　五年正月廿日给委

伍卓庭　五年正月廿日给委

巨港支部

部　　长　谢谦谐　三年十二月五日给委

潘珠安　三年十二月五日给委

总　　务　林连称　四年七月二十二日给委

党　　务　郑大奇　四年七月二十二日给委

财　　务　许清滚　四年七月二十二日给委

总　　务　李成其　四年九月二日给委

蒲星若　四年九月二日给委

党　　务　林连称　四年九月二日给委

陈责吾　四年九月二日给委

财　　务　许清滚　四年九月二日给委

许和元　四年九月二日给委

　调　查　丘苑庵　四年九月二日给委

　　　　　杨春畴　四年九月二日给委

　交　际　许得水　四年九月二日给委

　　　　　徐壮立

西伯利亚船分部

　部　长　卢伯筠

地洋丸分部

　部　长　黄　林　三年十二月六日给委

　　　　　麦睿珊　四年六月十日给委

蒙古船分部

　部　长　罗光汉　三年十二月六日给委

支那船分部

　部　长　蔡文修　三年十二月六日给委

满洲船分部

　部　长　戴焯文　三年十二月六日给委

　　　　　赵植芝　四年三月十五日给委

日里支部

　部　长　梁　愚　三年十二月六日给委

　　　　　陈乙民　三年十二月六日给委

仰光支部

　部　长　何荫三　四年一月十日给委

　　　　　曹伯忠　四年四月十三日给委

　总　务　饶潜川　四年七月二十三给委

　　　　　李引随　四年七月二十三给委

　党　务　郑士铨　四年七月二十三给委

　　　　　池吉尹　四年七月二十三给委

财　务	黄德源	四年七月二十三给委
	彭炳森	四年七月二十三给委
调　查	蓝　磊	四年七月二十三给委
	杜督夷	四年七月二十三给委
交　际	曹华碧	四年七月二十三给委
	朱立初	四年七月二十三给委

麻六甲支部

部　长	沈鸿柏	四年一月十三给委
	龙道舜	四年一月十三给委
调　查	陈炳坤	四年九月二十六日给委
	程文岳	四年九月二十六日给委
总　务	刘汉香	四年九月二十六日给委
	蔡石泉	四年九月二十六日给委
党　务	郑炳南	四年九月二十六日给委
	邱仰峰	四年九月二十六日给委
财　务	张　庆	四年九月二十六日给委
	杨　焜	四年九月二十六日给委
	姚金溪	四年九月二十六日给委
	何　纲	四年九月二十六日给委
党　务	程文岳	四年十一月五日给委
	吴六奇	四年十一月五日给委
调　查	郑美金	四年十一月五日给委
交　际	姚金溪	四年十一月五日给委
	何　纲	四年十一月五日给委

麻楮巴辖分部

部　长	甄寿南	四年一月二十二日给委

　　　　　　　　雷绵超　四年一月二十二日给委
美州〔洲〕支部
　　部　长　林　森　四年二月二日给委
　　　　　　冯自由　四年二月二日给委
神户大坂支部
　　部　长　王敬祥　四年二月十一日给委
怡朗埠支部
　　部　长　陈民钟　四年四月二日给委
　　　　　　余以和　同
　　总　务　关国昶　四年七月十九日给委
　　　　　　余陶民　同
　　党　务　谢耀公　同
　　　　　　吴庆余　同
　　交　际　关国赓　同
　　　　　　黄汉兴　同
　　调　查　余治中　同
　　　　　　关国深　同

暹罗支部
　　部　长　萧佛成　四年四月七日给委
利物浦支部
　　部　长　陆孟飞　四年四月十三给委
　　　　　　骆　谭　同
苏禄支部
　　部　长　张成谟　四年五月五号给委
　　　　　　江琼波　同
　　总务主任　谭攻阻　同

陈　毅　四年八月二十四给委

财　务　吕绍登　同

调　查　戴谷辉　五年正月十二日给委

朱　佳　同

交　际　林怡孙　同

财　务　江沃华　四年十一月一日给委

云南缅甸分部

部　长　寸海亭　四年五月五号给委

勃生分部

部　长　李庆标　四年六月八号给委

瓦城分部

部　长　陈泰高　四年六月八号给委

琼州分部

部　长　陈侠农　四年六月十日给委

吴　伯　同

总　务　陈岛沧　四年十月十六日给委

党　务　陈得平　同

财　务　龙唐阶　同

交　际　吴公侠　同

调　查　符公民　同

星加坡分部

部　长　卢耀堂　四年六月十九日给委

何德如　同

财政主任　梁允祺　同

部　长　何瑞廷　四年八月三日给委

总　务　李霞举　同

党　务　何德如　同
财　务　梁允祺　同
调　查　胡廷川　同
交　际　何德基　同

满堤高船分部
部　长　陈炳生　四年八月二日给委

山口羊支部
部　长　林龙祥　四年八月三日给委
　　　　邓铿堂　同
总务主任　邓克辛　同
　　　　廖耀轩　同
党　务　吴小枚　同
　　　　沈炳煌　同
财　务　龚桂林　同
　　　　谢广源　同
　　　　李公杰　同
　　　　黄能昌　同
交　际　林西黎　同
　　　　邓剑南　同
总　务　廖耀轩　五年三月廿六日给委
　　　　蔡祝军　同
党　务　陈宴棠　同
调　查　黄德祥　同

泗水支部
部　长　陈铁伍　四年八月三日给委
　　　　陈瑞昌　同

总 务	赖文齐	同
	黄北明	同
党 务	谭焊耀	同
	张恩汉	同
调 查	梁 其	同
	李紫宸	同
财 务	冯锦堂	同
	刘福江	同
	古仰周	四年八月十五改委
	莫 炯	同
总 务	杨灼如	同
党 务	陈铁伍	同
交 际	叶新元	同
调 查	谭焊耀	同
部 长	古宗尧	同
	黄谷如	同

纽丝伦支部

| 部 长 | 黄国民 | 四年八月十九给委 |

孖礼位分部

| 部 长 | 苏 坤 | 四年八月二十四给委 |

玛珑分部

| 部 长 | 赵 超 | 四年九月二日给委 |

勃卧分部

| 部 长 | 周希尧 | 四年九月二日给委 |

沙胜越分部

| 部 长 | 萧春生 | 四年九月二日给委 |

　　　　　　　李鸿标　　同

石龙门分部

　　　部　长　何权甫　四年九月二日给委

巴双支部

　　　部　长　吴若采　四年九月二十六日给委

　　　总　务　郑受炳　同

　　　党　务　陈　聪　同

　　　财　务　谭　进　同

　　　副部长　陈明春　五年四月十三日给委

　　　副总务　陈荣气　同

　　　副党务　邝景云　同

　　　副财务　符建章　同

　　　调　查　曾飞云　同

　　　　　　　王士才　同

　　　交　际　温黉生　同

　　　　　　　陈北平　同

吉生船分部

　　　部　长　周柏祥　四年九月二十六日给委

　　　　　　　吴　芳　同

雪兰峨支部

　　　部　长　陈占梅　四年九月二十六给委

　　　　　　　彭泽文　同

　　　财　务　张志升　同

　　　　　　　廖　全　五年正月十二日给委

　　　总　务　林希逸　同

　　　　　　　何森池　同

党　务　冯燮公　同
　　　　梁　如　同
调　查　彭星海　同
　　　　符树秀　同
交　际　罗寿三　同
　　　　黄爱群　同

槟榔屿支部
部　长　林世安　四年九月二十六日给委
总　务　廖桂生　同
党　务　王镜波　同
财　务　熊玉珊　同
　　　　朱伯卿　同
部　长　张援民　五年四月十三日给委
副部长　关　铭　同
副总务　高振汉　同
副党务　贺向宾　同
调　查　李英才　同
副调查　伍警常　同
交　际　冯中行　同
副交际　林伟夫　同

笠庇坦分部
部　长　李雁行　四年九月二十六日给委

驾芽鄢分部
财　务　张侯春　四年十月六日给委
　　　　林忠华　同
部　长　吴世桢　五年二月三日给委

　　　　　关晓初　同
　　财　务　吴进安　同
横滨支部
　　部　长　黄绰民　四年十月六日给委
　　　　　陈自觉　同
　　总　务　陈荷荪　四年十一月一日给委
　　财　务　陈泽景　同
　　交　际　杨少佳　同
　　调　查　成　均　同
　　　　　刘季谋　同
　　党　务　胡铁生　四年十二月十七给委
衣士顿船分部
　　部　长　黄　益　四年十月二十五给委
海防支部
　　部　长　梁丽生　四年十一月一日给委
　　　　　杜子齐　同
　　总　务　邓直愚　五年正月十二日给委
　　　　　黄卓知　同
　　党　务　梁复光　同
　　　　　李　瀚　同
　　财　务　黄志愚　同
　　　　　梁耀池　同
　　调　查　彭吉平　同
　　　　　潘　南　同
　　交　际　守　义　同
　　　　　陈觉梦　同

印度支部

　　　部　　长　汉雨翘　四年十一月一日给委

　　　　　　　　熊明兴　同

　　　总　　务　朱　明　同

　　　　　　　　王梯云　同

　　　党　　务　欧岳舟　同

　　　　　　　　黄应辉　同

　　　财　　务　欧卓兰　同

　　　　　　　　李汉修　同

港澳支部

　　　部　　长　叶夏声　四年十一月一日给委

　　　　　　　　李海云　同

　　　总　　务　陈永惠　四年十二月七日给委

　　　　　　　　陆任宇　同

　　　党　　务　陆觉生　同

　　　　　　　　邓仕学　同

　　　财　　务　陈耀平　同

　　　调　　查　李宝祥　同

甲必地分部

　　　部　　长　梁泽生　四年十一月一日给委

　　　　　　　　胡惟济　同

　　　总　　务　蔡庆平　同

　　　党　　务　余　才　同

　　　财　　务　余　京　同

　　　调　　查　李　福　同

　　　交　　际　高　福　同

怡保支部

部　　长	郑螺生	四年十一月一日给委
	李源水	同
党　　务	李孝章	同
财　　务	冯业生	同
	符东海	五年正月廿日给委
副部长	杨炳辉	同
总　　务	李南生	同
	区信英	同
党　　副	朱进德	同
调　　查	吴公奋	同
	吴琰生	同
交　　际	林志光	同
	胡　华	同

太平支部

部　　长	梁省躬	四年十一月一日给委
	唐藻华	同
总　　务	雷宜礼	同
党　　务	陆元陛	同
财　　务	何鉴源	同

闽南支部

部　　长	叶青眼	四年十一月一日给委
总　　务	邱廑竞	同
	黄　冈	同
党　　务	许春草	同
	黄瑞伯	同

财　务　陈金芳　同

施仁德　同

书记长　傅振箕　五年正月十五日给委

调　查　黄廷元　五年二月廿六日给委

东婆罗支部

部　长　洪国耀　四年十一月五日给委

洪兆创　同

总　务　李光坤　五年正月十九日给委

吴南宫　同

党　务　郭兰圃　同

俞继进　同

财　务　洪有源　同

翁志山　同

调　查　陈红治　同

周振华　同

交　际　黄世诚　同

杨四兴　同

吡叻朱毛分部

部　长　欧雨初　四年十一月十五给委

陈克萨　同

总　务　霍　荫　同

党　务　招　爽　同

财　务　林　滔　同

调　查　梁　滗　同

交　际　林　维　同

南海漳分部

　　部　　长　　潘云村　　四年十一月十五给委

　　财　　务　　伍丽臣　　同

摩洛棉分部

　　部　　长　　黄汉章　　四年十一月十五给委

彭亨文冬支部

　　部　　长　　伍发文　　四年十二月十三日给委

　　总　　务　　覃体仁　　同

　　党　　务　　熊伯言　　同

　　财　　务　　严瑞轩　　同

班让分部

　　部　　长　　余文学　　四年十二月十三日给委

福生船分部

　　部　　长　　郑成忠　　四年十二月十六给委

　　　　　　　　余启康　　同

　吧哇分部

　　部　　长　　林玉郎　　四年十二月十七日给委

　　　　　　　　谢福郎　　同

　　总　　务　　侯顺兴　　同

　　党　　务　　邓来发　　同

　　财　　务　　刘贵友　　同

纳卯支部

　　部　　长　　洪铨禄　　四年十二月廿六日给委

　　　　　　　　李　练　　同

　　总　　务　　林美回　　同

　　党　　务　　邝子修　　同

　　财　　务　　李赍明　　同

调　查　苏　广　同

江西德化分部

　　部　长　罗立民　四年十二月二十给委

江西彭泽分部

　　部　长　周济时　四年十二月二十给委

江西湖口分部

　　部　长　蔡任民　四年十二月二十给委

江西瑞昌分部

　　部　长　李觉民　四年十二月二十日给委

江西德安分部

　　部　长　夏拯民　四年十二月二十给委

江西龙南分部

　　部　长　赖其辉　四年十一月二十四给委

广东钦廉分部

　　部　长　彭吉平　四年十一月四日给委

江西大庾分部

　　部　长　刘祖向　四年十一月廿四日给委

江西南康分部

　　部　长　郭伯棠　四年十一月廿四给委

江西崇义分部

　　部　长　赖家骈　四年十一月廿四日给委

江西信丰分部

　　部　长　赖多三　四年十一月二十四给委

江西定南分部

　　部　长　叶含芬　四年十一月二十四给委

江西雩都分部

　部　长　邱汇宗　四年十一月二十四给委

江西宁都分部

　部　长　曾　辕　四年十一月二十四给委

江西长宁分部

　部　长　黄炳麟　四年十一月二十四给委

江西会昌分部

　部　长　曾维翰　四年十一月二十四给委

江西安远分部

　部　长　叶彬章　四年十一月二十四给委

湖北支部

　部　长　田　桐　三年十月七日给委

云南支部

　部　长　杨益谦　三年十月七日给委

　　　　　周知礼　四年二月十一日给委

江西支部

　部　长　徐苏中　三年十月七日给委

　总　务　黄　觉　四年十一月二十四给委

　党　务　王有蓉　同

　调　查　张四维　同

　书记长　徐　鉴　同

　会　计　谢式南　五年正月十五日给委

江苏支部

　部　　长　吴藻华　三年十月十二日给委

　总务科长　茅祖权　四年二月十九日给委

　参　议　张锦堂　同

　　　　　施承谟　同

　　党务科长　张　维　同

河南支部

　　部　长　凌　越　三年十月十二日给委

安徽支部

　　部　长　张汇滔　三年十月十二日给委

　　　　　　谭惟洋　四年五月五日给委

陕西支部

　　部　长　宋元恺　三年十月十二日给委

浙江支部

　　部　长　戴天仇　三年十月二十二日给委，三年十一月

　　　　　　　　　　十九改署理马持任，更名传贤

广西支部

　　部　长　苏无涯　三年十一月二日给委

山西支部

　　部　长　阎崇义　三年十一月十九给委

湖南支部

　　部　长　覃　振　四年一月十三日给委

　　参　议　陈家鼐　四年十二月廿六日给委

　　　　　　荆嗣佑　同

　　　　　　李　焕　同

　　　　　　万黄裳　同

　　总　务　罗　迈　同

　　党　务　林祖涵　同

　　会　计　熊兆孟　同

　　调　查　唐　健　同

　　书　记　易　象　同

甘肃支部

　　部　长　张宗海　三年十二月十七给委

　　党　务　师尚谦　五年二月十一日给委

　　会　计　张永修　同

广东支部

　　部　长　何天炯　三年十二月十七给委

　　总　务　连声海　四年十二月十七给委

　　党　务　朱相州　同

　　调　查　黎　光　同

　　会　计　梅　径　同

　　书　记　苏理平　同

　　参　议　区汉奇　同

　　　　　　谢永年　同

　　　　　　朱　道　同

山东支部

　　部　长　刘　光　四年一月五号给委

东三省支部

　　部　长　　　　　刘大同　四年一月十日给委

　　吉林党务联络委员　史明民　五年三月十八日给委

贵州支部

　　部　长　凌　霄　四年一月二十二日给委

福建支部

　　部　长　黄展云　四年二月八日给委

四川支部

　　部　长　　　　　龙　光　四年四月二十九给委

　　参议兼总务　　　赵铁樵　四年十一月二日给委

党　务　　　　　夏名儒　同
会　计　　　　　吴　山　同
调　查　　　　　刘　庸　同
书记长　　　　　卢师譔　同
参议兼驻沪联络委员　曹　笃　五年正月十二日给委
　　　　　　　　　游盛庠　同

广东琼分部
　部　长　郑振春　四年九月二日给委

安徽颍州分部
　部　长　王善继　四年九月二日给委

嘉丽支部
　部　长　杨诚恺　五年正月十二日给委
　总　务　张昌鲁　同
　　　　　庄硕三　同
　党　务　李少璋　同
　　　　　吕素怀　同
　财　务　卓慈生　同
　调　查　吕毓童　同
　　　　　张西溪　同
　交　际　廖衍甫　同
　　　　　黄长庚　同

依里岸分部
　部　长　杨佳礼　五年正月十五日给委
　　　　　邝　满　同
　总　务　张土有　同
　党　务　谭　平　同

　　　财　　务　李国炳　同

　　　交　　际　何敬听　同

西都文罗分部

　　　部　　长　吴菜瓜　五年正月十五日给委

　　　财　　务　温宗发　五年正月二十五给委

　　　副部长　温山炎　五年四月廿四日给委

　　　总　　务　杨德麟　同

　　　党　　务　黄接桂　同

　　　调　　查　郑清渊　同

　　　交　　际　郭瑞庆　同

福建泉州分部

　　　部　　长　王泉笙　五年正月十五日给委

福建同安分部

　　　部　　长　陈延香　五年正月十五日给委

南生船分部

　　　部　　长　麦源就　五年正月十八日给委

　　　　　　　黄瑞生　同

江西武宁分部

　　　部　　长　黄　辉　五年正月十九日给委

江西清江分部

　　　部　　长　曾宗鲁　五年正月十九日给委

三宝垄支部

　　　部　　长　郑绍本　五年正月十九日给委

　　　　　　　李　澍　同

　　　总　　务　廖燮南　同

　　　党　　务　张世宗　同

　　　　　郑三阳

　　财　务　黄贞诵　同

　　调　查　谭子巨　同

　　交　际　陈德洲　同

江西新昌县分部

　　部　长　漆瞻琪　五年正月廿日给委

江西萍乡县分部

　　部　长　彭汝颜　五年正月二十日给委

万里望分部

　　部　长　杨大汉　五年正月廿日给委

　　总　务　冯天然　同

　　党　务　伍秉汉　同

　　财　务　黄国公　同

　　调　查　伍乾三　同

　　交　际　张益友　同

霹雳安顺分部

　　部　长　黄少行　五年正月廿日给委

　　　　　邓子贤　同

　　总　务　施炳华　同

　　党　务　林松友　同

　　财　务　吴合胜　同

　　调　查　简乾仰　同

　　交　际　吴　进　同

实兆远分部

　　部　长　林初来　五年正月廿日给委

　　总　务　柯教海　同

党　务　陈良知　同

财　务　陈克朗　同

调　查　王晏来　同

交　际　林持纲　同

吡叻布先分部

部　长　吕　生　五年正月廿日给委

罗达廷　同

总　务　蔡缉熙　同

党　务　曹品崐　同

财　务　叶　义　同

调　查　张伟勋　同

交　际　梁　生　同

文都鲁苏分部

部　长　郭绍珍　五年正月廿五日给委

加里昔分部

部　长　卢桂华　五年正月廿五日给委

伍麟祥　五年四月廿四日给委

党　务　卢己明　同

财　务　卢天祥　同

金宝分部

部　长　黄心持　五年正月廿五日给委

郑茂生　同

总　务　高一峰　同

党　务　沈铁成　同

财　务　黄瑞麟　同

调　查　邓惠田　同

　　交　际　黄如筠　同

江西上高县分部

　　部　长　罗　震　五年二月三日给委

仙葛洛分部

　　部　长　杨谋强　五年二月十一日给委

江西永丰县分部

　　部　长　廖霅尘　五年二月十一日给委

巴生港口分部

　　部　长　黄承祖　五年二月十一日给委

　　　　　陈德熹　同

　　总　务　陈序洲　同

　　党　务　严福纪　同

　　财　务　周孙维　同

　　调　查　王瑞庭　同

　　交　际　林梅端　同

三宝雁分部

　　部　长　关焯堂　五年二月十三日给委

　　　　　黄保之　同

　　党　务　曾干楠　同

　　财　务　曾杏初　同

　　总　务　庄廷芳　五年四月廿四日给委

　　调　查　胡　珍　同

　　交　际　黄允材　同

大完肚分部

　　部　长　陈永德　五年二月十三日给委

　　　　　钟金昌　同

总　　务　李善明　同

党　　务　温呈祥　同

财　　务　黄石松　同

调　　查　赖纯卿　同

交　　际　刘凤生　同

高砥分部

　　部　　长　丘炯堂　五年二月十八日给委

生瓦分部

　　部　　长　岑菊邻　五年二月十八日给委

雷兰峨琼州分部

　　部　　长　陈家凤　五年二月十八日给委

　　　　　　陈振銮　同

　　总　　务　陈养民　同

　　党　　务　王　裔　同

　　财　　务　符树秀　同

　　调　　查　陈世德　同

　　交　　际　陈治大　同

星加坡琼州分部

　　部　　长　符养华　五年二月十八日给委

　　　　　　张　刚　同

　　总　　务　符尚志　同

　　党　　务　洪世丙　同

　　财　　务　陈绍平　同

　　调　　查　王华庭　同

　　交　　际　陈继平　同

大山脚分部

　　部　　长　　朱步云　　五年二日十八日给委

　　　　　　　　李发斌　　同

　　总　　务　　何以兴　　同

　　党　　务　　卢炳勋　　同

　　财　　务　　王如进　　同

　　调　　查　　何旺龙　　同

　　交　　际　　甄炜吉　　同

双溪大　分部

　　部　　长　　杜文福　　五年二月十八日给委

　　　　　　　　林文鸿　　同

　　总　　务　　陈瑞云　　同

　　党　　务　　陈大深　　同

　　财　　务　　梁文钦　　同

　　调　　查　　冯观霖　　同

　　交　　际　　卢启彬　　同

浮芦山背分部

　　部　　长　　徐德祐　　五年二月十八日给委

　　　　　　　　陈　俄　　同

　　总　　务　　张振南　　同

　　党　　务　　罗金开　　同

　　财　　务　　罗　满　　同

　　调　　查　　黄启光　　同

　　交　　际　　欧阳志夷同

仁丹分部

　　部　　长　　麦燮堂　　五年二月十八日给委

　　　　　　　　邹义同　　同

　总　务　林政良　同

　党　务　崔改非　同

　财　务　林天相　同

　调　查　温玉铿　同

　交　际　郑达棠　同

天洋丸分部

　部　长　陈槐卿　五年三月八日给委

孟加映分部

　部　长　古锦祥　五年三月八日给委

　　　　杨桂廷　同

　总　务　蔡德三　同

　党　务　张莲生　同

　财　务　陈乙秀　同

　交　际　杨南仁　同

　调　查　黄添喜　同

江西修水县分部

　部　长　吴炅　五年三月十四日给委

江西铜鼓县分部

　部　长　袁　五年三月十四日给委

江西宜黄县分部

　部　长　尹辅汤　五年三月十四日给委

江西建昌县分部

　部　长　萧文楼　五年三月十四日给委

广东肇庆分部

　部　长　朱相州　五年三月十四日给委

　　　　伍洪培　同

广东四邑两阳分部

　　　部　长　黎　光　五年三月十四日给委

　　　　　　　唐熙年　同

都弯分部

　　　部　长　黄俊仪　五年三月十六日给委

　　　　　　　郭立业　同

　　　党　务　周玉成　同

　　　财　务　林瑞安　同

罅辖分部

　　　部　长　王星泉　五年三月十八日给委

　　　　　　　林　有　同

　　　总　务　彭维纲　同

　　　党　务　林英石　同

　　　财　务　梁栋英　同

　　　调　查　唐　贵　同

　　　交　际　胡　佐　同

华都呀吔分部

　　　部　长　祁　寿　五年三月十八日给委

　　　　　　　何大生　同

　　　总　务　黄佐廷　同

　　　党　务　罗伯炯　同

　　　财　务　李普恩　同

　　　调　查　梁逢生　同

　　　交　际　黄云清　同

打扣分部

　　　部　长　何钟汉　五年三月十八日给委

　　　　总　　务　　区景才　同

　　　　党　　务　　曾宪纯　同

　　　　财　　务　　冯泽泉　同

　　　　调　　查　　钟景邦　同

　　　　交　　际　　古宗邦　同

　　端洛分部

　　　　部　　长　　陈炳秋　五年三月十八日给委

　　　　总　　务　　廖景唐　同

　　　　党　　务　　温锦池　同

　　　　财　　务　　林三和　同

　　　　调　　查　　林扬武　同

　　　　交　　际　　冯　祺　同

　　亚巴里分部

　　　　部　　长　　曾志高　五年三月十二日给委

　　仰光支部

　　　　部　　长　　曾允明　五年三月二十日给委

　　　　　　　　　　黄德源　同

　　　　总　　务　　杨昭雅　同

　　　　　　　　　　黄任戌　同

　　　　党　　务　　陈琴舫　同

　　　　　　　　　　曾金坛　同

　　　　财　　务　　林经国　同

　　　　　　　　　　彭炳森　同

　　　　调　　查　　蓝　磊　同

　　　　　　　　　　曾清早　同

　　　　交　　际　　陈甘敏　同

朱立初　同

芙蓉琼州分部

　　部　　长　陈序机　五年三月廿六日给委

　　　　　　　符兰亭　同

　　总　　务　陈敬初　同

　　党　　务　蔡　辉　同

　　财　　务　吴昌贤　同

　　调　　查　陈玉山　同

　　交　　际　梁善卿　同

南菲洲支部

　　部　　长　陈沛南　五年四月十三日给委

　　　　　　　朱印山　同

通扣分部

　　部　　长　郭少慈　五年四月十三日给委

　　　　　　　郭心田　同

　　总　　务　黄　先　同

　　党　　务　陈汉文　同

　　财　　务　杨建来　同

　　调　　查　李朗溪　同

　　交　　际　陆伯泉　同

坤甸支部

　　部　　长　林梅六　五年四月十三日给委

　　　　　　　林文安　同

　　总　　务　林宝田　同

　　　　　　　黄强斋　同

　　党　　务　赖炳文　同

```
财　务　黄炎裔　同
　　　　黎洪汉　同
调　查　丘祝汉　同
　　　　谢源兴　同
交　际　陈贞吉　同
　　　　江英华　同
江西万安县分部
　　部　长　曾振五　五年四月十三日给委
亚细亚皇后船分部
　　部　长　陈　荣　五年四月十三日给委
仁物埠分部
　　部　长　伍麟祥　五年四月廿四日给委
　　　　　黎玉成　同
党　务　杨明扬　同
财　务　饶秋元　同
```

据《国父全集》第四册(转录史委会藏《中华
革命党总务部机要处职员姓名录》原件)

中华革命党特务职员姓名录[*]

（一九一四至一九一六年）

地　点	职　务	姓　名	给委年月日
飞立宾	联络委员	伍平一	三年十月七日

---

[*]　此件纪年系中华民国纪年。下同。

地　点	职　务	姓　名	给委年月日
同	同	冯百罹	四年六月十七日
同	同	李思辕	同
同	同	张本汉	同
同	同	陈天扶	同
同	同	黄燮恭	同
同	同	甄　祐	同
同	筹饷特派员	宋　振	四年九月二十三日
同	同	胡汉民	同
同	同	杨庶堪	同
汉　口	联络委员	岑　楼	三年十月十二日
同	交通委员	李祖诒	四年二月二十一日
海上各船舶	交际委员	林　来	三年十月二十二日
同	同	苏无涯	四年四月二十六日
同	同	严华生	同
新加坡	联络委员	梁允煊	三年十月二十八日
同	同	陈孔忠	同
同	同	吴炽寰	同
新加坡	联络委员	郑少芝	三年十月二十八日
同	同	李霞举	同
同	同	何德如	同
同	同	卢耀堂	同
同	同	邓子瑜	同
同	同	梁允祺	三年十二月十日
同	同	刘福田	同

地　点	职　务	姓　名	给委年月日
同	同	简英甫	四年三月一日
同	同	郭剑存	四年六月十日
同	同	许逸夫	
同	同	徐洞云	
同	同	李天如	
巴　城	联络委员	弓长杰	三年十一月三日
仰　光	联络委员	陈廷楷	四年一月五日
南洋各埠	特务委员	许崇智	四年三月三日
同	同	何天炯	同
同	同	叶夏声	同
同	筹办福建军债特派员	许崇智	四年六月八日
同	同	宋　振	同
同	同	黄展云	同
南洋各埠	联络委员	张民达	四年八月三日
加拿大	同	夏重民	四年四月二十六日
南洋荷属	同	金一清	四年四月二十九日
福建兴化	同	余寄舫	四年六月二十日
长　崎	同	彭养光	四年七月十七日
檀香山	同	吴铁城	四年八月十日
亚　庇	同	李运玉	四年九月二日
柔佛六条	同	李贞廷	四年九月二日
琼　侨	同	吴　伯	四年十月十六日
广州湾	同	周子贞	四年十月二十一日

地　点	职　务	姓　名	给委年月日
诗　鹅	同	陈电洲	四年十一月一日
沙�朥越	同	李　汉	四年十一月一日
香港	海上交通员	赵植芝	四年十一月一日
南洋航路	联络委员	谢炳坤	四年十二月十六日
西都文罗	特别团体联络委员	温山炎	五年二月十八日
同	同	杨德麟	同
南洋澳洲	特派委员	冯自由	五年二月二十二日
大　连	交通委员	傅笠渔	五年三月十六日

据《国父全集》第四册（转录史委会藏《中华革命党总务部机要处职员姓名录》原件）

委任中华革命军人员姓名录

（一九一五至一九一六年）

邓　铿　委任为广东革命军司令长官

刘　崛　委任为广西革命军司令长官

高建瓴　委任为湖北革命军荆沙司令官，十一月八号亲手领去

安　健　委任为贵州司令长官

张汇滔　委为江北皖北司令长官

吴藻华　委为江南司令长官

王善继　河南军事联络员

白耀辰　关外军事联络员

梁宗汉　　委为湖北宜昌司令官,已交

李　其　　为广东游击队司令

卢师谌　　委任为四川司令长官,正月十六号

蔡济民　　委任为湖北司令长官

夏尔玙　　委任为浙江革命军司令长官,四年①正月卅一号领
　　　　　去。当具服务状一纸

江炳灵　　湖北革命军司令长官部副官长,二月五日委

吴醒汉　　湖北革命军司令长官部参谋长,二月五日委

郑炳垣　　浙江革命军第一旅旅长,五号委

金维系　　浙江革命军严州司令长官,五号委

邵元冲　　浙江革命军绍兴司令官,五号委

程　壮　　江北革命军通州司令官,三号委

哈在田　　江北革命军徐州司令官,三号委

丁明钦　　江北革命军海州司令官,三号委

臧在新　　江北革命军淮上司令官

庞三杰　　鲁豫淮游击司令官

盛碧潭　　宁波革命军司令官

周应时　　兼充江苏革命军司令长官

吴藻华　　江苏革命军司令长官部参谋长

丁士杰　　江苏革命军司令长官副官长

俞　奋　　南京革命军司令官

陈　剧　　镇江革命军司令官

吴江左　　苏州革命军司令官

吴正卿　　苏州革命军司令部参谋长

---

① 文内纪年系中华民国纪年,下同。

孙宗孺　苏州革命军司令部副官长

陈雄洲　江苏革命军第二师师长

张建勋　江宁革命军第一旅旅长

刘　泽　江宁革命军第二旅旅长

华盛文　南京军事特派员

丁联英　太湖军事联络员

王程远　苏州革命军警察厅长

伏　龙　南京革命军司令部参谋长

蒯　辅　南京革命军司令部副官长

文鼎仙　南京军械局正局长

李　郊　南京军械局副局长。

刘　斌　通州革命军司令部参谋长

童勤培　通州革命军司令部副官长

祁耿寰　关外革命军司令长官

余良材　武汉军事联络员
　　　　上海法界宝昌路宝康里六十一号
　　　　法界华盛顿里八十一号　姜寓

邹云彪　福建革命军汀龙司令官

沈国英　福建革命军泉州司令官

江　涛　福建革命军兴化司令官

吴俊杰　福建革命军第壹师第一团团长

徐镜清　福建革命军第二师师长兼延建邵司令部

沈汉秋　福建革命军第一师骑兵营营长

黄国华　福州革命军司令官

林德轩　湖南革命军司令长官

谭　根　航空队司令长官。

许崇智　南洋特派员

夏之麒① 　江西司令长官,四年十一月初在沪被刺

曾　杰　河南司令长官

熊炳坤　湖北第二区司令官

王华国　湖北第五区司令官

刘　英　湖北第三区司令官

赵鹏飞　湖北第一区司令官

曾尚武　湖北第四区司令官

明星辰　委任为云南军事联络员

席正铭　贵州司令长官部参谋长

朱卓文　中华革命军广东全权筹备委员

杨　虎　海军联络员

杨圭瓒　中华革命军湖南司令长官部驻沪联络正委员（七月九号委）

廖家骥　中华革命军湖南司令长官部驻沪联络副委员（七月九号委）

黄庆喜　关外游击司令部卫队长（七月十号委）

徐炳炎　关外军事筹备委员（七月十号委）

宁　武　关外军事筹备委员（七月十号委）

柴子安　关外游击司令部先锋队长（七月十号委）

黄廷剑　关外游击司令官（七月十号委）

尹　钧　关外军事联络委员（七月十号委）

聂　豫　湖北第一区司令部参谋长

---

① 　原件为夏之麟,《国父全集》据一九一五年四月委夏之麒为江西司令长官的记载,校改为夏之麒。

黄　石　湖北第一区司令部副官长

熊　持　湖北第二区司令部参谋长

田　牺　湖北第三区司令部副官长

谢超武　湖北第三区司令部参谋长，已辞职

陈人杰　湖北第三区司令部副官长

吴继玠　湖北第四区司令部参谋长

冉　鑫　湖北第四区司令部副官长。（曹东侠被捕以冉鑫改任）

王守愚　湖北司令长官部参谋，已升为第三区参谋长

阮　复　湖北司令长官副官

李祖贻　湖北第二区司令部参谋

马祖谟　湖北第二区司令部副官

张鹏程　湖北第三区司令部参谋

刘　洁　湖北第三区司令部副官

索飞龙　湖北第四区司令部副官

梁耀斌
朱旭东　为湖北第三区司令部参谋

　　　　均由部委，十一月五日发

廖　藻　为湖北第三区司令部副官

王守愚　湖北第三区参谋长

　　　　山东方面新委人员

吴大洲　山东司令长官

庄文学　曹州司令

赵中玉　胶东司令

戚云龙　登州司令

张健斋　胶州司令

刘毓斗　衮州司令

陈冠五　武定司令

王献芝　德州司令

张香坡　青州司令

尤操范　岱南招抚使

邓天乙　胶东招抚使

薄子明　岱南司令

　　　　江苏方面新委人员

李佩莲　徐海游击队司令官

庞子舟　丰沛砀游击队司令官

钱　通　安徽军事联络委员，八月廿一委

李　武　湖南司令长官部军事联络委员

刘国佐　四川川北区司令官，十月廿八日委

韩　傧　四川下川南区司令官，十月廿八日委

赖天球　南赣游击司令，十月廿八日委

　　　　（已改委韶赣游击司令）

石蕴光　四川川东区司令官，十月廿八日委

　　印　　数

发湖北司令长官印一颗，七月一号发

发江苏司令长官印一颗，七月五号发

发江西司令长官印一颗，八月卅一号

发广东司令长官印一颗，八月卅一号

发浙江司令长官印一颗，七月十八日

发湖南司令长官印一颗，八月十三日

发广西司令长官印一颗，八月十六日

发四川司令长官印一颗，十月二日

发云南司令长官印一颗,十月十八日

发山东司令长官印一颗,十月十八日

发福建司令长官印一颗,九月六日

发河南司令长官印一颗,九月廿七日

颁发各省司令长官印信日期录左:

湖北	四年七月一日	四川	四年十月二日
江苏	四年七月五日	云南	四年十月十八日
浙江	四年七月十八日	山东	四年十月十八日
湖南	四年八月十三日	福建	四年九月六日
广东	四年八月卅一日	河南	四年九月三十日
广西	四年八月十六日	贵州	四年九月二十七日
江西	四年八月卅一日		

总务部机要处录十一月四日

谢介僧　湖南司令长官部副官长

林修梅　湖南司令长官部参谋长　}均十一月初八给

仇　鳌　湖南司令长官部军事参议

徐炳炎　山东济南先锋司令,十一月二给

陈文选　湖南司令长官部辰沅靖筹备委员,十一月廿八委

黄　伟
方　震　湖南第一区司令部参谋,十一月十五由军事部委

蔡福来　湖北第一区司令部副官,十一月十五由军事部委

赖天球　改委中华革命军韶赣游击司令,十一月十九委

黄汉杰　委广东两阳军事筹备委员,十一月廿三日

李海云　委广东高雷两阳恩开新等处区司令,十一月廿三日

朱执信　广东司令长官,十二月初二

陆任宇　广东高雷司令官,五年正月四月委

李可简　广东恩开新司令官,五年正月四日委

据《国父全集》第四册(转录史委会藏《中华革命党委派
人员别号住址及派委回国者姓名登记簿》毛笔原件)

本卷编后说明

　　《孙中山全集》第三卷的编辑工作由中国社会科学院近代史研究所中华民国史研究室承担,尚明轩主编,潘汝暄、朱宗震、丁贤俊参加编辑。林海、江枫对孙中山的英文著述作了初译或重译;其他外文译者姓名均在篇末注出。最后由李新校订。

　　在编辑工作中,承中国第二历史档案馆、中国历史博物馆、中山大学历史系孙中山研究室、广东省社会科学院历史研究室、上海社会科学院历史研究所、全国政协文史资料编辑委员会、上海图书馆、中山大学图书馆、云南省社会科学院历史研究所、云南省图书馆、天津市政协资料室等单位及有关同志,积极地提供资料或重要资料线索,给了我们很大帮助和支持;此外,还得到其他不少单位和个人以各种方式给予的热情帮助,谨在此一并致以深切的谢意。

编　　者

一九八三年一月